国家林业局经济发展研究中心
国家林业局发展规划与资金管理司

国家林业重点工程社会经济效益2011监测报告

中国林业出版社

图书在版编目(CIP)数据

国家林业重点工程社会经济效益监测报告. 2011／国家林业局经济发展研究中心，国家林业局发展规划与资金管理司编写.—北京：中国林业出版社，2012.1

ISBN 978-7-5038-6452-0

Ⅰ. ①国… Ⅱ. ①国… ②国… Ⅲ. ①林业经济－经济效益－研究报告－中国－2011 Ⅳ. ①F326.24

中国版本图书馆CIP数据核字(2011)第277699号

出 版：中国林业出版社（100009 北京西城区德内大街刘海胡同7号）
E-mail:lmbj@163.com 电话：（010）83224477-2028

网 址：http://lycb.forestry.gov.cn

发 行：中国林业出版社

印 刷：北京中科印刷有限公司

版 次：2012年1月第1版

印 次：2012年1月第1次

开 本：889mm×1194mm 1/16

印 张：13

字 数：292千字

印 数：1～2400册

定 价：110.00元

2011

国家林业重点工程社会经济效益监测报告
编辑委员会

监测点调查员（按姓氏笔画排序）

于吉英　于金伟　才让旦智　马　义　马　原　马广波　马英花　马明哲
马金锁　马晓玲　王　莲　王　辉　王邓杰　王仁申　王玉国　王玉珍
王玉亭　王玉霞　王巧燕　王平静　王立波　王丽春　王洪海　王洪宽
王晓天　王菊芳　王彩梅　王焕义　王琼英　王新婷　文　媛　尹　莉
甘拥军　艾小慧　艾华忠　左万星　石　金　石青梅　卢　伟　卢善德
史荣耀　史晓峰　付丛学　白小平　白光丽　冯　艳　冯金凤　冯淑华
加依娜　母小青　达布希拉图　成丽萍　朱宝宁　朱爱军　任凤兰
向启波　刘　安　刘久波　刘小平　刘志升　刘志远　刘国光　刘忠良
刘俊平　安必宁　安永涛　孙加富　孙宝红　孙妮妮　孙建青　孙崇英
严光聪　杨　洁　杨　超　杨九军　杨义权　杨小平　杨天富　杨东林
杨光华　杨树起　杨晓龙　杨继军　杨智广　李　辉　李凤霞　李东文
李守清　李松韩　李建军　李洪翔　李宪瑞　李艳霞　李谊华　李梅英
李常亮　李绵访　李雅慧　李慧英　李聪霞　李罂娲　甫拉提　肖　杰
吴　敏　吴安康　吴秀英　吴晓红　吴晓敏　吴景才　余兆波　利世峰
何　龙　何　均　何汝态　何武梅　何晓光　邹世静　邹海燕　邹清友
汪　敏　汪成明　汪春云　宋永成　宋成林　宋泽华　宋建刚　张　宁
张　军　张　林　张　松　张　娜　张　勇　张　莉　张　凌　张　锐
张　蓉　张　瑨　张子锐　张巧仙　张立杰　张伟明　张启成　张明友
张金荣　张学明　张波英　张春萍　张春雷　张相泰　张拴利　张显松
张彦成　张美珠　张彩霞　张献忠　张赞昌　阿迪利·库瓦提　陈　政
陈　亮　陈　涛　陈广法　陈文升　陈红梅　陈克斌　陈建海　陈春莲
陈莉萍　努尔巴哈提　范心奎　范永霞　范珍梅　武雅星　林广旋
林春喜　罗立坤　罗在贵　罗阳富　罗克贵　罗位坤　罗俊荣　和文琳
和玲莉　周　珂　周天华　周先明　周艳冰　周海明　周淑华　郑发辉
郑春梅　郑常山　单　凯　赵　芳　赵　萍　赵少英　赵玉龙　赵德旺
钟　宏　段吉平　段军让　段英芬　段春生　段懿芳　保新丽　费春兰
姚　松　姚　远　姚宝君　贺建峰　骆荣君　秦　勇　袁　政　袁因平
聂宏善　贾茂金　顾启英　钱菊秀　徐方萍　徐向东　徐应辉　徐海斌
栾　刚　高世英　高茂华　郭　光　郭　亮　郭天清　郭岗虎　黄　胜
黄　惠　黄　斌　黄艳华　黄晓江　曹瑞芳　符亚锋　彭远超　蒋丽君
韩红林　韩启虎　韩建平　覃　琨　曾园园　谢　青　强毓成　蒲　畅
雷友福　鲍云贺　蔺成阁　蔡笃磊　管运峰　谭甫辉　熊良荣　熊剑平
燕贵恭　薛俊刚　薛瑞杰　霍建光　戴瑞杰　魏小河　魏长安　魏业勤

序

贾治邦

2010年是两个五年规划的衔接之年，我国林业进入了加快改革发展、全面推进现代林业建设的战略机遇期和黄金发展期，以天然林资源保护工程二期为标志，国家林业重点工程建设进入了巩固和发展的新阶段。

按照国家林业局党组关于抓好天然林资源保护等重点工程建设的要求，2010年，国家林业重点工程社会经济效益监测利用布局广泛和入村、入户、入企业的独特优势，继续对天然林资源保护、退耕还林、京津风沙源治理和野生动植物保护及自然保护区建设工程进行定点跟踪监测，全面深入地反映林业在保民生、促发展、转方式上的特殊贡献。全国27个省（自治区、直辖市）的240个县（重点森工企业和自然保护区）338个村（林场）和1656个农户（职工家庭）的监测结果表明：2010年，林业重点工程总体运行情况良好，工程区生态保护与植被恢复成效显著，社会经济较快发展，在维护生态安全、转变发展方式、保障能源资源安全、促进就业和改善民生等方面发挥了重要作用。其中，天然林资源保护工程区公益林建设稳步推进，富余人员妥善安置，森林管护体系初步建立，森林抚育试点顺利启动，林区就业、社会保障及经济发展逐步向好；退耕还林工程继续深入推进，巩固退耕还林专项建设初见成效，相关政策进一步完善，巩固退耕还林成果和保障退耕农户长远生计方面取得积极进展；京津风沙源治理工程区植被明显恢复，地表起沙得到有效遏制，生态恶化的趋势得到控制；自然保护区和野生动植物保护工程区区内生物多样性得到有效保护，生态状况进一步改善，管护、宣教、科研监测能力进一步提高。

2011年是“十二五”规划的开局之年，也是转变林业发展方式的关键之年，国家林业局已经提出了“十二五”时期林业工作的总体思路：高举中国特色社会主义伟大旗帜，以邓小平理论和“三个代表”重要思想为指导，深入贯彻落实科学发展观，全面实施以生态建设为主的林业发展战略，以推动林业科学发展为主题，以加快转变林业发展方式为主线，以确保如期实现“双增”目标为核心，以兴林富民为宗旨，坚持依靠人民群众，坚持依靠科学技术，坚持依靠深化改革，加大生态建设保护力度，加强森林抚育经营，加速培育主导产业，加快繁荣生态文化，全面开创现代林业科学发展新局面，为夺取全面建设小康社会新胜利做出新贡献。

林业重点工程社会经济效益监测要按照林业“十二五”规划的总体要求，继续发挥入村入户入企业的调查优势，深入了解林业政策在基层的实施情况，进一步推动林业重点工程建设顺利实施，同时，要继续探索林业建设为国民经济战略全局服务的规律，充分展示林业在促改革、惠民生、转方式等方面的重要作用，为林业改革和发展大局服务。

2011年12月

目 录

2011

1 监测概要

2011

国家林业重点工程社会经济效益监测概要

2010年，我国国民经济经受住复杂多变的国内外经济环境和各种重大挑战的考验，加快转变经济发展方式和经济结构战略性调整，国民经济保持平稳较快发展。林业行业紧紧围绕国民经济改革发展大局，坚持生态建设为主的发展战略，以改革为动力，以转变发展方式为主线，以实现“双增”为核心，以建设现代林业为目标，加快推进三大体系建设，稳定增加森林资源总量，持续提高森林资源质量，大力促进绿色增长，在应对气候变化、维护生态安全、保障能源资源安全、促进和改善民生等方面发挥了不可替代的作用。

2010年是两个规划的衔接之年，以天然林资源保护工程二期为标志，国家林业重点工程建设进入巩固和发展新阶段。天然林资源保护工程圆满完成一期建设任务，国务院决定继续实施天然林资源保护工程二期，增加了投资总量，提高了建设标准，扩大了工程范围和政策内容；完善退耕还林政策进一步实施，为确保巩固退耕还林成果和确保退耕农户长远生计得到有效解决两大目标，党中央、国务院明确提出在重点生态脆弱区和重要生态区位，结合扶贫开发和库区移民，适当增加退耕还林任务的要求；京津风沙源治理工程继续推进，国家林业局正式批复了全国防沙治沙综合示范区建设，下发了《关于进一步加快发展沙产业的意见》，全面实行了省级政府防沙治沙目标责任制；野生动植物保护和自然保护区建设工程深入开展，野生动物损害补偿试点有序推进，林业重点工程建设进入巩固与发展的新阶段。

2010年是重点工程效益监测项目实施第9年，继续利用布局广泛和入村入户入企业的独特优势，对天然林资源保护（以下简称“天保工程”）、退耕还林工程（以下简称“退耕工程”）、京津风沙源治理工程（以下简称“京津工程”）和野生动植物保护及自然保护区建设工程（以下简称“保护区工程”）进行县（重点森工企业、自然保护区）、行政村（森工林场）、户（职工家庭）三级定点跟踪监测。监测结果表明：林业重点工程总体运行情况良好，工程区生态保护与植被恢复成效显著，经济社会较快发展，在维护生态安全、转变发展方式、保障能源资源安全、促进就业和改善民生等方面发挥了重要作用。其中，天保工程区公益林建设稳步推进，富余人员妥善安置，森林管护体系初步建立，森林抚育试点顺利启动，林区就业、社会保障及经济发展逐步向好；退耕工程继续深入推进，巩固退耕还林专项建设初见成效，相关政策进一步完善，巩固退耕还林成果和保障退耕农户长远生计方面取得积极进展；京津工程区植被明显恢复，地表起沙得到有效遏制，生态恶化的趋势得到控制；保护区工程区区内生物多样性得到有效保护，生态状况进一步改善，管护、宣教、科研监测能力进一步提高。

一 监测基本情况

2010 年重点工程效益监测范围涉及全国 27 个省（自治区、直辖市）的 240 个县（重点森工企业和自然保护区）338 个村（林场）和 1656 个农户（职工家庭），收集数据 456.3 万个（天保森工：33.0 万个；天保县：57.3 万个；退耕工程：278.0 万个；京津工程：67.8 万个；保护区工程：20.2 万个）。为跟踪新政策，反映新情况和新问题，提高重点工程效益监测的时效性，2010 年对原指标体系进行了适当调整，天保工程和京津工程增加了有关森林抚育和集体林改等方面的调查指标，退耕工程和京津工程增加了有关巩固成果等方面的调查指标。调整后，4 项工程共设监测指标 2265 个，比 2009 年减少 67 个。

二 主要结论

2010 年重点工程运行情况良好，改革与发展稳步推进，生态保护与植被恢复成效日益凸现，在维护生态安全、促进经济发展、增加职工和农民就业、改善和保障民生方面发挥重要作用。

（一）天然林资源保护工程

天保工程一期建设任务于 2010 年底顺利完成，工程建设取得了显著成效，工程区实现了森林资源由过度消耗向恢复性增长转变，生态状况由持续恶化向逐步改善转变，经济社会由举步维艰向全面发展转变。东北、内蒙古等重点国有林区大幅调减木材产量，加强森林资源培育和管护，开展中幼龄林抚育，推动林区改革，分流安置职工，完善社会保障体系；长江上游、黄河上中游地区禁止了天然林商品性采伐，扭转了森林资源过度消耗、生态环境持续恶化的趋势，实现了职工的转岗和分流安置，保持了林区社会稳定，为进一步改善生态打下了良好的基础。天保工程一期既是工程区森林资源恢复阶段、生态治理“爬坡”阶段、重点国有林区“黄金”发展阶段，也是各种潜在矛盾集中释放阶段，森林质量不高、生态功能不强、政策间不协调等问题需要在天保工程二期内逐步得到解决，“保生态、强民生、促改革”依然是天保工程二期建设的重点内容。

（二）退耕还林工程

完善退耕还林政策稳步实施，巩固退耕还林专项建设取得初步成效；退耕还林补助兑现良好，退耕地林木经营管理有所加强；继续发挥显著的减贫和促进就业作用，退耕工程对解决“三农”问题贡献突出；在国家强农惠农政策和退耕工程的双重支持下，退耕农户的长期生计基础逐步建立，但退耕比较利益继续下降，给中东部地区的退耕还林成果巩固带来较大压力；退耕工程是绿色投资，在国家层面上长期执行，符合我国利益和全球可持续发展新趋势，应抓紧落实中央指示精神，尽快在重点地区适当增加退耕还林任务。

（三）京津风沙源治理工程

京津工程实施 10 年来，工程区植被明显恢复，地表起沙得到有效遏制，流动沙丘得到初步治理，生态恶化的趋势得到控制，同时，工程建设对带动区域经济发展、增加农民收入、改善工程区农民生活水平发挥了积极作用，取得了良好的生态、经济和社会效益。但京津风沙源区沙化土地治理是一个漫长、艰苦的过程，要实现京津工程的可持续发展，应进一步巩固、完善和提高工程的建设成果，加大公共财政投入力度，加强对工程区后续产业发展政策扶持，把加强生态建设与沙区产业发展相结合，拓宽农牧民增收渠道，提高工程对区域社会经济可持续发展的贡献率。

（四）野生动植物保护及自然保护区建设工程

2010 年，保护区工程实施所带来的生态、经济和社会效益进一步显现。从生态效益来看，区内生物多样性得到有效保护，林地面积和林分质量稳中有升，区域生态环境进一步改善，保护区管护、宣教、科研和监测能力进一步增强。从社会效益方面来看，宣教教育范围扩大，带动就业能力进一步提升，社区居民收入明显增长，良好的生态环境带动了当地旅游服务业等相关行业的发展，一定程度上促进了当地经济的发展。

三 主要成效

（一）天然林资源保护工程

1．森林总量持续增加

2010 年，样本企业森林面积比 2009 下降了 1.98%，森林蓄积增长了 1.03%，平均森林蓄积 116.57 立方米 / 公顷，为全国平均水平的 1.36 倍。2010 年，样本县有林地面积比 2009 年增长 0.60%，森林蓄积总量增长 0.07%，单位面积森林蓄积量增加 0.43 立方米。

2．森林管护政策有效落实

2010 年，样本企业管护森林面积 1130.07 万公顷，占林地总面积的 93.86%。样本县森林管护面积 755.95 万公顷，有 74.07% 的林业用地面积纳入管护范围。

3．职工就业压力减轻，社会保障体系初步建立

2010 年，样本企业职工在岗就业率①为 69.76%，比 2009 年提高了 2.35 个百分点；职工下岗待安置率②为 10.64%，比 2009 年下降了 13.78 个百分点。经过 10 年分流安置，样本县在册林业职工人数减少了 40.55%，目前在职职工主要从事森林管护和公益林建设（72.73%）。

截至 2010 年末，样本企业在册职工参加基本养老保险统筹人数为 12.87 万人，增长了 2.45%；参加医疗保险人数为 21.12 万人，占规划数的 99.38%。样本县林业系统从业人员获得基本养老保险补助的人数为 8554 人，占当年获得社会保险补助人数的 64.86%；获得基本医疗保险补助 10 893 人，占 82.60%。

4．公益林建设和森林资源培育得到加强

2010 年，样本企业完成造林面积 2.22 万公顷。样本县累计造林保存幼龄林面积 42.30 万公顷，相当于 1998 ～ 2006 年累计造林面积（55.01 万公顷）的 76.88%。

2010 年，样本企业森林抚育试点规划面积 16.63 万公顷，实际抚育面积 14.15 万公顷，占规划面积的 96.10%；参加试点抚育的职工总数为 3.33 万，占企业在岗职工总数的 30.07%。

5．工程区经济稳步增长

2010 年，样本企业总产值比 2009 年增长 15.60%；样本县地区生产总值比 2009 年相比增长 19.23%，增速明显高于同期国内生产总值增长速度（10.30%）；当年林业增加值增长 5.82%。

---

① 职工在岗就业率=在岗职工总数 ÷ 在册职工总数

② 待安置率=下岗待安置职工总数 ÷ 在册职工总数

6．重点森工企业木材产量继续调减，监测样本县森林采伐消耗蓄积量上升

2010 年，样本企业实际木材产量减少 19.32 万立方米，下降 6.61%。单位面积采伐量为 0.37 立方米 / 公顷，比 2009 年减少 0.01 立方米 / 公顷。从 2004 年试点人工商品林采伐开始，样本县木材采伐消耗森林蓄积量不断上升，但依然控制在森林采伐限额以内，表明样本县森林蓄积年消耗量小于年生长量，没有再次出现过度利用的情况。

（二）退耕还林工程

1．退耕地林木管理和经营有所加强，退耕补助兑现有序进行

20.24% 的样本农户对退耕地进行了补植补造，近 1/3 的样本农户对退耕地进行物质投入；长江流域退耕补助兑现率 97.23%，黄河流域退耕补助兑现率为 99.85%。

2．造林面积继续加大，持续有效增加森林资源

造林面积继续增加，退耕造林对样本县造林的贡献率为 15.63%，样本县森林面积比退耕前的 1998 年增长 27.86%，平均森林覆盖率比 1998 年提高 8.66 个百分点。

3．增加林产品供给，保障粮食和能源安全

样本农户 1/2 的竹材和 1/3 的果品产自退耕地；与退耕前相比，样本县粮食平均单产增长 13.63%，样本农户粮食平均单产增长 47.51%，人均耕地面积 2.12 亩，粮食安全基本得到保障；退耕地为农户提供 17.95% 的薪材，沼气、太阳灶等新能源拥有率 15% 左右。

4．促进农民就业增收，对解决三农问题发挥重要作用

户均年退耕补助 1629 元，约 2% 的样本农户主要依靠退耕补助维持生计；工程区农村劳动力转移继续加速，退耕还林对农村劳动力转移的贡献达 50% 左右。

（三）京津风沙源治理工程

1．林草植被增长，沙化土地减少

与工程实施前的 2000 年相比，21 个样本县（旗）的有林地面积增长 46.16% ，沙化土地面积下降 32.00% 。2010 年样本县沙化耕地面积有所回升，比 2009 年增长 11.78%，需要引起重视。

2．地区经济总量快速增长，工程对地区经济拉动效果显著

样本县（旗）地区生产总值明确增长，工程对地区经济拉动效果显著，2000~2009 年，样本县京津工程投资对地区生产总值增长的贡献率为 2.52%，退耕还林农户粮食和现金补助增加农村消费 4.67 亿元，对地区生产总值增长的贡献率为

0.59%，工程建设对地区生产总值增长的直接贡献率为 3.11%。

3．农村居民人均纯收入快速增长，工程对农民就业和增收效果明显

与 2000 年相比，农村居民人均纯收入增长 196.91%，增幅高于同期全国平均水平（162.72%）。同期，参与工程农户家庭净收入增幅比未参与工程农户高 169.26 元。根据沙区人工造林用工和和国家统计局农村劳动力就业标准，样本县京津工程人工造林增加农村劳动力就业人数 5.61 万人，占同期样本县（旗）年末乡村从业人员增长量的 28.89%。

（四）野生动植物保护及自然保护区建设工程

1．野生动植物种类有所增加

2010 年，40 个样本保护区主要保护野生动植物种类，与 2009 年相比有所增加。有 7 个保护区反映新发现野生动物 14 种，种群累计 700 余头 / 只，有 4 个保护区反映保护区新发现野生植物 12 种，种群累计近 7000 株。

2．野生动植物种群规模扩大，栖息环境稳定

2010 年，部分样本保护区区内物种种群规模发生了积极变化，青海湖保护区国家一级保护动物普氏原羚种群比 2009 年增长了 16%。与往年相比，监测对象野生动植物的生长、繁育及分布情况稳定，野生动植物种类和种群数量呈增长趋势，动物的活动迹象和分布密度增加；监测到的野生动植物栖息环境基本稳定，分布区域扩大，林木蓄积量增长，生态系统结构更趋合理，但个别样本保护区的监测对象种类数量有减少的趋势。

3．野生动物繁育放归和野生植物驯化栽培取得积极进展

截至 2010 年年底，8 样本保护区中开展了野生动物的人工繁育，共繁育大熊猫、滇金丝猴、麋鹿等国家重点保护野生动物 13 种，累计 1639 头 / 只；3 个样本保护区进行了人工驯养繁育野生动物野外放归实验，放归的野生动物有 12 种，共 400 余头 / 只，存活 390 余头 / 只；10 个样本保护区开展了濒危野生植物的人工驯化栽培，共计驯化栽培珙桐、红豆杉等珍稀野生植物 33 种，累计 60 余万株。

4．保护区带动就业能力进一步提升，社区居民收入明显增长

2010 年，40 个样本保护区通过工程建设、发展相关产业等为周边社区提供了 50 561 个就业机会，比 2009 年增长 14.83%，获得收入 59 393.47 万元，比 2009 年增加 32.57%。70 个样本村依托保护区开展旅游项目、餐饮服务、开办家庭旅馆、参与保护区工程建设等就业人数 3295 人，比 2009 年增加 5.24%，获得收入 6474.44 万元，比 2009 年增加 36.74%。

四 存在的问题

（一）天然林资源保护工程

1. 林业职工工资与地方工资差距持续拉大

1997 年，林业在岗职工平均工资比地方高 28.18%；2010 年，林业在岗职工平均工资比地方低 41.53%。13 年来，在岗职工平均工资增长速度为 0.38%，地方平均工资增长速度为 16.91%。森工企业职工工资水平过低，工资增长缓慢，与地方工资差距逐年增大，这已成为影响企业正常运行和林区社会和谐稳定的重要因素。

2. 森林抚育面积亟需扩大

目前森林抚育试点存在的问题：首先，样本企业抚育任务量偏小，对于急需抚育的中幼龄林而言，达不到“解渴”的效果。其次，森林抚育实际补贴远低于森林抚育补贴标准，将会诱导企业实施森林抚育过程中不完全按照技术规程要求操作，存在“逆向选择”的可能。再次，从事森林抚育的原下岗待安置职工人数仅占企业下岗待安置职工总数的 10.27%，说明在抚育工作分配上，下岗待安置职工应优先考虑的政策没有落实。

3. 森林管护任务繁重，补助收入偏低

森林管护任务重，补助收入低，不利于管护队伍稳定，很难形成高效的管护队伍。这一问题存在已久，在天保工程二期实施方案中并没有提出有效的对策，不利于形成天然林保护的长效机制。

4. 受当前森林采伐管理制度约束，森林采伐限额指标利用不充分

目前，非国有林抚育采伐和其他采伐允许占用主伐指标，各项采伐指标可以向之后年度结转使用；对国有商品林的约束依然非常严格，导致森林采伐限额指标因商品材采伐规模收益差而浪费。

（二）退耕还林工程

1. 专项建设出现投资效率不高及与退耕农户衔接不足的问题

一是建设目标和建设对象不明确，建设重点不突出，出现了“广撒胡椒面”、投资效率低的局面。二是投资完成率低。三是与退耕农户衔接不足。专项建设对样本村的覆盖率为 42.86%，对样本农户的覆盖率在 20% ～ 35%。

2. 退耕比较利益持续下降，影响退耕还林成果巩固

退耕还林补助占样本农户纯收入的比重已从最高时的 28% 下降到 2010 年的 6%，在中部粮食主产地，退耕补助已出现低于农业直补的趋势，一些监测点已出现

毁林复耕现象。

3．部分退耕地已结束两轮补助，中央关于适当增加退耕还林任务的指示没有得到落实

5% 的退耕农户完善退耕还林补助已到期，形成新的政策空当。2010 年，中发 [2010]1 号和中发 [2010]11 号都要求，巩固和发展退耕还林成果，在重点生态脆弱区和重点生态区位，适当增加退耕还林任务。但是，到目前，重启退耕地造林的工作一直没有落实。

（三）京津风沙源治理工程

1．工程投资标准低，投资渠道单一

一是工程投资标准低，且多年保持不变。据测算，2009 年与 2000 年相比，样本县主要造林树种的平均成本增长了近 4 倍，达到 500 元左右，2000~2008 年中央补助标准一直保持 100 元 / 亩，2009 年提高到 200 元 / 亩，造林投资补助标准明显低于实际需求；二是投资渠道单一，以中央投资为主，地方政府财力有限，地方配套难以落实，社会资本参与工程建设渠道尚未理顺，还未形成中央、地方和社会的多渠道、多形式、多方的投资体系。

2．工程投资有缺项，管理经费不足

一是工程区森林防火、防虫形势日益严峻，中央没有安排专门的工程管护与抚育经费，每年地方林业主管部门都要多方筹措资金且只能低标准实施管护与抚育。二是工程实施中，政策宣传、外业调查、规划设计、组织检查验收等多项管理费用支出较大，现行 1% 的工程管理费已不能满足工程建设的需要，工程实施 10 年来，21 个样本县上述 3 项投资累计欠账达 2.59 亿元。

3．工程自身造血能力不强，巩固成果长效机制尚未建立

一是后续产业发展缓慢，工程建设成果的经济价值没能充分发挥。京津工程区林草植被等资源丰富，因缺乏政策支持，导致资源利用不足，农牧民从生态建设中直接获得的经济效益少。21 个样本县（旗）柠条、踏郎等灌木造林成果利用率仅为 20%。二是工程区社会保障体系建设落后，农牧民对土地依赖程度高，对巩固工程成果压力大。三是工程建设成果未能及时全部纳入国家生态效益补偿范围。

（四）野生动植物保护及自然保护区建设工程

1．工程投资主要侧重于硬件投入，软件方面的投入严重不足

一是基础设施有待加强。二是监测能力建设急待加强。三是科研能力建设急需加强。四是保护投入不足。生态效益补偿，野生动物肇事赔偿、保护区社区共管共建方面的投入太少。

2．土地权属不清仍未根本解决，土地管理力度仍需加大

由于制度缺失，以及在设计保护区工程项目建设规划时与国土、建设、环保等相关部门缺乏有效协调沟通，导致工程建设中如集体土地使用权纠纷和“一地两证”等问题仍然存在，这给保护区管理工作带来了极大困难。

3．野生动物肇事补偿仍不到位，保护区与社区关系仍较紧张

2010 年，有 31 个样本村不同程度受到重点保护野生动物和一般野生动物活动的损害，农作物受害面积 3892.33 公顷，造成经济损失 661.95 万元，只有 6 个样本村得到 0.27 万～ 9.75 万元不等的补偿。野生动物肇事补偿问题仍然没有得到解决，保护区与区内和周边村的关系难以融洽。

五 政策建议

（一）天然林资源保护工程

1．逐步提高林业职工工资水平

当前，天保工程是绝大多数森工企业生存和发展的主要依托。在企业体制机制改革尚未取得实质性进展前，建议：一是进一步丰富天保工程建设内容，通过正式启动和逐步扩大森林抚育、低产低效林改造、速生丰产林等政策措施，吸收林业富余职工就业，扩大就业量；二是提高工程建设标准，建立确保林业职工参加工程建设的制度，让更多的职工从工程建设中受益，提高工资水平；三是让林业职工平均工资水平不低于地方平均工资水平，工资增长速度不低于地方平均工资增长速度，或至少不低于当地物价增长速度。

2．正式开展中幼龄林抚育补贴政策

鉴于森林抚育对于提高森林质量的重大意义，建议中央正式启动中央财政森林抚育补贴政策：一是扩大森林抚育面积。对于重点国有林区急需抚育的森林，应在 3～5 年内完成抚育；对于需要抚育的中幼龄林，应在天保工程二期结束前完成抚育。二是提高补贴标准。三是抚育资金及时下达，减少中央财政森林抚育补贴在中间环节滞留时间。四是规范承包抚育方式，更多开展由林场组织的森林抚育，组织更多下岗待安置职工和一次性安置职工参加森林抚育工作。

3．重视专业化管护队伍建设

在部分有条件、有需求的重点国有林区（林场）培养专业化的森林管护队伍，工资收入不低于当地企业平均工资水平，完善管护基础设施和设备配备，定期对管护人员进行培训，并建立、健全管护成效考评机制。

4. 深化林木采伐管理改革，放宽森林经营的政策限制

建议参照集体林采伐管理改革相关措施之行过程中的经验，对国有林和公益林的采伐（抚育）管理制度进行改革，主要是放宽一些不利于森林经营的限制。

（二）退耕还林工程

1. 专项建设要调整建设对象与建设布局，提高针对性和投资效率

专向建设要以退耕农户为建设对象，向贫困农户和贫困地区倾斜。一是在各级专项建设规划中对各项建设内容设立明确的成效建设指标，如退耕农户沼气池拥有率等；二是尝试实行专项建设整村推进方式，将建设资金集中使用到村，村中的退耕户全覆盖；三是项目重点向贫困农户和经济落后地区倾斜。

2. 在困难地区试行现金补助标准与粮食价格联动机制，确保贫困退耕户不因生计问题复耕

约有 2% 的退耕农户属于绝对贫困户，主要依靠退耕补助维持生计。为确保这部分农户不因生计困难毁林复耕，建议在退耕任务重的少数民族地区、贫困山区等探索实行退耕补助标准与粮食价格联动机制，随粮食价格相应提高补助标准，保证这些地区退耕农户的口粮供给，使他们不会因生计问题毁林复耕。

3. 尽早着手研究下一步退耕还林政策，继续在国家层面执行退耕还林工程

退耕还林政策是世界范围内影响最大、成效最突出的生态补偿政策，生态补偿政策和机制是绿色经济所倡导的绿色投资之一，继续实施退耕还林工程，不仅可以继续发挥改善生态、减轻贫困、促进社会进步的作用，在未来以绿色经济为主题的全球发展新趋势中，也将有利于我国的政治外交利益。目前，约 5% 的退耕农户完善退耕还林补助已到期，建议抓紧落实中央指示精神，尽快在重点地区适当增加退耕还林任务。

（三）京津风沙源治理工程

1. 提高投资标准，形成中央、地方和社会多方投资渠道

一是鉴于京津地区气候干旱少雨，劳动力等造林成本持续攀升，应该大力推进工程造林的良种良法使用率，提高工程造林投资标准；二是根据实际需求变化，实时调整工程造林投资标准，探索建立工程造林综合直补，形成动态投资机制；三是严格落实地方工程投资，开辟社会资本参与工程建设的投资渠道，鼓励、引导社会资本投资工程建设。

2. 增设工程的管护与抚育投资，提高工程管理经费

一是增设工程的管护与抚育投资；二是提高工程管理经费；三是对工程一期部

分造林质量低下，影响森林生态功能发挥的地块，通过改造等形式将其纳入二期工程建设范围。

3．扶持后续产业发展，加快社会保障体系建立

一是强化科技支撑，提高工程造林良种良法使用率，同时加强森林管护与抚育，二期规划中增设森林抚育建设内容；二是将工程造林全部及时纳入国家生态公益林补偿范围，同时加快工程区社会保障体系建设步伐，减轻工程农牧民对土地依赖程度，减轻对工程建设成果巩固的压力；三是大力发展沙产业，通过政策引导培育工程区沙产业，通过资金扶持来壮大沙产业，通过法律法规制定保障沙产业，形成符合京津工程区特点的巩固成果长效机制。

（四）野生动植物保护及自然保护区建设工程

1．加大工程投资力度，增加项目内容，提高工程投资标准

国家应进一步加大保护区工程的投资力度，继续加强基础设施建设，加大对保护区科研、监测、宣教、培训和信息化建设的投入；适当提高工程投资造价标准；增加保护区工程建设内容，如增加社区共建、生态旅游、栖息地恢复项目等。

2．各地应尽快出台相应规章，加大野生动物肇事补偿力度

当地政府应按照《中华人民共和国野生动物保护法》的有关规定，对因保护国家和地方重点保护野生动物造成的农作物或者其他损失给予补偿。要尽快出台相应的规章，确保野生动物肇事补偿落实到位，对财政困难的地方，中央和省级财政应当加大财政转移支付力度给予支持。

3．加大对社区居民的扶持力度，推动社区经济发展

要多渠道筹集资金，发挥保护区物种、技术和信息优势，推动社区转变生产方式，进一步解决自然保护区保护与社区发展的矛盾。

本年度监测报告结构安排如下：一是2010年国家林业重点工程社会经济效益监测概要；二是天然林资源保护工程森工企业监测报告；三是天然林资源保护工程县监测报告；四是退耕还林工程监测报告；五是京津风沙源治理工程监测报告；六是野生动植物保护及自然保护区建设工程监测报告；七是调查员监测报告。

2 天然林资源保护工程

2011

天然林资源保护工程
重点国有森工企业
社会经济效益监测报告

2010年是天保工程一期实施结束年。自试点实施以来，天保工程以森林资源保护与培育为核心任务，以体制机制改革为主要动力，以社会保障体系建设为重要举措，有效遏制了森林资源长期过量消耗的势头，有效扭转了林区经济长期滑坡的趋势，初步构建了维护国土生态安全的重要绿色屏障、维系国家木材安全的木材战略储备基地、维持国有林区社会和谐稳定的保障体系，使重点国有林区初步呈现森林提量增质、企业搞活增效、职工脱贫增收的发展趋势。

“十二五”时期，党中央、国务院更加重视天保工程在生态建设中的战略作用。国民经济和社会发展第十二个五年规划、2011 年中央农村工作会议和经济工作会议提出，继续实施天保工程，扩大工程范围，进一步丰富工程内容，拓宽工程作用，巩固和扩大天然林保护成果，让天保工程成为促进生态修复、保障生态安全的大平台，促进资源培育、应对气候变化的大工程，保障国家木材安全、维护林区社会稳定的大载体。为此，2010 年 12 月 29 日召开的国务院常务会议决定，2011 ~ 2020 年，实施天然林资源保护二期工程（简称“天保工程二期”）。

天保工程二期主要包括五项主要任务，实施五项政策。五项主要任务包括：长江上游黄河上中游地区继续停止天然林商品性采伐，东北内蒙古重点国有林区进一步调减木材产量；强化森林管护；继续加强公益林建设；加强森林经营；保障和改善民生。五项政策措施包括：继续实施森林管护中央财政补助政策；完善社会保险补助政策；完善政策性社会性支出中央财政补助政策；继续实行公益林建设投资补助政策；森林培育经营补助政策。这些政策的实施将对森林资源、经济改善、社会发展产生深刻而深远的影响。

为跟踪监测天保工程实施所产生的社会经济效益，保持监测工作的连续性，在连续8年监测的基础上，国家林业局经济发展研究中心和发展规划与资金管理司继续开展天保工程社会经济效益监测。本报告的监测对象为35个重点国有森工企业(以下简称样本企业)。这些样本企业分布在9个省（自治区），占全国155个重点国有森工企业的22.58%。2010年监测样本和方法与往年相同，继续通过长期跟踪监测网络，主要采取抽样调查和专题调查相结合的方法来获取监测数据。具体调查方法包括数据表和问卷调查、函调等。

根据天保工程建设内容变化和实际需要，2010年监测内容增加了中央财政森林抚育补贴试点政策实施情况，主要包括天保工程实施进展和政策落实情况、森林资源变化和社会经济效益。这些监测内容主要通过木材采伐、森林管护、公益林建设、职工就业、社会保障体系建设、产业发展、资金使用、森林抚育8个方面、262个指标来反映。这些指标及调查数据在不同层次、不同侧面刻画了天保工程实施进展、建设成果、存在问题及其发展趋势。

监测结果表明，2010年样本企业继续调减木材产量，积极实施公益林建设，加强森林资源管护，开展中幼龄林抚育，强化森林资源培育，加快森林资源恢复；逐步剥离社会职能，完善社会保障体系，促进富余职工就业，提高了职工福利水平，促进林区社会稳定；企业经济发展提质增量，结构有所优化，转型发展效果逐步显现。整个天保工程一期，既是森林资源恢复阶段、生态治理“爬坡”阶段、重点国有林区“黄金发展”阶段，也是各种潜在矛盾集中释放阶段，“保生态、强民生、促改革”，注定还将继续成为天保工程建设的重点内容，继续构建推进林区可持续发展的长效机制，注定还将成为天保工程建设的题中应有之意。

一 工程进展及政策执行情况

（一）木材产量进一步调减，森林资源培育与管护得到加强

为培育和管护森林资源，建设维护国土生态安全的绿色屏障，天保工程通过调减木材产量、建设公益林、管护森林资源和实施森林抚育等政策措施，持续降低森林资源消耗，加快森林资源培育，通过“推拉效应”，促进森林资源增长。与2009年度相比，2010年，样本企业木材产量持续调减，公益林建设面积继续增加，森林资源得到有效管护，中幼龄林抚育逐步实施。

1．木材产量调减，平均采伐性消耗降低

2010年，样本企业计划木材产量313.23万立方米，实际木材产量311.74万立方米，实际产量为计划产量的99.52%，木材生产计划基本得到有效落实（图2-1、图2-2）。与2009年相比，2010年计划木材产量调减了17.24万立方米，下降了

图2-1 样本企业木材采伐情况

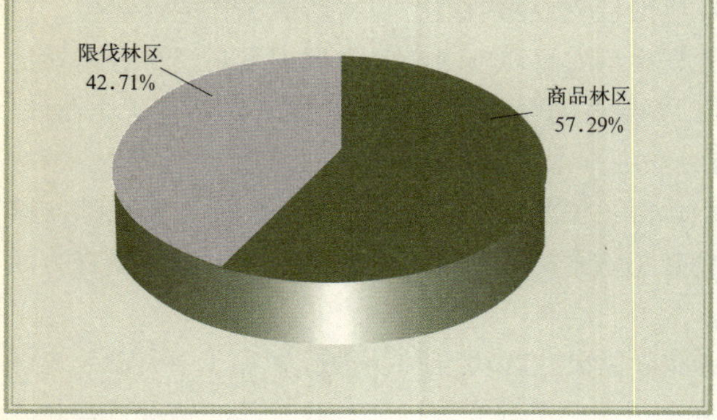

图2-2 样本企业木材采伐情况

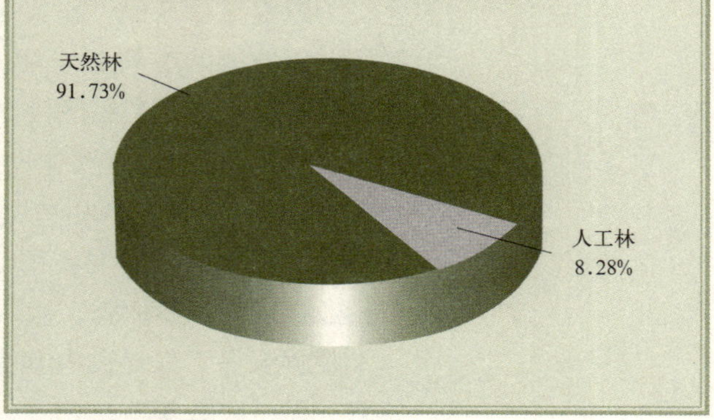

5.82%；实际木材产量减少 19.32 万立方米，下降了 6.61%。采伐性消耗量占森林总蓄积的 0.52%，单位面积采伐量为 0.37 立方米 / 公顷，分别比 2009 年降低了 0.86 个百分点，减少了 0.01 立方米 / 公顷，森林采伐性消耗强度略有降低。

2．公益林建设面积增加，封山育林得到加强

2010 年样本企业公益林建设总面积 8.03 万公顷，比 2009 年增加 0.18 万公顷，增长了 2.29%。公益林建设总面积中，人工造林 2.22 万公顷，无林地和疏林地新封 5.81 万公顷，分别占总面积的 27.65% 和 72.35%。人工造林成活率为 92.18%，人工造林保存率为 87.34%，造林质量均达到技术规程要求。截至 2010 年末，样本企业封山育林面积为 42.10 万公顷，占无林地和疏林地的 21.06%。调查发现，到期解封后，部分样本企业自觉地对原封育森林资源继续实施封育措施，这说明封山育林、恢复和保护森林资源已由纯粹的政策驱动开始转变为企业的自觉行为。

3．森林资源管护得到有效落实，承包管护方式有待发展

2010 年，样本企业管护森林面积 1130.07 万公顷，为规划面积的 104.32%，占林地总面积的 93.86%。实际管护森林面积大于规划面积，这是因为在规划面积之外，样本企业还将其他林地也纳入了管护范围。实际管护的森林面积中，专业队管护 915.72 万公顷，承包管护 214.35 万公顷，分别占总管护面积的 81.03% 和 18.97%；专业队管护人员 2.22 万人，承包管护人员 2.02 万人，分别占管护总人数的 52.36% 和 47.64%。调查发现，天然林“远山设卡、近山承包”的管护模式有待优化。专业管护人员的管护技能需要进一步提高，森林管护站需加强建设，管护设施继续补充提高，依托承包管护发展的自营经济发展比较缓慢，需要政策扶持。

4．中幼龄林抚育规划面积增长两成，抚育工作进度需要提高

自 2009 年起，中央财政森林抚育补贴政策主要在天保工程区试点实施。天保工程二期也将森林抚育作为森林资源培育的主要内容。2010 年，样本企业森林抚育试

图2-3 样本企业森林抚育情况

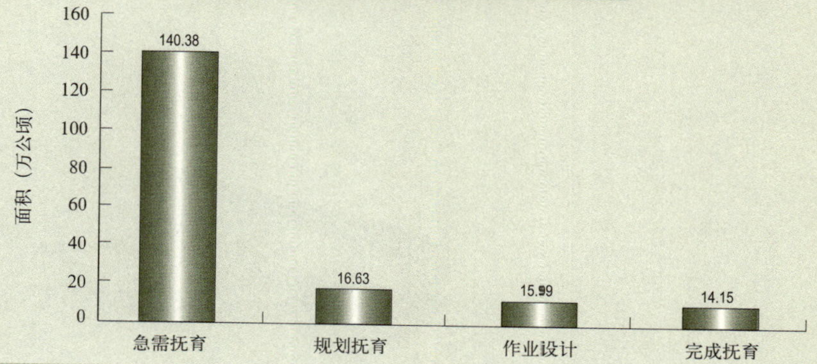

点规划面积16.63万公顷，是2009年规划面积的3.16倍；作业设计面积15.99万公顷，作业设计率为96.10%；实际抚育面积14.15万公顷、占规划面积的85.07%，占作业设计面积的88.52%；检查验收面积11.87万公顷，占实际抚育面积的83.85%(图2-3)。数据结果显示，样本企业森林抚育作业设计开展相对滞后，森林抚育工作进度有待提高；另一方面，八成以上森林抚育有作业设计和施工依据，八成以上抚育作业及时得到检查验收，这说明森林抚育质量控制及时得当，管理工作扎实到位。

（二）社会职能逐步剥离，社会保障体系稳步建立

民生与天然林资源保护息息相关。民生问题在天保工程中具有突出的地位。民生问题能否得到妥善解决，直接关系到森林资源能否得到有效保护。为此，样本企业依托天保工程，逐步剥离企业社会职能，积极促进富余职工就业，着力解决林区就业门路窄、就业岗位少、职工工资水平低、社会保障水平低等问题。

1．职工在岗就业率提高，下岗职工总数减少

2010年，样本企业安置富余职工1.62万人，其中，分流上岗职工1.55万人，占安置职工总数的95.66%。样本企业职工在岗就业率[①]为69.76%，比2009年提高了2.35个百分点；职工下岗待安置率[②]为10.64%，比2009年下降了13.78个百分点。样本企业职工就业状况逐步好转，下岗失业情况有所缓解。2010年，样本企业在岗职工11.07万人，其中，从事木材采运、森林管护、营造林职工人数分别占22.08%、22.52%和14.13%。相比之下，林下种植养殖和第三产业从业人数较少(图2-4)。

2．政社性人员有所增加，企业社会职能逐步剥离

2010年，样本企业政社性人员为2.35万人，其中，教育科技文化人员0.92万人，公检法司人员0.50万人，医疗卫生体育人员0.46万人，其他人员0.47万人，

① 职工在岗就业率=在岗职工总数÷在册职工总数

② 职工下岗待安置率=下岗待安置职工总数÷在册职工总数

图2-4 样本企业在岗职工就业岗位情况

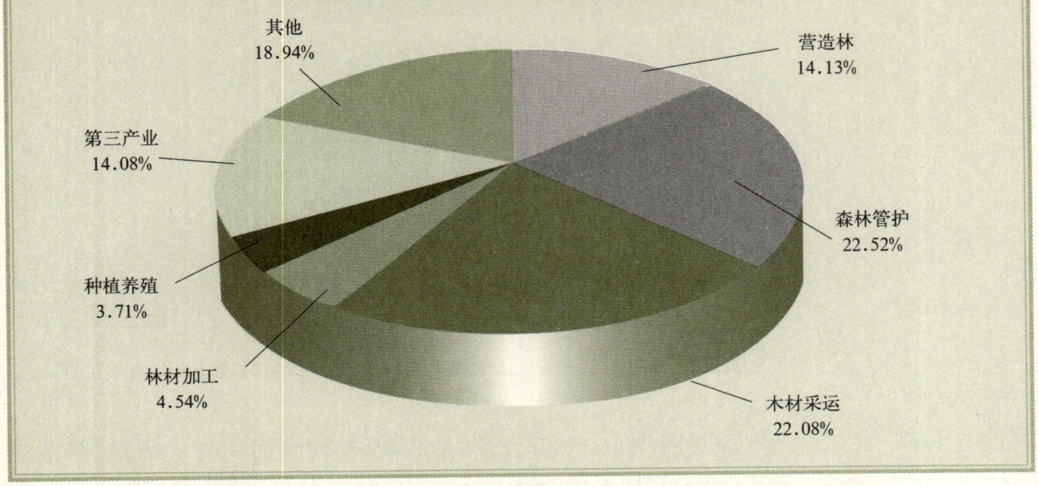

图2-5 2010年政社性人员结构

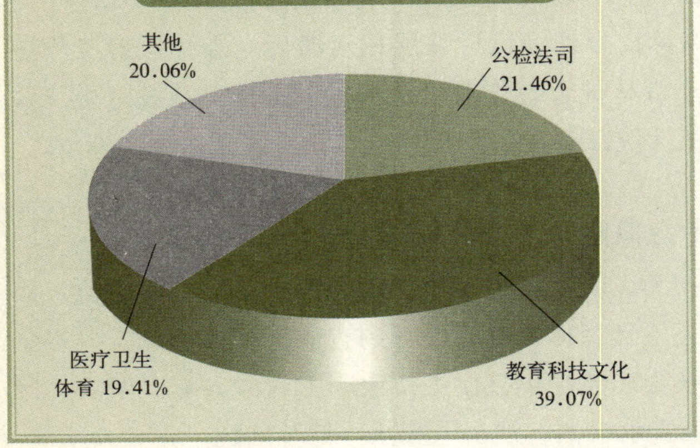

图2-6 1997年政社性人员结构

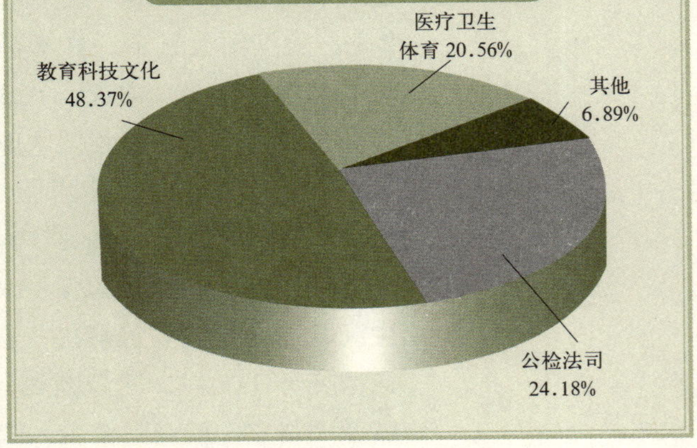

分别占总数的39.07%、21.46%、19.41%和20.06%（图2-5）。与2009年相比，企业政社性人员增加0.10万人，增长了4.44%，比1997年减少了0.82万人（图2-6），下降了26.71%。数据结果表明，企业政社性人员数量总体呈下降趋势，这说明，随着体制机制改革的逐步推进，样本企业逐步将社会职能剥离并移交地方。

3．参加基本养老保险统筹职工增加，“四险”规划落实水平较高

截至2010年末，样本企业在册职工参加基本养老保险统筹人数为12.87万人，比2009年增加0.31万人，增长了2.45%。其中，在岗职工10.61万人，下岗待安置职工1.01万人，离开本单位仍保留劳动关系职工1.25万人，分别占总数的82.43%、7.85%和9.72%。截至2010年末，样本企业规划参加医疗保险人数为21.12万人，实际参加人数20.99万人，占规划数的99.38%；规划参加失业险人数11.92万人，实际参加人数11.77万人，占规划数的98.74%；规划参加工伤险人数12.33万人，实际参加人数11.50万人，占规划数的93.29%；规划参加生育保险人数为10.15万人，实际参加人数9.27万人，占规划数的91.33%。

（三）资金投资完成率提高，平均资金支出水平提高

2010 年样本企业天保工程资金总量有所下降，平均投资额有所降低。从资金拨付和支出情况来看，该年度天保工程资金到位率高、投资完成率高，这说明样本企业在资金使用上更加规范有序，资金管理水平有所提高。

1. 工程资金总量有所下降，资金投资完成率较高

2010 年，样本企业计划到位资金 13.75 亿元，实际到位资金 13.47 亿元，资金到位率为 97.96%；当年完成投资 13.57 亿元，投资完成率为 100.74%。与 2009 年相比，样本企业天保工程投资总量有所下降，计划到位资金减少了 1.74 亿元，下降了 11.19%；实际到位资金减少了 1.77 亿元，下降了 11.63%；投资完成额减少了 1.85 亿元，下降了 12.30%（图 2-7）。

2. 工程资金支出下降，五成以上资金用于社会保障和资源管护

样本企业实施天保工程资金支出 15.40 亿元，比 2009 年减少 0.18 亿元，下降了 1.16%。其中，工程基本建设资金支出为 2.52 亿元、财政专项资金支出 12.81 亿元、其他支出 0.07 亿元，分别占总支出的 16.36%、83.18% 和 0.45%。基本建设支出中，公益林建设支出 0.98 亿元，种苗设施补助、森林防火设施建设等其他支出 1.54 亿元，分别占基本建设总支出的 38.89% 和 61.11%。财政专项支出中，森林资源管护费 3.35 亿元，下岗职工安置费 0.21 亿元，社会保险补助费 4.65 亿元，政社性支出补助 3.61 亿元，森林抚育补贴 0.60 亿元，其他费用 0.39 亿元，分别占财政专项支出的 26.15%、1.64%、36.30%、28.18%、4.68% 和 3.04%。

图2-7　样本企业天保工程年度投资完成额

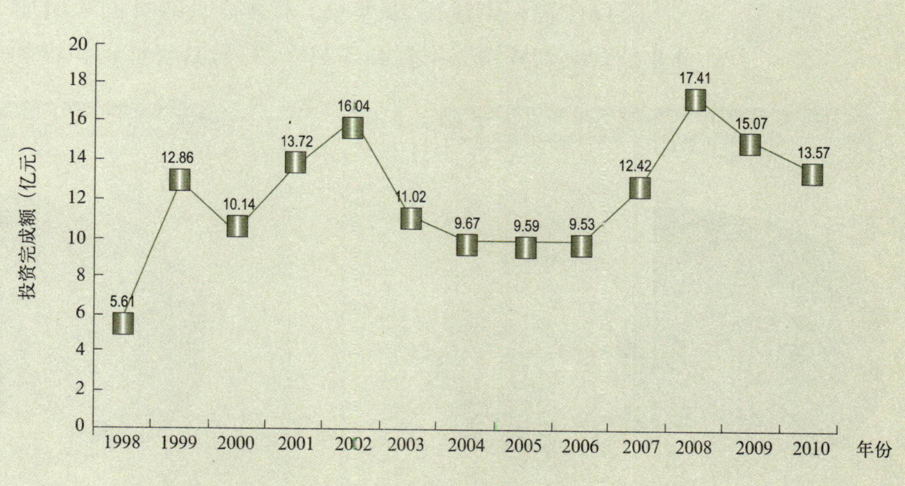

二 森林资源变化情况

通过木材产量调减、公益林建设、森林资源培育与管护，样本企业森林资源得到恢复性增长，森林面积和蓄积增加，森林资源质量提高。

（一）森林覆盖率略有下降

2010年，样本企业森林面积841.97万公顷，比2009年增加了17.00万公顷，下降了1.98%；疏林地面积11.73万公顷，比2009年增加2.31万公顷，增长24.52%；无林地面积130.98万公顷，比2009年减少0.19万公顷，下降0.15%。森林面积中，天然林754.21万公顷，人工林87.77万公顷，分别占总量的89.58%和10.42%；公益林661.57万公顷，商品林180.40万公顷，分别占总量的78.57%和21.43%；成过熟林196.29万公顷，近熟林118.89万公顷，中幼龄林521.88万公顷，分别占总量的23.45%、14.20%和62.35%（图2-8、2-9）。森林覆盖率为62.40%，比2009年下降了0.62个百分点。

（二）森林蓄积有所增加

2010年，样本企业森林蓄积为9.81亿立方米，比2009年增加0.10亿立方米，增长1.03%。森林蓄积中，天然林9.28亿立方米，人工林0.53亿立方米，分别占总量的94.60%和5.40%；公益林8.06亿立方米，商品林1.75亿立方米，分别占总量的82.16%和17.84%。平均森林蓄积116.57立方米/公顷，为全国平均水平的1.36倍。天保工程一期样本企业中幼龄林蓄积比重提高9.77百分点，成过熟林蓄积比重下降了9.10百分点。

（三）森林资源培育任重道远

天保工程一期建设10年来，样本企业森林面积增加25.45万公顷，增长2.95%，企业经营区森林覆盖率提高3.24个百分点；森林蓄积增加0.82亿立方米，增长9.09%；

图2-8 1999年样本企业森林面积结构

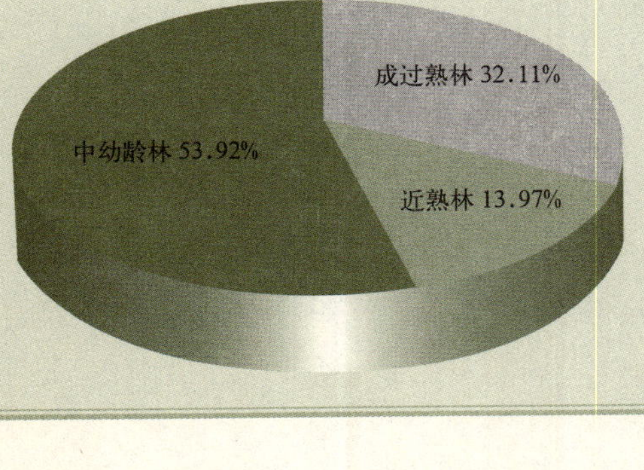

图2-9 2010年样本企业森林面积结构

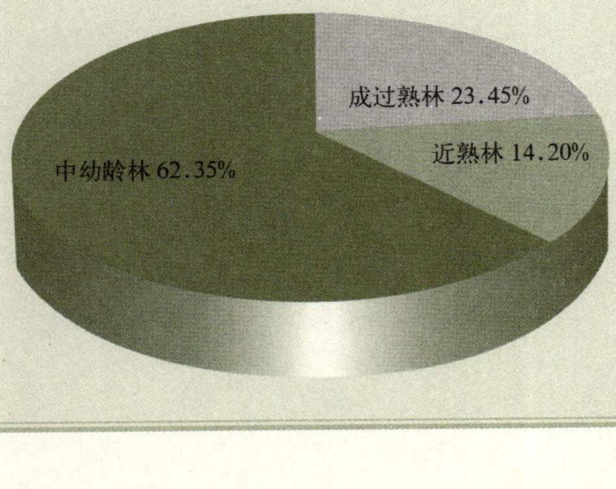

图2-10 1999年样本企业森林蓄积结构

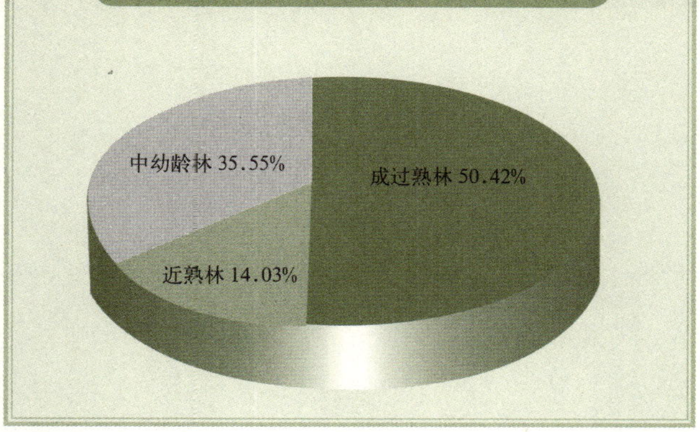

图2-11 2010年样本企业森林蓄积结构

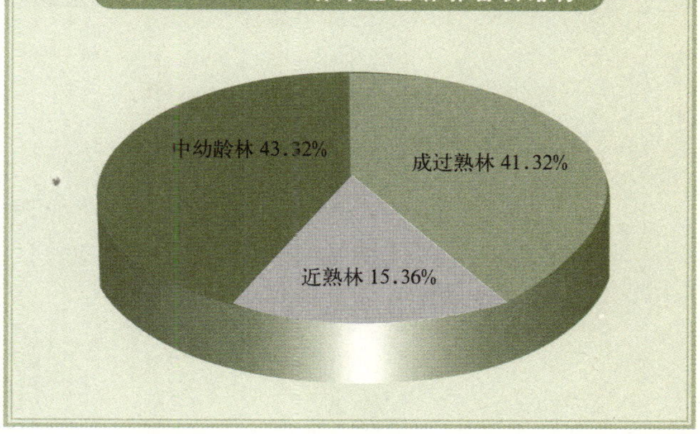

平均森林蓄积提高 12.36 立方米 / 公顷，增长 11.86%。从森林资源林龄结构来看，10 年来，中幼龄林比重持续增大，近熟林和成过熟林比重相对缩小，森林资源培育与保护任重道远（图 2-10、2-11）。

三 社会影响

自天保工程实施以来，“强民生”逐步地被置于更加突出的位置，并通过多种政策途径提高林业职工福利水平。监测结果显示，富余职工安置使样本企业职工下岗率下降至一成左右，社会保障体系覆盖到绝大多数林业职工。

（一）企业就业压力大幅度减轻

2010 年，样本企业下岗待安置职工 1.69 万人，比 2009 年减少 0.07 万人，下降了 3.95%；比 1997 年减少 5.19 万人，下降了 75.45%；职工下岗失业率为

图2-12 下岗待安置职工与在岗职工比重年度变化

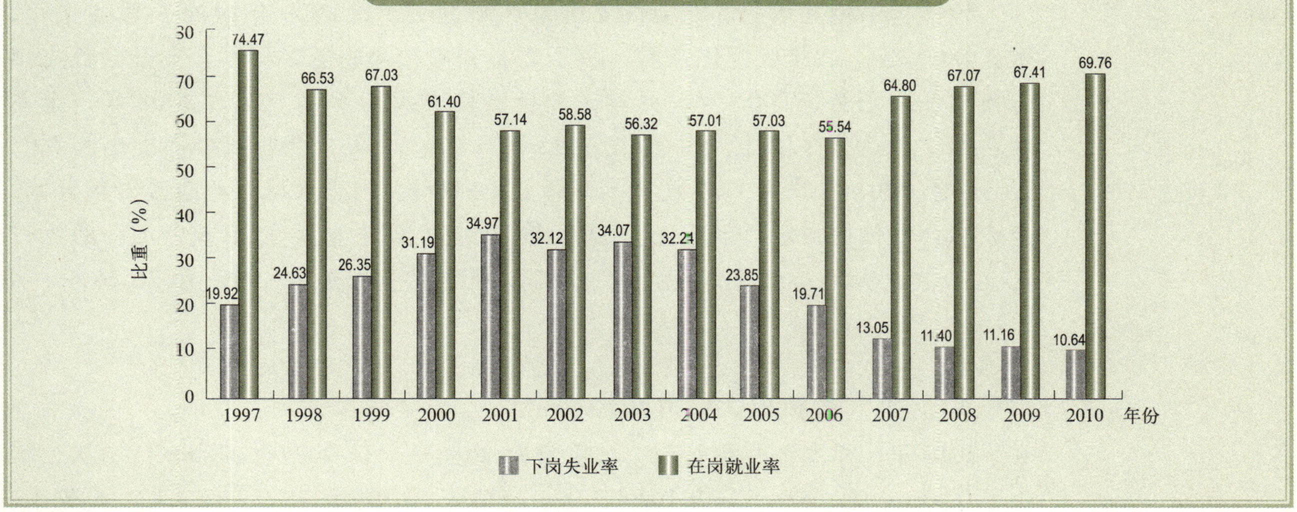

图2-13 样本企业社会负担结构年度变化情况

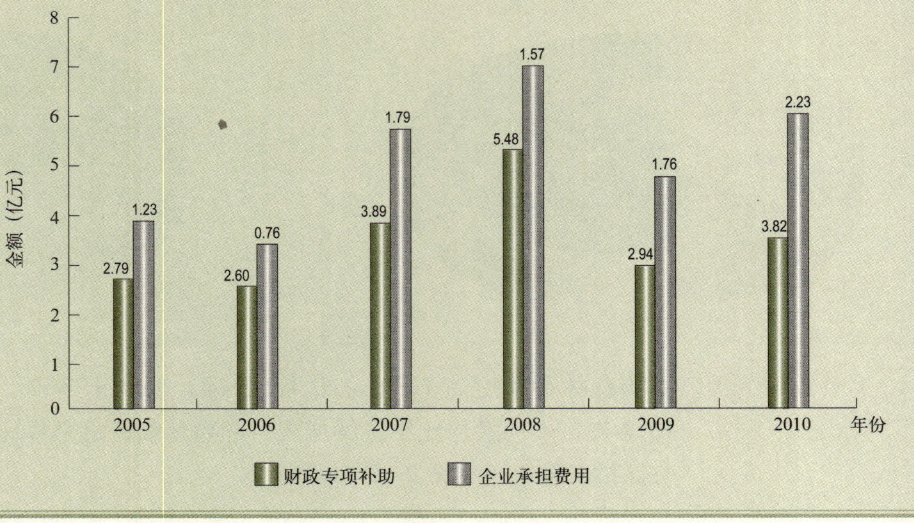

10.64%，比最高年份 2001 年，降低 24.33 个百分点。企业在岗职工为 11.07 万人，比 2009 年增加 0.46 万人，增长了 4.34%；职工在岗就业率为 69.76%，比最低年份 2006 年提高了 14.22 个百分点（图 2-12）。自天保工程实施以来，样本企业"凸"型下岗失业、"凹"型上岗就业的变动趋势说明，天保工程富余职工安置政策实施效果逐步显现，一方面企业就业压力逐步减轻，另一方面，林业逐步转换工作岗位。1997 年，样本企业有 45.70% 的职工从事木材采运岗位；2010 年，该比重降到了 22.08%。从企业职工就业现状来看，2010 年，55.18% 的职工从事森林资源培育与管护、林下种植养殖等工作，多数林业职工已从原来的"砍树人"转变为当前的"看树人"。

（二）企业政社性负担大幅度减轻

2010 年，企业承担的社会性支出为 6.05 亿元，比 2009 年增加了 1.35 亿元，增长 28.72%。从年度变化来看，由于逐步剥离社会职能，样本企业社会性支出呈先增后降趋势。2005 年，样本企业社会性支出为 4.02 亿元；2008 年，企业社会性支出达到 7.05 亿元，增长了 75.37%；2010 年，企业社会性支出为 6.05 亿元，比 2008 年减少 1.00 亿元，下降了 14.18%。由于天保工程财政专项补助，企业社会性负担减轻一半以上。2010 年，企业社会性支出中，财政专项补助 3.82 亿元，企业实际承担 2.23 亿元，分别占社会总支出的 63.14% 和 36.86%（图 2-13）。

（三）企业人员负担大幅度减轻

2010 年，样本企业在册职工总数为 15.86 万人，比 2009 年减少 0.11 万人，下降了 0.70%；比 1999 年减少 16.84 万人，下降了 51.50%。截至天保工程一期期末，

某样本企业各种社会负担情况

2010 年，该企业社会性支出共计 13 597.80 万元，其中财政专项补助 6889.00 万元，企业负担经费 6708.80 万元。该企业负担的经费中，教育经费 3304.37 万元、卫生经费 116.17 万元、公检法经费 951.84 万元、政府经费 1184.71 万元、基本养老保险补助费 609.37 万元、医疗保险补助费 451.11 万元、失业保险补助费 33.76 万元、工伤保险补助费 35.90 万元、生育保险补助费 21.56 万元，等等。该年度，企业社会负担支出占企业增加值的 21.73%。

样本企业在册职工人数下降了一半以上。在册职工中，国有职工 12.18 万人，集体混岗职工 3.68 万人，分别占总数的 76.78% 和 23.22%。在册职工人数大幅度下降的主要原因是离退休人数增加和富余职工一次性安置政策。天保工程一期期末，样本企业累计一次性安置富余职工 15.14 万人，占工程正式实施前在册职工总数的 46.29%，占天保工程一期在册职工减少总数的 89.90%。

（四）企业社会保障水平提高

2010 年，样本企业在册职工参加基本养老保险统筹的人数为 12.87 万人，参保率为 81.15%；其中，在岗职工基本养老保险参保率达到了 95.88%。在册职工基本医疗保险参保率为 93.40%，失业险参保率为 97.60%，工伤险参保率为 87.98%，生育保险参保率为 78.66%。

四 经济影响

自天保工程实施以来，样本企业因森林资源利用方式变化和经济结构转型，经济总量一度较大幅度下降，然后开始呈持续快速增长态势，经济发展对木材资源的依存度明显降低，经济结构明显好转，经济呈现逐步好转的趋势。

（一）经济总量增长，第三产业有待发展

2010 年，样本企业总产值 128.92 亿元，比 2009 年增加 17.40 亿元，增长 15.60%；比产值最低年份增加 65.11 亿元，增长了 1.02 倍（图 2-14）。总产值中，第一产业 63.23 亿元，第二产业 42.04 亿元，第三产业 23.64 亿元，分别占总量的

图2-14 天保工程一期样本企业3个产业产值变化

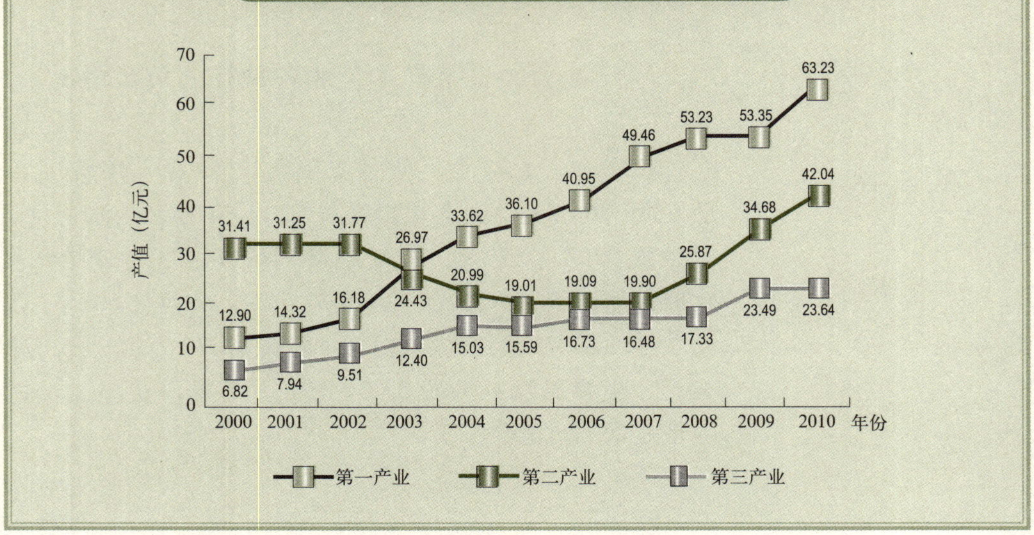

49.05%、32.61% 和 18.34%。和 2009 年相比，2010 年，第一、二、三产业产值结构由 47.21 ：31.47 ：21.31 转变为 49.05 ：32.61 ：18.34，第一、二产业比重略有增加，第三产业比重稍有下降。和 1997 年相比，2010 年，第一、三产业比重分别提高了 30.02 和 6.41 百分点，第二产业比重下降了 29.44 百分点。

（二）木材采运和加工业产值比重下降，林下经济总产值比重有所提高

由产值构成来看，木材采运，木材加工，种植业，经济林产品、林下资源开发和森林旅游等其他产业结构比由 2009 年的 20.58 ：18.34 ：13.49 ：47.60 转变为 20.58 ：14.52 ：13.33 ：51.56，木材采运和加工行业比重下降，种植养殖、林下资源开发、森林旅游等行业比重上升。1997 ~ 2010 年，木材采运和木材加工行业产值在企业总产值中的比重由 64.74%下调为 35.11%。下降了 29.63 个百分点，企业对木材资源的依存度大幅度降低（图 2-15）。

（三）企业总负债增加，资产负债率提高

2010 年，样本企业总负债为 58.65 亿元，比 2009 年增加 5.38 亿元，增长 10.11%。总负债中，银行贷款 5.84 亿元，企业借款 2.11 亿元，其他负债 50.69 亿元，分别占总负债的 9.96%、3.60% 和 86.44%。和 1997 年比，样本企业总负债减少了 55.66 亿元，下降 48.69%。2010 年，负债与总产值的比值达为 45.49%，比 2009 年下降了 2.27 个百分点；资产负债率为 100.74%，比 2009 年增加了 5.82 个百分点，比 2009 年上升了 10.70%。

（四）全员劳动生产率增长五成，企业经济状况整体欠佳

2010 年样本企业总资产贡献率为 3.45%，比 2009 年下降了 0.43 个百分点。资

图2-15 木材采运和木材加工业产值比重年度变化

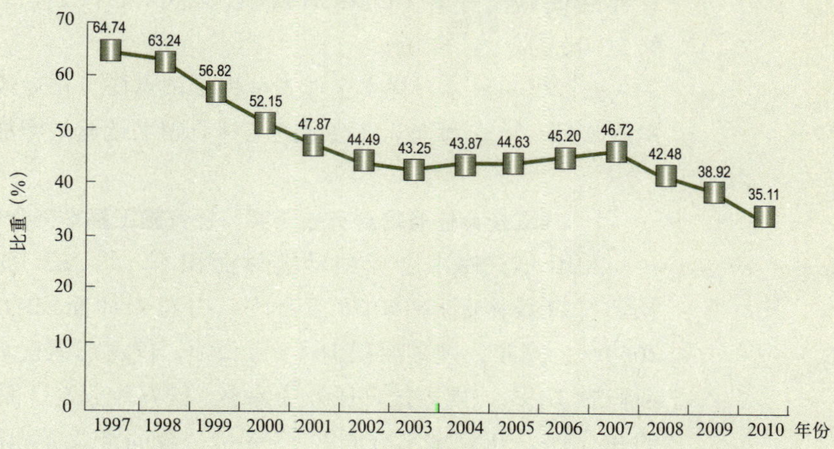

本保值增值率为100.74%，比2009年提高了6.02个百分点。流动资产周转率为0.79次，比2009年增加了0.11次。成本费用利润率为11.65%，比2009年下降了5.28个百分点。全员劳动生产率为15 606.72元/人，比2009年增加了5258.22元/人，增长50.81%。产品销售率为83.74%，比2009年下降了0.39个百分点（表2-1）。

表2-1 样本企业主要经济效益指标

指　标	2010	2009	变化幅度（%）
总资产贡献率（%）	3.45	3.88	-11.08
资本保值增值率（%）	100.74	94.72	6.36
资产负债率（%）	60.20	54.38	10.70
流动资产周转率（次）	0.79	0.68	16.18
成本费用利润率（%）	11.65	16.93	-31.19
全员劳动生产率（元/人）	15606.72	10348.50	50.81
产品销售率（%）	83.74	84.13	-0.46

五 专　题

（一）森林抚育任务有效落实，抚育就业增收作用明显

为提高森林质量和林地生产力，促进林业发展方式转变，根据《中共中央国务院关于全面推进集体林权制度改革的意见》（中发[2008]10号）和中央林业工作会议精神，自2009年开始，森林抚育补贴试点逐步开展。《财政部 国家林业局关于开展2010年森林抚育补贴试点工作的意见》（财农[2010]113号）提出，2010年森林抚育补贴试点把促进就业作为主要原则。国有林抚育任务应由林业

职工完成，重点帮助解决抚育职工就业和生活困难等问题。2010 年全国森林抚育补贴试点任务共 133.33 万公顷，其中天保工程区 93.33 万公顷，占总任务量的 70.00%。

监测结果显示，样本企业森林抚育试点任务相对较少，但作业规范，责任明确，实施及时，检查到位；直接促进了林业职工就业，增加了职工收入。

1．八成抚育任务得到有效落实，抚育施工基本符合作业设计要求

2010 年，样本企业中幼龄林面积 521.88 万公顷，占总森林面积的 61.98%；急需抚育森林面积 140.38 万公顷，占总森林面积的 16.67%，占中幼龄林面积的 26.90%。当年，规划面积 16.63 万公顷，仅占急需抚育面积的 11.85%，占中幼龄林面积的 3.19%，规划抚育任务量偏小。抚育作业设计面积 15.99 万公顷，占规划面积的 96.15%。抚育施工合同共 3358 份，合同涉及面积占作业设计面积的 100.00%。实际完成面积 14.15 万公顷，占规划面积的 85.09%。检查验收面积 11.87 万公顷，占已完成面积的 83.89%。从检查验收结果来看，违反作业设计施工面积 13 公顷，仅占实际抚育面积的 0.01%。

2．森林抚育主要采取割灌方式，六成以上资金用作人工费支出

实际抚育面积中，承包抚育 5.54 万公顷，林场自组织施工 8.61 万公顷，分别占抚育完成总面积的 39.13% 和 60.87%。实际抚育中，同一地块不同抚育措施交叉实施，提高林木生长率，这些抚育林措施中，割灌 4.29 万公顷、修枝 3.70 万公顷、透光伐 3.60 万公顷、生态疏伐 2.77 万公顷、生长伐 1.91 万公顷、除草 1.45 万公顷、景观疏伐 0.28 万公顷、卫生伐 0.02 万公顷，分别占抚育面积的 32.79%、28.25%、27.49%、21.18%、14.61%、11.06%、2.11%、0.13%。

试点抚育规划到位资金 2.14 亿元，实际到位资金 1.69 亿元，资金到位率为 78.97%。当年完成投资 1.54 亿元，投资完成率为 91.12%。投资完成额中，中央财政森林抚育补贴 0.60 亿元，企业自筹 0.94 亿元，分别占总额的 38.96% 和 61.04%；直接费用 1.23 亿元，间接费用 0.17 亿元，分别占总投资的 88.06% 和 11.94%；人工费 0.96 亿元、物质材料费 0.15 亿元、其他费用 0.43 亿元，分别占总投资的 62.64%、9.61% 和 27.75%（图 2-16、2-17）。

3．参加抚育的下岗职工较少，抚育时间达2个月以上

从事试点抚育的职工总数为 3.33 万人，占企业在岗职工总数的 30.07%（图 2-18、2-19）。其中，国有职工 2.19 万人，集体混岗职工 0.44 万人，非企业职工 0.68 万人，分别占总量的 65.77%、13.21% 和 21.02%；在岗职工 2.21 万人，原下岗待安置职工 0.32 万人，原离开本单位仍保留劳动关系的职工 816 人，农民 0.24 万人，其他 0.48 万人，分别占总数的 66.33%、9.61%、2.45%、7.20%、14.41%。森林抚育总用工量为 243.82 万工日，平均工作时间为 73.27 日 / 人，平均森林抚育人工费支出 39.57 元 / 工日，林业职工从事森林抚育平均可获得 2899.45 元 / 人的收入。

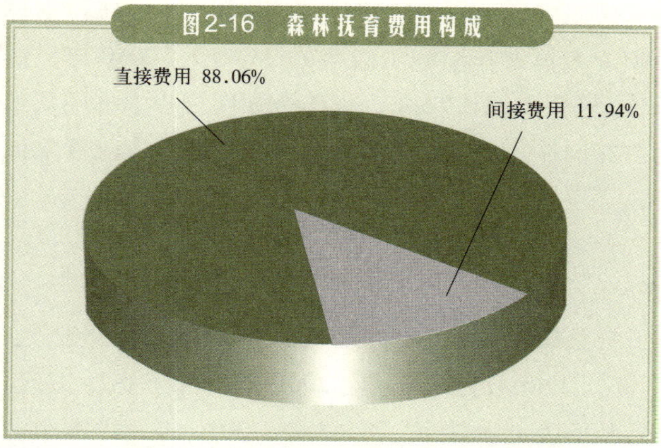

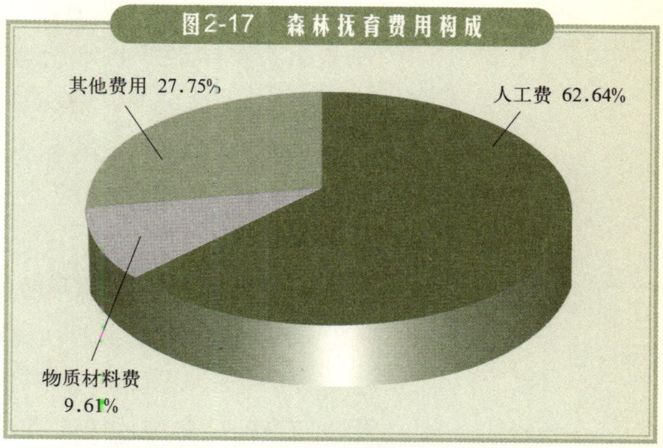

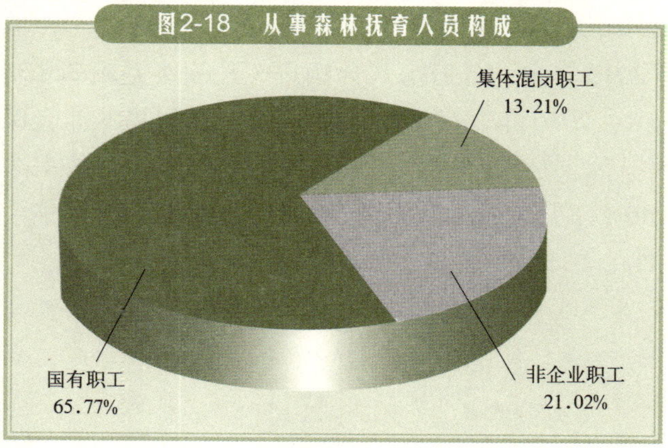

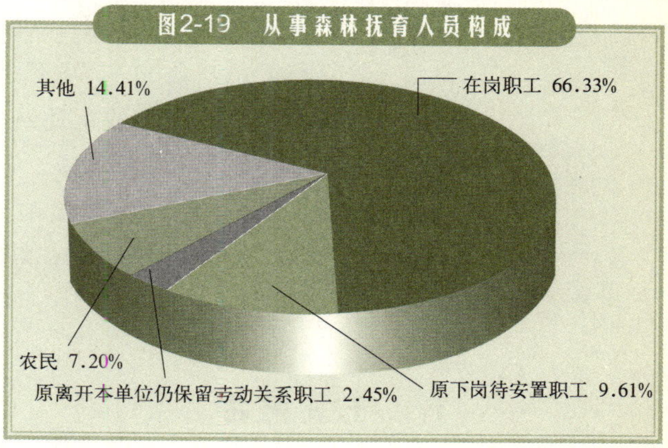

（二）林业职工民生所有改善，福利水平有所提高

“民生”关系天保工程成败。自天保工程实施以来，天保工程一直把“民生”问题放在突出位置，妥善安置富余职工，逐步提高职工工资水平，让职工参加社会保险，从数量和质量两个方面，减轻人口对森林资源压力，以“强民生”来“保生态”。

1．企业职工就业情况明显好转

2000 年，天保工程正式实施，因木材产量调减，样本企业有 17.17 万职工成为富余职工，占当年在册职工总数的 52.96%。天保工程通过分流上岗，一次性安置和进入再就业服务中心 3 种途径妥善安置富余职工。其中，天保工程一期累计一次性安置抚育 15.14 万人，占富余职工总数的 88.18%。

由于富余职工安置，企业下岗待安置职工人数大幅度下降。2010 年，下岗待安置职工人数为 1.69 万人，比 2009 年减少 0.27 万人，下降 13.78%；比 2000 年减少 15.48 万人，下降 90.16%。在册职工中，下岗待安置职工比重为 10.64%，比 2009 年降低了 5.91 个百分点，比 2000 年降低 20.55 个百分点。

富余职工安置促使林业职工外出务工就业。1997 年，样本企业外出务工人数 0.24 万人；2010 年，企业外出务工的林业职工人数达到 3.41 万人，比 1997 年增长了

14.48 倍；抚育职工安置改变了林业职工就业方式。1997 年，样本企业所属样本林场从事森林资源管护和营造林的职工人数占在岗职工总数的 28.40%；2010 年，该比重提高到 43.05%，增加了 14.65 个百分点。1997 年，样本企业所属样本林场从事木材采运和木材加工的职工人数占在岗职工总数的 49.47%；2010 年，该比重降低到 24.60%，下降了 24.87 个百分点。

2. 林业职工福利水平明显提高

2010 年，样本企业在岗职工工资总额 16.05 亿元，比 2009 年增加了 2.88 亿元，增长 21.87%。在岗职工年平均工资为 1.45 万元 / 人，比 2009 年增加了 0.21 万元，增长了 16.94%；比 1997 年增加了 1.05 万元，增长了 2.63 倍。2010 年，样本企业危旧房（含棚户区）面积共计 423.22 万平方米，涉及林业职工家庭 9.43 万户，占企业职工总户数的 41.08%。截至 2010 年末，危旧房（含棚户区）改造完成 228.38 万平方米，改造完成率达到 53.96%。2010 年，样本企业在岗职工参加基本养老保险统筹的比率为 95.88%，年末离退休人员按时足额发放基本养老保险，发放率达到 100.00%；医疗险参保率为 93.40%，失业险参保率为 97.60%，工伤险参保率为 87.98%，生育保险参保率为 78.66%。

六 主要问题

13 年来，天保工程建设成效突出，资源增长、企业增效、职工增收均取得一定成绩。但是监测发现，因企业资本运营能力低、林业职工工资水平低，致使“强民生”仍然困难重重；企业经济发展对木材的依存度偏大，“保资源”、“保生态”依然任重道远。

（一）林业职工工资与地方工资差距持续拉大

1997 年，在岗职工年平均工资为 0.40 万元 / 人，比地方平均工资高 28.18%；2010 年，在岗职工年平均工资为 1.45 万元 / 人，比地方平均工资低 41.53%。13 年来，在岗职工平均工资增长速度为 0.38%，地方平均工资增长速度为 16.91%，在岗职工平均工资增长速度比地方平均水平低 16.53 个百分点（图 2-20）。森工企业职工工资水平过低，工资增长缓慢，与地方工资差距逐年增大，这已成为影响企业正常运行和林区社会和谐稳定的重要因素。

（二）森林资源急需扩大抚育面积

2010 年，样本企业急需抚育森林面积 140.38 万公顷，规划抚育面积 16.63 万公顷，仅占急需抚育面积的 11.85%，占中幼龄林面积的 3.19%。样本企业抚育任务量偏小，对于急需抚育的中幼龄林而言，达不到“解渴”的效果。其次，监测还发现，

图2-20 森工企业职工平均工资与地方平均工资对比

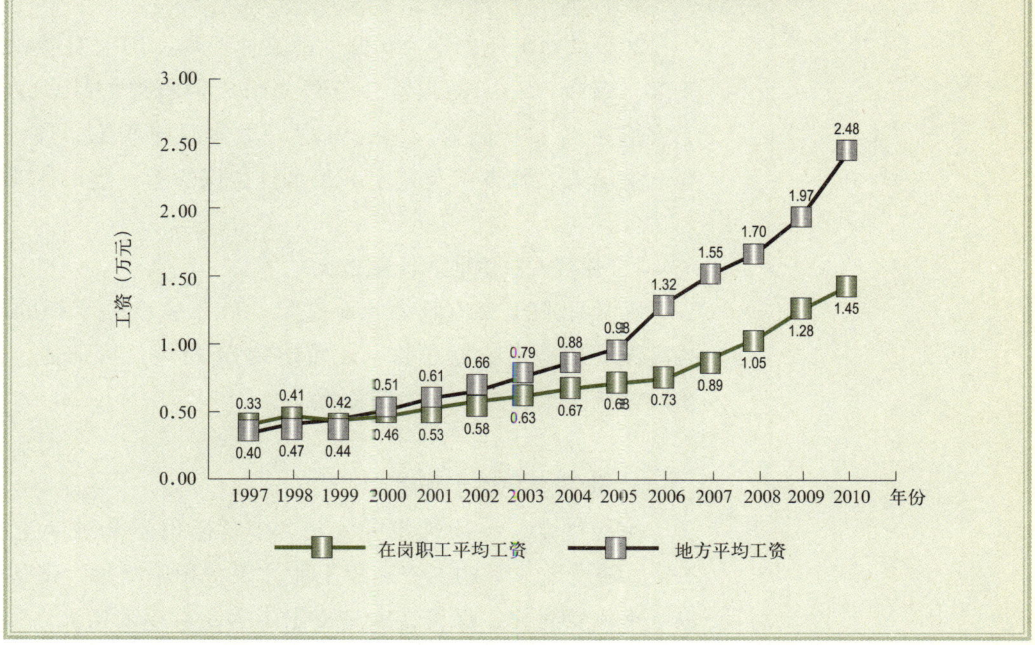

森林抚育实际补贴水平过低，平均补贴 72.57 元 / 亩，大大低于森林抚育补贴标准。对于这些想抚育、有规划抚育任务要抚育的企业来说，森林实际补贴水平过低，就可能诱导企业实施森林抚育中，不完全按照技术规程要求操作，存在"逆向选择"的可能。再次，从事森林抚育的原下岗待安置职工人数仅占企业下岗待安置职工总数的 10.27%，这说明在抚育工作分配上，下岗待安置职工并没有被优先考虑。

（三）经济发展对木材的依存度依然比较大

2010 年，样本企业木材采运产值为 26.54 亿元，木材加工产值 18.72 亿元，分别占企业总产值的 35.10% 和 14.52%。企业从事木材采运职工人数 2.48 万人，占在岗职工总数的 22.38%。企业总产值中，木材产值占三成以上；企业就业职工中，从事木材采运职工占两成以上。企业经济发展对木材的依存度较大，从事木材采运职工较多，不利于经济发展转型。

（四）企业经济质量整体欠佳

自天保工程实施以来，样本企业经济效益整体略有好转，但是并无大的起色，经济发展质量整体依然欠佳。这主要表现在：一是企业债务状况并无明显好转。资产负债率长期居高不下，企业负债总额一直占企业总资产的六成左右；二是总资产贡献率一度企稳回升，又呈下降趋势；三是资本保值增值率呈现先增后减的势头，目前主要保持在 100.00% 左右的水平。这说明，企业资产管理能力和资本运营能力整体较差，企业内生性增长乏力。

2011年10月21～26日，国家林业局、国家发展和改革委员会、人保部、财政部和中国银监会五部委组成调研组，赴黑龙江省对102户职工家庭进行入户调查。调查发现，集体混岗职工、原一次性安置职工、五七家属工、知青工及其家庭参加社会保险有一定的困难。

1．保费占家庭收入比重过大

因林业职工家庭收入水平过低，职工家庭需承担的基本养老保险和医疗保险缴费占家庭总收入比重达到36.86%。特别是一些入不敷出的家庭，林业职工对参加保险有心无力。

2．缴费负担逐步加重

按照规定，一次性安置人员养老保险缴费为地区上一年平均总额的20%。随着地区平均工资逐年上涨，保费相应增加。但是，因林业职工工资水平增长缓慢，保费在家庭支出中的比重逐步增大。

3．保险补贴人员范围偏小

按照规定，国家社保补贴范围为国有职工或实现灵活就业的原国有一次性安置职工，一次性安置的原集体混岗等被排斥在补贴政策之外，无法享受保费补贴。

4．保险补贴标准偏低

按照规定，参加养老保险，年龄超过50周岁的男职工和40周岁的女职工，可享受60%的保费补贴，年龄不足的职工，职能只能享受30%的补贴。

5．保险政策满意率低

样本职工家庭对目前家庭社会保险满意率为8.91%，不满意率为47.52%。

七 政策建议

针对天保工程及森工企业中存在的问题，天保工程应强化“保生态、强民生、促改革”的建设重点内容，以森林经营为根本任务，以改革为基本动力，以林区经济发展为基本抓手，达到“林兴、民富、企强”的效果。

（一）逐步提高职工工资水平

当前，天保工程是绝大多数森工企业生存和发展的主要依托。在企业体制机制改革尚未取得实质性进展前，建议：一是进一步丰富天保工程建设内容，通过正式启动和逐步扩大森林抚育、低产低效林改造、速生丰产林等政策措施，吸收林业富余职工就业，扩大就业量；二是提高工程建设标准，建立确保林业职工参加工程建设的制度，让更多的职工从工程建设中受益，提高工资水平；三是让林业职工平均工资水平不低于地方平均工资水平，工资增长速度不低于地方平均工资增长速度，或至少不低于当地物价增长速度。

（二）正式开展中幼龄林抚育补贴政策

鉴于森林抚育对于提高森林质量的重大意义，建议中央正式启动中央财政森林抚育补贴政策：一是扩大森林抚育面积。对于重点国有林区急需抚育的森林，应在3～5年内完成抚育；对于需要抚育的中幼龄林，应在天保工程二期结束前完成抚育。二是提高补贴标准。中央财政森林抚育补贴标准应占实际抚育成本三成左右，并随着抚育成本的提高，逐步增加补贴标准；三是抚育资金及时下达，减少中央财政森林抚育补贴在中间环节滞留时间，确保抚育资金和任务在时间和额度上相互匹配。四是规范承包抚育方式，更多开展由林场组织的森林抚育，组织更多下岗待安置职工和一次性安置职工参加森林抚育工作。

（三）大力发展替代产业

鉴于林业转变发展方式的要求和重点森工企业转变发展方式的客观需求，建议结合林业“十二五”发展规划和林业产业发展规划：一是在天保工程资金中增加替代产业或后续产业发展补贴资金，以财政补贴资金诱导企业产业发展转型；二是加大对国有重点森工企业贴息贷款力度，扶持企业发展林下经济；三是将林业产业发展纳入地方社会经济发展规划，争取地方政府在基础设施建设和产业发展方面的扶持；四是实行更加优惠的税收政策，以税收杠杆加快企业非林非木产业发展。

（四）加快体制机制改革进度

对于那些多年没有木材采伐任务、没有产值、已不具备企业生产职能、人员负担不重的森工企业转变为专门从事森林资源经营的事业性单位或转制为国有森林资源经营管理局。对原森工企业所属经营性资产应尽快剥离，以“资”抵“债”，解决企业债务负担；通过委托、拍卖、投资、入股等资本经营方式，降低国有资产损失，提高国有资产经营效率。

（主要执笔人：张升、张坤、文彩云、李扬、宋莎、赵金成）

天然林资源保护工程县社会经济效益监测报告

天保工程于2010年底结束了一期建设任务。十多年来，在各级财政大力扶持和林区群众不懈努力之下，长江上游、黄河上中游地区扭转了森林资源过度消耗、生态环境持续恶化的趋势，实现了职工的转岗和分流安置，保持了林区的社会稳定。

2010 年是天保工程承上启下之年，工程区继续执行一期各项政策。为出台天保工程二期政策，国家林业局与多个部委联合开展了多项专题研究，并组织各工程实施单位对天保工程一期建设成效进行认真分析、总结经验、查找问题、思考对策。

2010 年，是对长江上游、黄河上中游地区 44 个天保工程样本县[①]连续跟踪监测的第 9 年，也是对天保工程一期建设成效进行全面总结的关键年。继续采取定点跟踪监测的方法收集样本县（村）数据，监测的主要内容是工程进展与政策执行情况、植被恢复与生态环境现状、工程对区域社会和经济发展的影响以及工程建设的经验总结与问题建议等。为全面总结工程建设成效，2010 年度监测指标基本上保留了 2009 年度指标体系的全部指示，县级监测指标增加了 24 个，反映工程区中幼龄林抚育试点进展情况。

---

① 44个样本县分布于河南、湖北、重庆、四川、贵州、云南、陕西、甘肃和青海9个省（自治区、直辖市），包括2个国有林场（康南林场和岷江林场）和1个自然保护区（祁连山自然保护区）。

一 样本县基本情况

44个样本县分布于我国大江大河源头或重要集水区，生态区位非常重要。经济社会发展总体水平不高，人口生存与经济社会发展高度依赖于自然资源，生态保护工程实施面临的困难非常多。

（一）土地与人口

2010年，样本县[①]行政区土地总面积1728.57万公顷，划入天保工程区土地面积1624.46万公顷，占长江上游、黄河上中游天保工程区土地总面积（22 911.33万公顷）的7.09%。样本县天保工程区林业用地面积970.81万公顷，占当年划入工程区土地面积的59.76%。

2010年，样本县总人口1660.14万人，天保工程区总人口1577.15万人，占95.00%。样本县总人口中，乡村人口1343.12万人，比2009年减少了14.46万人，占年末总人口的80.90%；城镇人口317.02万人，年内增加了24.63万人，占19.10%。数据显示，2010年样本县人口增加了10.17万人，乡村人口向城镇流动了14.46万人，工程区人口向非工程区流动了2.26万人，城镇人口比重上升了1.38个百分点。

（二）地区产值

2010年，样本县地区生产总值1996.77亿元，与2009年相比增长了19.23%，增速明显高于同期国内生产总值增长速度(10.30%)；当年林业增加值46.05亿元,增长5.82%。

2010年，样本县农林牧渔总产值614.15亿元，与2009年相比增长了15.48%。其中农业产值364.15亿元，增长26.33%；林业产值39.35亿元，下降5.38%；畜牧业产值187.94亿元，增长4.07%；渔业产值9.13亿元，增长9.44%；农林牧渔服务业产值13.58亿元，增长3.83%。与2009年相比，2010年样本县农林牧渔总产值内部结构没有明显变化（图2-21）。

图2-21 样本县农林牧渔总产值构成

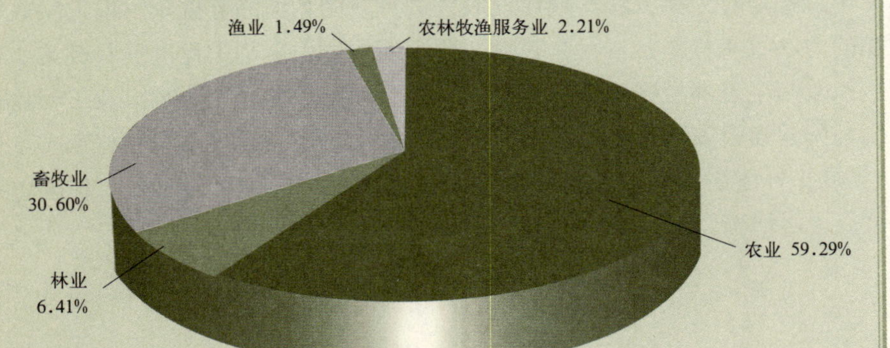

（三）财政收支

2010年，样本县财政收支差距进一步拉大，财政赤字达到了3 480 284.00万元。当年样本县地方财

① 如果不特别说明范围，文中所指“样本县”即全部44个样本。

政收入 2 038 568.00 万元，与 2009 年相比增长了 51.97%；地方财政支出 5 518 852.00 万元，增长了 47.07%。数据显示，样本县 2010 年财政收支失衡已经非常严重，财政支出已高出财政收入的 1.71 倍。

2010 年，样本县因实施天保工程而减少的地方财政收入为 6774.50 万元，中央财政对地方转移支付 12 084.70 万元，用以弥补天保工程给地方经济带来的直接损失。

（四）森林资源

自天保工程实施以来，样本县森林资源持续增长。2010 年，样本县有林地面积 614.32 万公顷，与 2009 年相比增长了 0.60%；年内有林地面积净增 3.69 万公顷，平均每县增加 838.02 公顷。当年样本县天保工程区有林地面积 594.73 万公顷，占样本县全部有林地面积的 96.81%，即样本县 96.81% 的有林地在天保工程区。

2010 年，样本县灌木林地面积 259.28 万公顷，与有林地合计占样本县行政区土地总面积（1728.57 万公顷）的 50.54%；样本县天保工程区灌木林地面积 247.94 万公顷，与有林地合计占样本县工程区土地面积（1624.46 万公顷）的 51.87%。

2010 年，样本县森林蓄积总量为 49 709.77 万立方米，与 2009 年相比增长 0.07%；森林蓄积总量年内增加了 34.54 万立方米，平均每个县增加 0.78 万立方米；单位面积森林蓄积量 80.92 立方米 / 公顷，每公顷森林蓄积比 2009 年增加了 0.43 立方米。样本县天保工程区森林蓄积量 48 962.55 万立方米，每公顷面积森林蓄积量为 82.23 立方米，森林质量好于整个样本县。

二 工程进展与政策执行情况

2010 年，长江上游、黄河上中游天保工程区主要建设任务依然是森林管护和公益林建设，结合推进林区改革，分流安置林区职工。

（一）森林管护

森林管护是巩固天然林保护和公益林建设成果的重要手段，也是林业职工分流和安置的主要措施。监测显示，天保工程建设十多年来，样本县天保工程区森林管护范围不断扩大，有效管护森林资源的同时，分流安置了一半以上的林业职工，是兼顾了森林资源保护与职工就业增收等多项目标的政策措施。

1. 森林管护面积持续扩大

天保工程启动以来，样本县森林管护范围逐年扩大，每年新造林地纳入管护范围。2010 年初，样本县计划管护森林面积 695.56 万公顷，计划数比 2009 年增加

图2-22 样本县森林管护任务分配

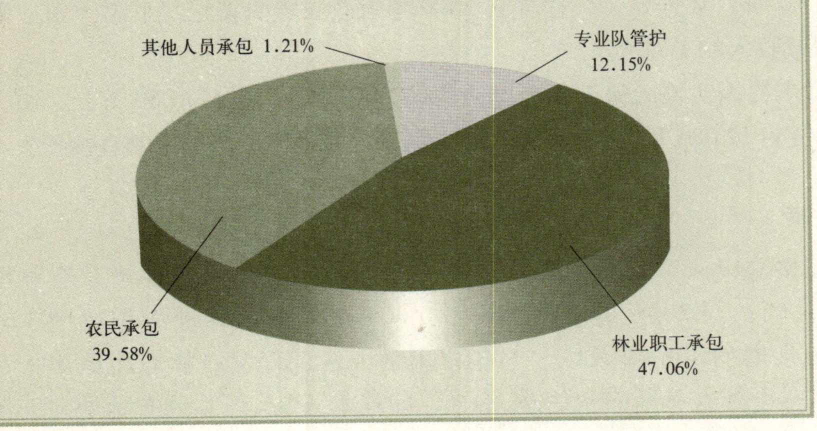

了13.96万公顷，占当年样本县林业用地面积（1020.56万公顷）的68.15%。当年样本县实际管护森林面积755.95万公顷，超出年初计划8.68%；占当年样本县林业用地面积的74.07%，与2009年相比提高了0.29个百分点。每个样本县平均管护森林面积为17.18万公顷，比2009年增加了0.09万公顷。

根据《长江上游、黄河上中游地区天然林资源保护工程（一期）实施方案》，森林管护范围包括工程区内停止采伐的天然林和已有的其他森林、灌木林地、未成林造林地，工程实施过程中，公益林建设新增造林地面积也纳入了工程管护范围，因而森林管护面积不断扩大。

2．农民承包管护森林面积比重下降

天保工程一期森林管护方式主要包括专业队管护和承包管护两种。为了能够将管护责任落实到人，工程区更多将管护任务承包给林业职工和林区农民。2010年，样本县由专业队管护森林面积为91.80万公顷，占年末管护森林面积的12.15%；个体承包管护森林面积664.15万公顷，占年末管护森林面积的87.85%（图2-22）。近年来，样本县专业队承担管护任务的比重持续小幅下降，原因主要是：一方面是新纳入管护的林地地块比较分散，适合承包管护方式；另一方面是个体承包管护责任到人，易于工程管理部门监管。

2010年，样本县个体承包管护森林面积中，农民承包管护面积减少，林业职工承包管护森林面积在个体承包管护面积中的比重超过了农民，达到了47.06%。当年，样本县林业职工承包管护森林面积355.75万公顷，比2009年增加了24.25万公顷；农民承包管护森林面积299.24万公顷，比2009年减少了13.08万公顷；其他人员承包管护森林面积9.16万公顷，比2009年增加了7.82万公顷。随着集体林权制度改革的深入推进，林区农民可能将更多家庭劳动力投入自家承包的林地，工程区森林管护任务将主要由林业职工承担，林业职工承包管护森林面积比重将会继续上升。

3．农民依然是管护人员的主体

监测显示，天保工程实施以来，样本县在册林业职工从事森林管护工作的人数不断上升，森林管护成为分流和安置林区职工就业的重要途径。2010年，样本县共有森林管护人员18 662人，比2009年减少了171人。其中，专业队管护人员2598

图2-23 样本县森林管护人员构成情况

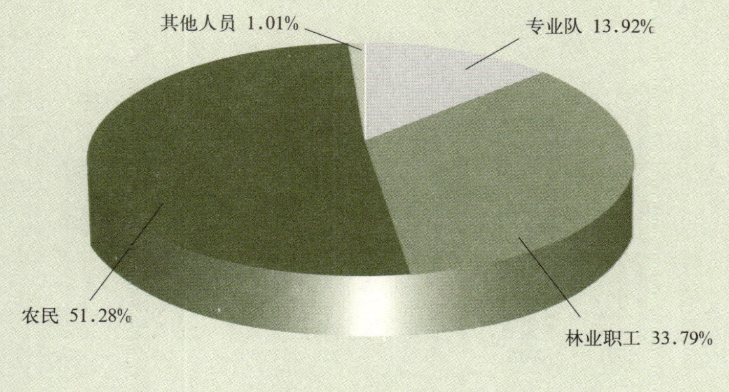

人，个体承包管护人员 16 064 人，分别占管护人员总数的 13.92% 和 86.08%（图 2-23）。与 2009 年相比，专业队管护人员减少了 184 人，所占比重下降了 0.85 个百分点；个体承包管护人员增加了 13 人。

个体承包管护人员中，林业职工 6306 人，减少了 96 人；农民 9569 人，减少了 138 人；其他人员 189 人，增加了 55 人；三者在承包个体人员中所占比重依次为 39.26%、59.57% 和 1.18%。数据对比表明，管护人员中农民的人数近 4 年来一直在减少，但依然是管护队伍的主体。

2010 年，样本县人均管护森林面积 405.08 公顷，与 2009 年相比增加了 5.72 公顷，管护负担继续加重。不同管护方式对比，专业队人均管护森林面积 779.96 公顷，比 2009 年增加了 309.22 公顷；个体承包人员人均管护森林面积 413.44 公顷，比 2009 年增加了 11.49 公顷。承包管护方式下，林业职工人均管护森林面积 564.15 公顷，比 2009 年增加了 30.32 公顷；农民人均管护森林面积 312.72 公顷，比 2009 年减少了 9.02 公顷。数据表明，林业职工承担了较重的管护任务，农民承担管护任务量基本合理。

4. 人均管护经费补助缓慢上升

2010 年，样本县管护人员补助费总额略有增加，管护人员数量减少，因而人均管护费补助收入增加了 317.50 元（提高 4.24%）。2010 年，样本县发放森林管护人员补助总额为 14 580.95 万元，比 2009 年增加了 464.33 万元。林业职工人均管护补助收入为 12 314.09 元，比 2009 年增加了 487.63 元（提高 4.12%）；农民人均管护补助收入 3616.48 元，比 2009 年提高了 134.22 元（提高 5.35%）。

2010 年样本县森林管护补助收入普遍上升，但与同期全国农村居民人均纯收入（5919 元）和城镇居民人均可支配收入（19 109 元）相比，样本县工程区森林管护收入还很低，这不利于长期稳定工程区森林管护队伍。

（二）人员分流安置与生活保障

天保工程启动十多年来，围绕解决林业职工分流安置、提高收入和完善社会保障体系出台了多项措施，有效缓解了林区富余职工就业压力，维护了林区社会稳定。与 2000 年相比，样本县在册林业职工人数减少了 40.55%（8180 人），从事森林管护和公益林建设的林业职工占在岗职工总人数的 72.73%，成为生态建设与资源保护的主要力量。

图2-24 天保工程启动后样本县在岗职工和待安置职工人数变化情况

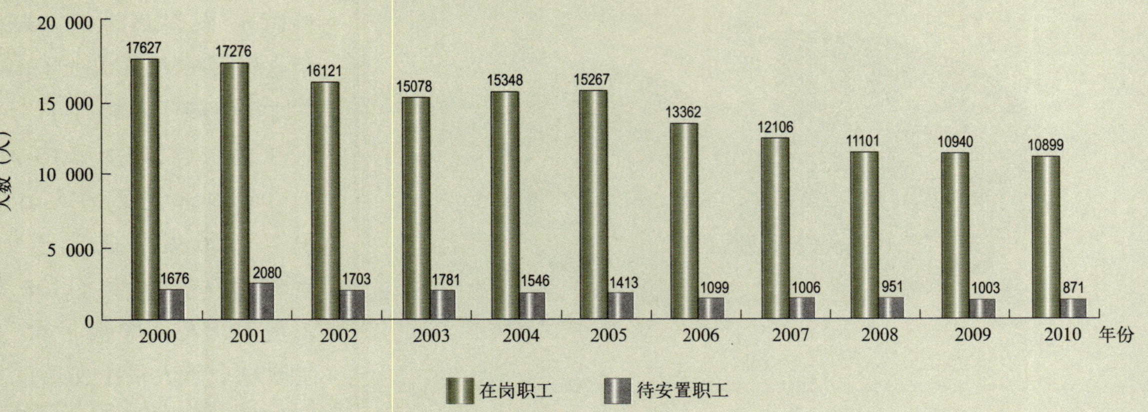

1. 林业单位职工人数继续减少

天保工程启动后，长江上游、黄河上中游地区禁止天然林商品性采伐，该地区原有木材采伐和加工企业出现了大量富余人员，逐步通过转岗分流和一次性安置等措施予以解决。2010 年，样本县林业单位职工总人数为 19 481 人，其中，在册职工为 11 995 人，比 2009 年减少了 159 人，平均每个县有在册职工约 273 人；离退休人员 5496 人，比 2009 年减少了 30 人；其他林业从业人员 1990 人，减少了 329 人。

林业单位在册职工中，在岗职工 10 899 人，减少了 41 人，占在册职工人数的 90.86%；下岗待安置职工 871 人，占 7.26%，比 2009 年减少了 132 人；离开本单位但保留劳动关系 225 人，占 1.88%（图 2-24）。天保工程二期启动后，新增的国有中幼龄林抚育任务需要大量林业职工，届时工程区不仅不会存在富余人员，还可能面临劳动力紧缺的问题。

图2-25 样本县政社性人员构成情况

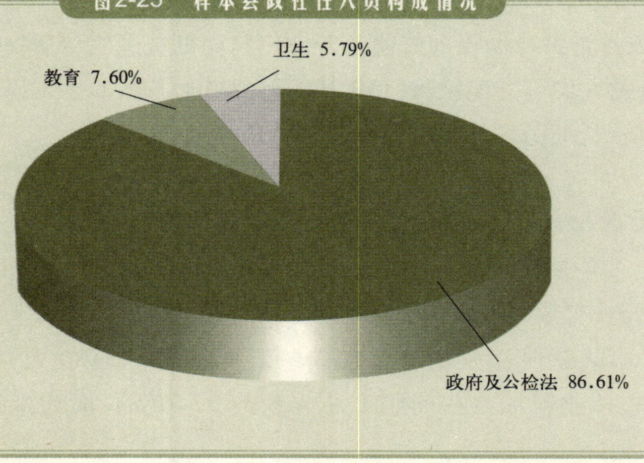

在岗林业职工中，政社性人员 1277 人（图 2-25），森林管护人员 6639 人，从事公益林建设 1288 人，其他人员 1695 人，所占比重依次为 11.72%、60.91%、11.82% 和 15.55%。数据表明，天保工程区在岗林业职工主要从事森林管护和公益林建设工作，两者合计占在册职工的 72.73%。

2010 年，仅 7 个样本县还有下岗待安置职工，且主要集中于甘肃省的两个国有林场。其中康南林业总场553人，岷江林业总场235人，两者合计占当年样本县下岗待安置职工的90.47%。可见，国有林场人员安置压力依然很大，应尽快推动国有林场改革，妥善转移安置下岗和就业不充分的职工。

2. 富余人员分流与安置压力明显减轻

国有森工企业、国有林场富余人员分流与安置是天保工程顺利实施的关键。天保工程建设过程中，富余人员分流安置的主要途径包括：一是转向森林资源管护；二是转向营造林；三是一次性安置。天保工程正式启动之初（2000年），样本县林业系统富余人员多达1.19万人，后经十多年分流转岗和一次性安置，2010年初富余人员减少到3218人，年初计划分流安置2885人，年内实际分流安置3071人，占全部富余人员的95.43%。

当年样本县分流安置富余人员中，有478人从事公益林建设，2043人参与森林管护，其他安置去向550人，分别占全年安置富余人员的15.56%、66.53%和17.91%。2010年，样本县没有一次性安置人员，样本县已累计一次性安置5108人。监测显示，经过天保工程一期十多年来的分流安置和自然减员后，林业系统富余人员压力已明显减轻，为进一步巩固工程建设成果创造了条件。

3. 职工收入明显偏低

天保工程被誉为林区的“救命工程”，不仅是因为工程建设资金偿还了长期拖欠的职工工资，而且还通过安排森林管护和公益林建设生态建设任务，为林区职工提供就业机会，提高林区职工收入。尽管如此，与工程区其他行业或全国平均收入水平相比，天保工程区职工收入仍明显偏低，提高林区职工收入依然任重而道远。

2010年，对样本县林业企业职工年平均工资的统计中，年均工资收入超过10 000元的样本为21个，最高28 123元（四川省理塘县），与当地企业职工平均工资（28 652元）相差529元；最低仅3985元（陕西省凤县），是当地企业职工平均工资（10 793元）的1/3多一点。当年样本县林业系统离退休人员人均发放生活补助15 795.24元，仅有9个县的林业职工工资比样本县离退休人员平均生活费收入高。2010年，样本县林业系统下岗职工领取生活费的人数为20人，共领取生活费65 400元，人均3270元。数据对比表明，样本县林业职工工资收入偏低的问题依然严重，保障和改善民生是天保工程区一项艰巨的任务。

4. 社会保险补助覆盖率略有降低

天保工程启动之初，林区社会保障严重缺失。2006年，国家林业局与财政部联合下发了《关于做好天然林保护工程区森工企业职工“四险”补助和混岗职工安置等工作的通知》（林计发2006[92]号），决定在工程实施的剩余时间里，对森工企业

图2-26 样本县获得社会保险补助人员结构

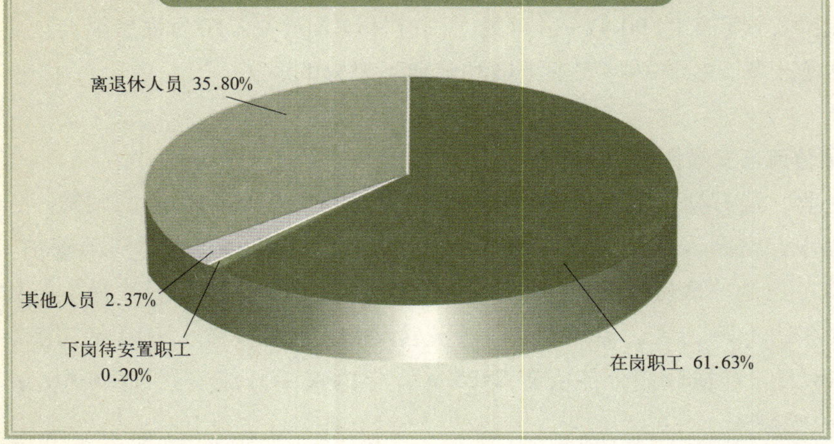

职工参加医疗、失业、工伤和生育保险予以补助，加上之前在工程方案中安排的养老保险补助，天保工程区逐步建立和完善了社会保障体系。

监测显示，样本县社会保险补助惠及群体不断扩大，在岗职工和离退休人员是社会保险补助的主要对象。2010年，样本县符合接受社会保险补助条件13 587人，年内获得社会保险补助的人数为13 188人，占当年应获得社会保险补助人数的97.06%，比2009年下降了0.30个百分点。其中：获得社会保险补助的在岗林业职工8128人，占同期在岗林业职工人数的74.58%；获得社会保险补助的下岗待安置林业职工26人，占当年下岗待安置职工的2.99%；获得社会保险补助的其他林业从业人员312人，占非在册林业从业人员的15.68%；获得社会保险补助的离退休人员4722人，占当年离退休人员总人数的85.92%。横向对比来看（图2-26），在岗林业职工人数占获得社会保险补助人数的61.63%，下岗待安置职工仅占0.20%。反映出的问题是，无论工资收入还是社会保障，作为林区弱势群体的下岗待安置职工都不是优先保障的对象，相反被逐渐边缘化，这种状况很令人担忧。

分险种来看，2010年样本县林业系统从业人员获得基本养老保险补助的人数为8554人，占当年获得社会保险补助人数的64.86%，比2009年减少了361人；获得基本医疗保险补助10 893人，减少了679人，占当年获得社会保险补助人数的82.60%；获得失业保险补助5795人，减少651人，占当年获得社会保险补助人数的43.94%；工伤保险补助5156人，减少了612人，占当年获得社会保险补助人数的39.10%；生育保险补助4330人，增加95人。除生育保险外，2010年样本县社会保险补助人数均明显减少。

（三）资金到位与使用

资金投入是天保工程各项政策措施落实的核心保障。截至2010年，样本县累计到位工程建设资金35.18亿元，其中中央资金32.08亿元，占91.19%；地方配套3.10亿元，占8.81%。天保工程资金主要用于森林管护、社会保险补助和公益林建设，增加林区就业，提高职工收入，维护林区社会稳定，为天然林休养生息和林区改革奠定坚实的基础。

1. 计划和实际到位资金明显减少

计划到位资金是天保工程方案中当年计划拨付项目实施单位的资金合计。2010

年，样本县计划到位资金 29 626.26 万元，比 2009 年减少 3254.12 万元。当年实际到位资金 28 282.93 万元，比 2009 年减少了 2478.27 万元，资金到位率为 95.47%。由于天保工程最后一年没有新增建设任务，2010 年样本县天保工程资金投入明显减少，实际到位资金减幅达到了 8.06%。

从资金用途来看，2010 年样本县到位国债资金 7933.57 万元，占到位资金的 28.05%；到位财政专项资金 20 349.36 万元，占 71.95%；从资金来源看，样本县到位中央财政资金 24 201.09 万元，占到位资金的 85.57%；地方财政到位资金 4081.84 万元，占 14.43%。中央与地方财政资金投入比接近 6 ∶ 1。

2．资金使用结构基本稳定

2010 年，样本县天保工程实际完成投资 27 461.53 万元。其中，用于生态恢复和森林保护的基本建设资金支出为 6545.11 万元，占当年完成投资的 23.83%；用于解决工程区社会问题的财政专项资金 20 916.42 万元，占 76.17%。

基本建设资金支出主要用于公益林建设、森林防火和种苗等基本建设项目。2010 年样本县基本建设资金支出中，封山育林投入 3507.60 万元，人工造林投入 2443.08 万元，用于种苗设施建设 154.71 万元，森林防火设施建设投入 75.11 万元，科技支撑费用 33.00 万元，其他用途 331.61 万元。数据对比表明（图 2-27），样本县基本建设资金主要投向公益林建设，封山育林和人工造林投入资金占当年基本建设资金的 90.92%。

天保工程财政专项资金主要用作管护经费补助、社会保险补助等事业性经费。2010 年，样本县天保工程财政专项资金用作森林管护费 15 728.66 万元（其中人员经费 9835.67 万元），社会保险补助支出 3315.57 万元，政社性支出补助 1333.99 万元，下岗职工生活保障支出 9.2 万元，职工培训费 41.10 万元，其他用途 487.90 万元。森林管护费支出中，人员经费（主要是管护人员工资）占 62.53%，是当年财政专项

图2-27　样本县基本建设资金支出结构

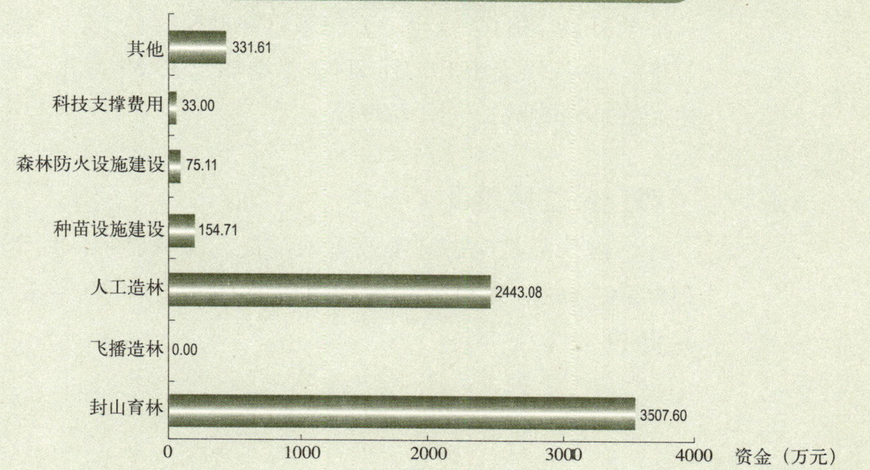

图2-28 样本县社会保险补助支出结构

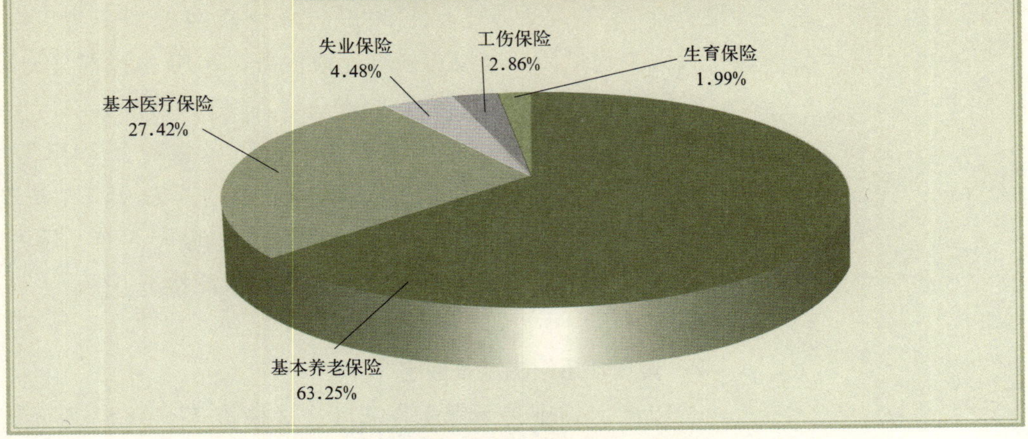

图2-29 样本县政社性支出补助结构

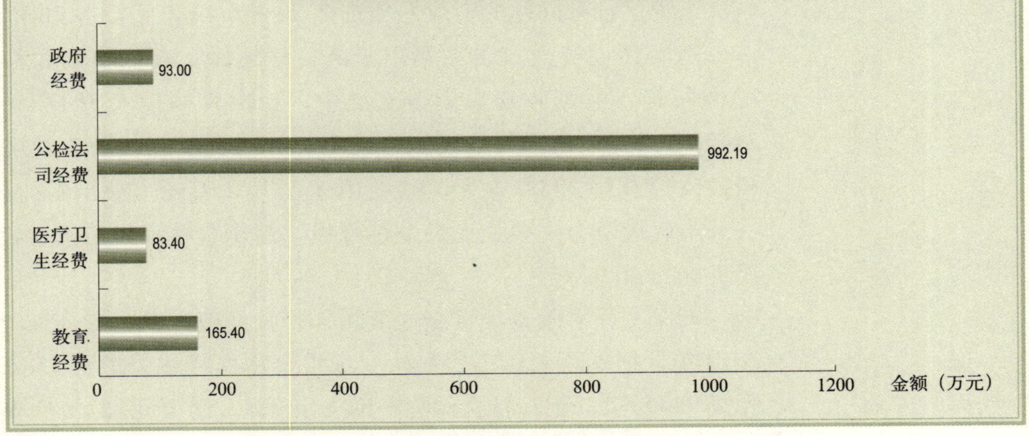

资金的近一半。

社会保险补助支出比 2009 年减少了 159.34 万元，各险种当年补助金额全部减少。其中，基本养老保险补助 2097.00 万元，基本医疗保险补助 909.03 万元，失业保险补助 148.67 万元，工伤保险补助 94.71 万元，生育保险补助 66.15 万元（图 2-28）。政社性支出补助比 2009 年增加了 13.59 万元，主要用于支持教育和医疗卫生经费补助的增长（图 2-29）。

（四）公益林建设

植被恢复是生态环境改善的前提。监测显示，到 2010 年，样本县累计造林保存幼龄林面积 42.30 万公顷，相当于 1998 ～ 2006 年累计造林面积（55.01 万公顷）的 76.88%[①]。

① 这里统一按造林4年后统计保存幼龄林面积，累计造林面积为1998～2006年完成造林面积之和。

图2-30　样本县公益林建设计划完成情况

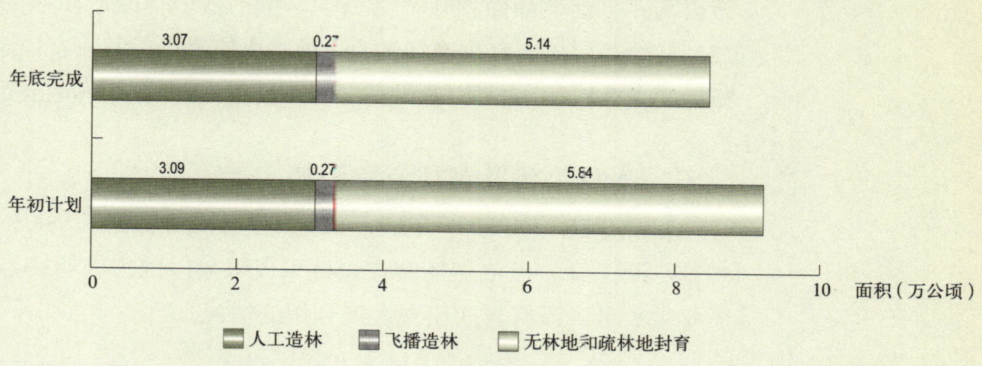

1．人工造林和飞播造林完成情况良好

2010 年，样本县计划和完成造林面积均比 2009 年有所增加，无林地和疏林地封育依然是植被恢复的主要手段，占造林面积的 60.00% 以上。年初样本县计划造林 9.20 万公顷，比 2009 年增加 1.46 万公顷。其中，计划人工造林 3.09 万公顷，占当年计划造林面积的 33.62%；飞播造林 0.27 万公顷，占 2.90%；无林地和疏林地封育 5.84 万公顷，占 63.48%。年底实际完成造林面积 8.47 万公顷，完成计划的 92.07%，比 2009 年多完成造林面积 0.94 万公顷。其中，人工造林完成 3.07 万公顷，占完成造林面积的 36.24%；飞播造林完成 0.27 万公顷，占 3.15%；无林地和疏林地封育 5.13 万公顷，占 60.61%。相比之下（图 2-30），2010 年样本县人工造林和飞播造林完成情况较好；由于重庆市江津区当年计划完成 11 386 公顷，实际完成 4333 公顷，导致无林地和疏林地封育当年仅完成了计划任务的 87.93%。

除天保工程规划的公益林建设任务，样本县还采取了其他植被恢复措施。2010 年，样本县封山（沙）育林面积 55.83 万公顷，比 2009 年减少了 6.38 万公顷；封育合格的灌木林面积 20.40 万公顷，年内增加了 2.96 万公顷。

2．造林成活难度进一步加大

2010 年，有人工造林任务且统计数据有效的 24 个样本县中，人工造林成活率不低于 85% 的样本有 21 个，3 个人工造林成活率较低的样本有 2 个分布在黄河上游，1 个在长江上游。当年有飞播造林的两个县完成造林 0.27 万公顷，飞播造林成效面积 0.23 万公顷，飞播造林成效率达 87.76%。随着天保工程公益林建设的推进，工程区造林难度将会加大，造林成本也会逐年上升。

3．森林抚育初步试点

为提高森林质量，中央决定从 2009 年开始在部分天保工程区内针对国有林开展森林抚育，长江上游、黄河上中游地区的四川、云南、陕西和甘肃首批纳入试点范围。2010 年，样本县中幼龄林抚育作业面积 3.08 万公顷，其中中央财政森林抚育补贴试点1.85万公顷，占全部中幼龄林抚育面积的60.06%。当年样本县成林抚育面积1.51万公顷，更新造林面积0.03万公顷，低产低效林改造面积1.38万公顷。从天保工程二期开始，森林抚育改造将作为一项重要的建设任务，有稳定的资金投入，既可以不断提高森林质量，也可以吸纳林区职工就业，是着眼于林区长远发展的工程政策措施。

（五）木材采伐及森林资源消耗

监测显示，从2004年试点人工商品林采伐开始，样本县木材采伐消耗森林蓄积量不断上升，但依然控制在森林采伐限额以内。表明样本县森林蓄积年消耗量小于年生长量，没有再次出现过度利用的情况。

1. 森林采伐限额持续提升

森林年采伐限额是根据用材林的消耗量低于生长量的原则，经林业主管部门逐级审核确定的最高年采伐限额。为满足林区社会的木材需求，自然条件相对优越的长江上游样本县近几年森林采伐限额持续提升。2010年样本县森林采伐限额为277.77万立方米，与2009年相比增加了67.90万立方米，增幅达到32.35%。其中，商品材采伐限额57.53万立方米，农民自用材采伐限额89.28万立方米，烧柴采伐限额130.96万立方米，在全部采伐限额中所占比重依次为20.71%、32.14%和47.15%。横向对比显示，2010年采伐限额超过10万立方米的样本有10个，全部分布在长江流域；年采伐限额不超过1万立方米的15个样本全部在黄河流域。

2. 生活能源依然是森林资源消耗主因

2010年，样本县森林采伐消耗森林蓄积量149.42万立方米，比2009年多消耗了3.42万立方米，但仅消耗了当年限额的53.79%（图2-31）。其中商品材采伐消耗森林蓄积42.65万立方米，农民自用材采伐消耗森林蓄积32.08万立方米，烧柴砍伐消耗森林蓄积74.69万立方米，三者分别占当年森林蓄积消耗总量的28.55%、21.47%和49.98%。数据显示，样本县森林资源消耗的近一半被用作生活能源，仅

图2-31 样本县森林蓄积消耗与限额对比

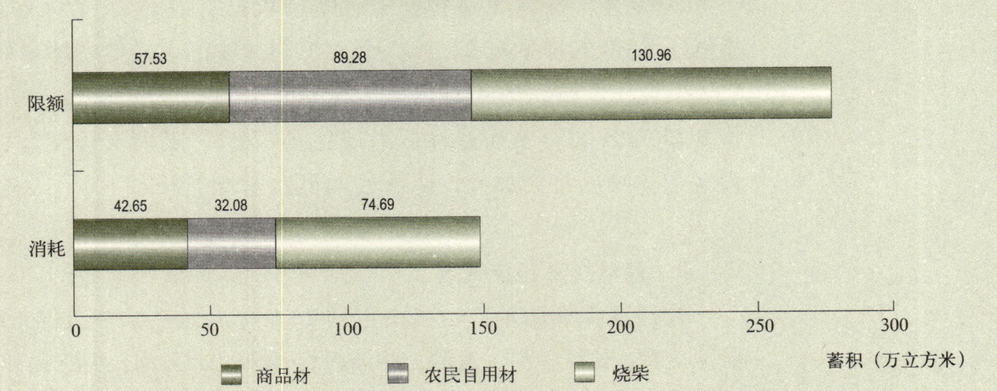

有不到1/3用作商品材，可见农村日常生活对森林资源消耗的依赖性依然很大。横向对比来看，年烧柴消耗森林蓄积量超过3万立方米的8个样本县全部分布在云南、四川和贵州3个省。

三 工程的生态、社会和经济影响

对长江上游、黄河上中游工程区44个样本县的连续跟踪监测表明，天保工程一期进展顺利，基本完成了各项建设任务，植被恢复和生态改善状况良好，林区经济社会平稳发展，工程建设效果远超预期。

（一）森林资源恢复与生态改善

天保工程实施以来，长江上游、黄河上中游地区森林植被得到了快速恢复，森林的木材供给能力和生态防护能力均有显著提高，为经济社会长期可持续发展奠定了良好的基础。

1. 森林面积权属结构变化较大

监测显示，2010年样本县森林面积继续保持了较快的增长速度，工程区有林地面积增长对样本县有林地面积增长的贡献率为95.87%。2010年，样本县林业用地面积1020.56万公顷，比2009年增加了1.12万公顷，占样本县行政区土地面积的59.04%；天保工程区林业用地面积970.81万公顷，年内增加了0.86万公顷，占样本县划入天保工程区土地面积的59.76%。

图2-32 样本县有林地权属结构

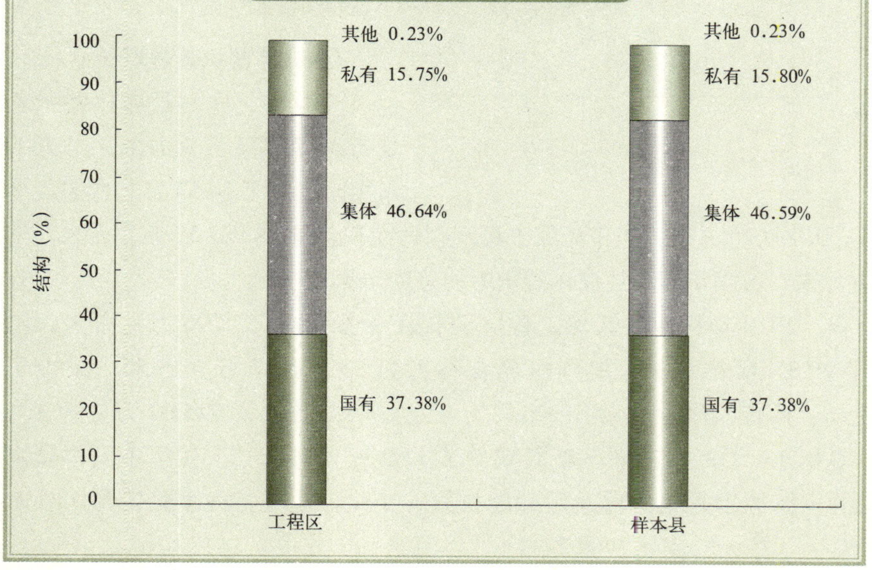

按权属划分，2010年天保工程区国有林面积222.29万公顷，比2009年增加了1.12万公顷；集体林277.40万公顷，减少了20.02万公顷；个人承包经营林地93.67万公顷，增加了25.36万公顷；其他权属林地1.38万公顷，减少了2.93万公顷。随着集体林权制度改革确权发证工作深入推进，工程区集体权属和权属不明的林地逐渐明确了承包主体，私有权属林地面积在样本县及工程区有林地面积中所占比重明显上升（图2-32）。

图2-33　样本县有林地起源结构

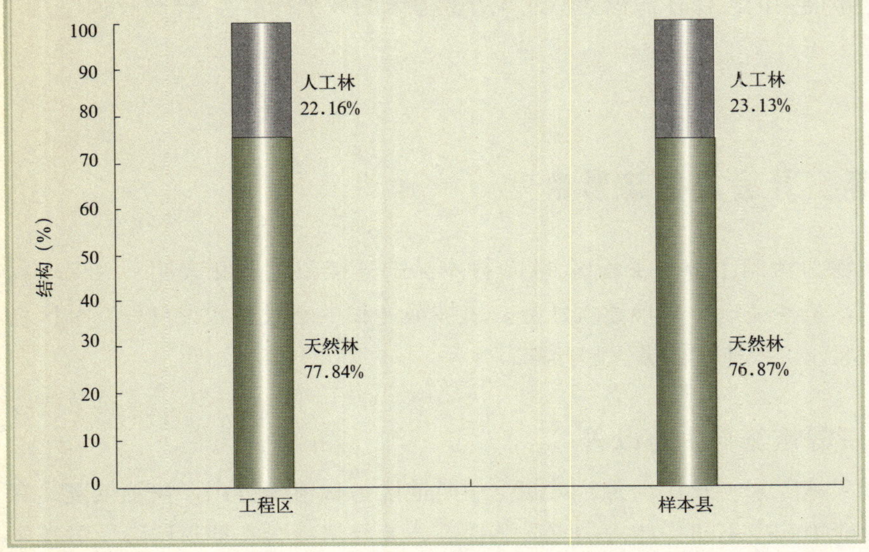

图2-34　样本县森林蓄积权属结构

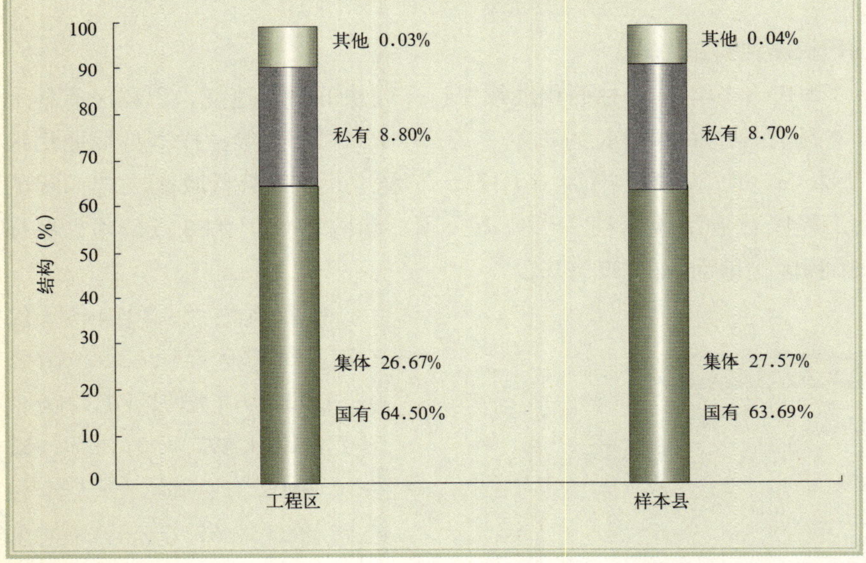

按起源划分，2010 年工程区天然林面积 462.95 万公顷，比 2009 年增加了 0.11 万公顷；人工林面积 131.78 万公顷，比 2009 年增加了 3.43 万公顷。由于工程前期新增造林不断计入有林地面积，2010 年工程区人工林面积增幅远高于天然林，使得人工林在工程区有林地面积中的比重上升了 0.45 个百分点（图 2-33）。

按用途划分，2010 年样本县天保工程区用材林面积 124.48 万公顷，占工程区有林地面积的 20.93%；经济林面积 21.48 万公顷，占 3.61%；防护林面积 362.29 万公顷，占 60.92%；薪炭林面积 21.08 万公顷，占 3.54%；特种用途林面积 65.40 万公顷，占 11.00%。与 2009 年相比，样本县天保工程区有林地按用途划分的各林种结构没有明显变化，防护林和特种用途林比重略有提升（0.49%），反映了工程区有林地以发挥生态防护功能为主的特点。

2. 森林蓄积缓慢增长

2010 年，样本县森林蓄积总量为 49 709.77 万立方米，与 2009 年相比增加了 34.53 万立方米，平均每个县增加了 0.78 万立方米。当年天保工程区森林蓄积总量 48 962.55 万立方米，增加了 32.90 万立方米，占当年样本县森林蓄积增加总量的 95.25%。

按权属划分，2010 年样本县天保工程区国有森林蓄积 31 578.96 万立方米，比 2009 年增加了 29.35 万立方米；集体权属森林蓄积 13 058.77 万立方米，减少了 719.86 万立方米；私有权属森林蓄积 4311.71 万立方米，增加了 725.02 万立方米；其他权属森林蓄积 13.11 万立方米，年内减少了 1.60 万立方米。工程区不同权属森林蓄积量变动的主要原因是集体林改后林地权属的变化，也使得样本县工程区林木蓄积权属构成发生了较大的变化（图 2-34）。

按起源划分，2010年样本县天保工程区天然林蓄积44 037.81万立方米，与2009年相比增加了16.41万立方米；人工林蓄积4924.74万立方米，年内增加了16.50万立方米。与2009年相比，样本县天保工程区森林蓄积按起源划分的结构变动非常微小（0.03%），主要是因为，工程区天然林以近熟林和成过熟林居多，蓄积基数比较大，但年内生长量不大；人工林多为近年新造林地，蓄积增长快（生长快），但因蓄积基数小而其增长量对整体蓄积量影响不大。

3. 森林质量接近全国平均水平

天保工程一期建设的主要目标是遏制森林资源的过度消耗，逐步恢复森林资源总量，从而确保森林质量不再继续下降。2010年，样本县森林单位面积蓄积量为80.92立方米/公顷，与2009年相比每公顷下降了0.43立方米；工程区森林单位面积蓄积量为82.33立方米/公顷，同样是每公顷下降了0.43立方米。从样本县反映出的情况看，工程区森林单位面积蓄积量较工程启动之前并没有明显上升，之前年度还曾经出现过单位面积蓄积量下降的情况；主要原因是，每年新计入有林地面积增幅较大，森林蓄积增速远低于有林地扩张速度。

分权属对比，国有林单位面积蓄积量明显高于其他权属的森林。2010年，样本县国有林单位面积蓄积量为137.89立方米/公顷，每公顷减少了0.44立方米；集体林48.88立方米/公顷，每公顷增加了1.75立方米；个人承包经营林44.56立方米/公顷，每公顷减少了5.70立方米。当年，天保工程区国有林单位面积蓄积量为142.06立方米/公顷，每公顷减少了0.59立方米；集体林47.08立方米/公顷，每公顷增加了0.75立方米；个人承包经营林46.03立方米/公顷，每公顷减少了6.48立方米。数据对比表明，集体和私有权属森林质量较低，和国有林相比较有非常大的提升空间，天保工程区应加强森林经营，尤其是要鼓励集体和私有权属林地的经营，以提高整体森林质量。

不同起源对比，样本县天然林单位面积蓄积量是人工林的2.70倍，且保持着稳定增长的趋势。2010年，样本县天然林单位面积蓄积量为94.70立方米/公顷，人工林为35.12立方米/公顷；样本县天保工程区天然林单位面积蓄积量为95.12立方米/公顷，人工林为37.37立方米/公顷。与样本县整体相比，工程区天然林与人工林单位面积蓄积量之间的差距稍小，但也达到了2.55倍。

4. 生态环境治理力度不断加强

相对于森林植被恢复，生态环境改善状况的测度非常困难，只能通过生态环境问题的好转（如水土流失面积缩小）和长期的环境监测数据来分析工程建设取得的生态效益。2010年，样本县水土流失面积527.19万公顷，比2009年减少了2.68万公顷；当年水土流失治理面积53.97万公顷，比2009年增加了3.26万公顷，占水土流失面积的10.24%，相比2009年治理力度有所加强。

2010年，有土壤侵蚀模数数据记录的38个样本中，土壤侵蚀模数下降的有5个，上升的也是5个。有河流泥沙含量记载的12个样本中，泥沙含量上升和下降的各1个。上述指标值短期内变化不能全面反映生态环境变化情况，需要长期积累的观测数据，才能作为趋势判断的依据。

（二）社会发展

天保工程一期非常重视解决林区人口的就业和保障问题，从根源上解除了人口生存和社会经济发展对森林资源的压力，保住了森林资源，也促进了产业结构调整，还提升了人民群众的生态保护意识，从而有利于林区社会的长期可持续发展。

1. 就业人口从第一产业向第二、三产业流动

随着区域产业结构的调整与升级，人口将从农村向城镇流动，就业人口也会从第一产业向第二、三产业转移。2010年，样本县依然延续了就业人口从第一产业向第二、三产业流动的趋势，就业总人口增加了63 055人，达到了8 139 614人。其中，第一产业4 379 930人，向外转移了24 756人；第二产业1 430 838人，增加了46 682人；第三产业2 328 846人，增加了41 129人。

从林业系统就业情况看，2010年林业系统就业总人数增加了127人，第一产业增加了43人，第二产业减少了401人，第三产业增加了485人。上述就业人数变动趋势表明，样本县和工程区都在沿着预期的方向进行着产业结构的调整，现阶段工程区第二产业比重下降有利于天然林资源保护。

2. 贫困人口持续减少

林区贫困问题是天保工程顺利实施的重要制约因素。2010年监测显示，样本县贫困人口1 830 760人，年内减少了34 889人；工程区贫困人口1 660 044人，减少了18 203人。可见，工程区贫困的状况比非工程区要严重，工程区贫困人口占工程区总人口的比重达到了10.53%，与2009年相比降低了0.10个百分点。

2010年，样本县以木材采伐、木材加工和营林管护等收入为主要经济来源的人口为13 231人，占全县总人口的0.08%，比2009年减少了74人。其中，以木材采伐收入为主要经济来源的人数为767人（林业职工384人，农民383人），以木材加工收入为主要经济来源的人数为1269人（林业职工35人，农民1234人），以营林管护收入为主要经济来源的人数为11 195人（林业职工5437人，农民5758人）。总体上，依赖木材采伐和加工收入的人数比工程启动之前（1997年，726 498人）明显减少，从而减轻了人口生存对森林资源的直接压力；依赖营林管护的人数增多，表明有更多的林区人口参与森林保护，不会对工程建设产生更多的负面影响。

3. 生活能源对薪材的依赖程度略有降低

2010年，样本县以薪材为主要生活能源的户数和人口数都在减少，利用其他替代能源的家庭在增加。2010年，样本县以薪材为主要生活能源的户数为980 707户，

比 2009 年减少了 98 587 万户；以薪材为主要生活能源的人口数为 4 202 661 人，占当年样本县总人口的 25.31%，减少了 103 737 人。2010 年，样本县新修建沼气池 50 664 口，新增节柴改灶 73 919 户，新增以煤、电、气代柴 255 827 户，新增利用其他新能源农户 235 880 户。显然，农村生活方式转变，尤其是生活能源利用的转变，对于节约资源和保护生态环境有着非常重要的影响。

4. 森林灾害发生和破坏问题严重

自然灾害和人为干扰是天保工程经常面临的社会问题，不利于工程建设成果的巩固。2010 年，样本县发生森林火灾 234 次，比 2009 年多 19 次；森林火灾受害面积 2363.88 公顷，是 2009 年的 3.43 倍。受火灾影响比较大的两个县是贵州省的都匀县和水城县，都匀县 2010 年发生火灾 19 次，受灾面积 406.32 公顷，水城县火灾发生 8 次，受灾面积 1020.30 公顷。2010 年样本县森林病虫鼠害发生面积 213 848.57 公顷，当年防治面积 181 779.27 公顷，防治率为 85.00%。尽管防治力度在加大，但 2010 年样本县森林遭到破坏的程度非常严重，森林管护工作有待加强。

2010 年，样本县发生各类林木纠纷事件 504 起，比 2009 年减少了 35 起；年内发生各类盗伐林木案件 357 起，比 2009 年减少了 235 起。确权发证后，天保工程区集体林地上林木纠纷等事件明显减少，改善了工程实施的社会环境。

（三）林业经济

天保工程结束了林区经济“独木支撑”的局面，工程资金缓解了林区的经济危机，并为林区经济结构的调整创造了条件。

1. 林业产业结构日趋合理

天保工程实施以来，样本县林业产业结构被迫做出调整，以森林旅游业为主的林业第三产业产值比重持续上升，林业第一产业产值比重因木材采运受到天保工程冲击而明显下降，已从 1997 年的 89.28% 下降到了 2010 年的 59.89%。2010 年，样本县林业总产值 150.08 亿元，与 2009 年相比净增长 29.07 亿元。其中，林业第一产业产值 89.88 亿元，当年增长 12.67 亿元；林业第二产业产值 29.89 亿元，增加了 5.19 亿元；林业第三产业产值 30.31 亿元，年内增长 11.21 亿元。与 2009 年相比（图 2-35），2010 样本县林业第一产业产值在林业产业总产值中的比重

图2-35 样本县林业产值结构

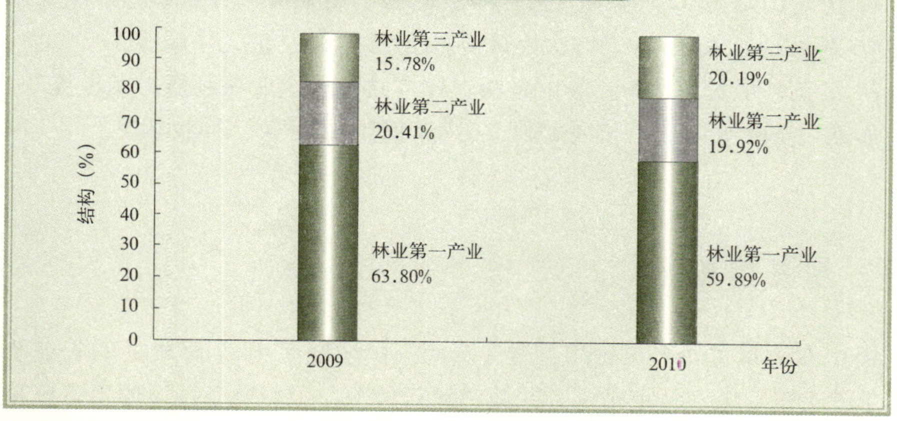

下降了3.91个百分点，林业第二产业产值比重下降了0.49个百分点，第三产业产值比重上升了4.41个百分点。

林业第一产业中，林木培育与种植产值20.54亿元，木竹材采运产值4.63亿元，林产品采集产值58.24亿元，花卉、茶、桑、果及中药材种植产值3.20亿元，林业服务业产值2.02亿元；林业第二产业中，非木质林产品加工制造业产值4.62亿元，木材加工及木、竹、藤、棕、草制品业产值10.55亿元，木质、竹、藤家具制造业产值0.04亿元，木、竹浆造纸及纸制品业产值13.10亿元；林业第三产业中的森林旅游业产值为21.16亿元，所占比重为69.81%。

2. 主要林产品产能下降

2010年，样本县木材、锯材和家具产量上升，竹材和人造板产量出现了下降。当年，样本县木材产量为39.70万立方米，与2009年相比减少了2.27万立方米。其中，原木产量26.06万立方米，比2009年增加了2.42万立方米；薪材产量11.44万立方米，减少了6.88万立方米。其他主要林产品，竹材产量397.07万根，比2009年少了75.81万根；锯材产量8.51万立方米，增加了5.30万立方米；人造板产量2.70万立方米，减少了2.16万立方米；生产家具9.19万件，增加了0.79万件。对比近几年样本县主要林产品产量，木材产量稳步上升，满足市场和当地居民需求；人造板产量已连续第4年下降，2010年降幅达到了44.46%。

3. 林业企业负债仍在加重

2010年，样本县有林业企业458个，比2009年减少了53个。其中，木材采运企业15个，木材加工及竹、藤、棕、草制品企业165个，家具制造企业178个，木竹浆造纸企业1个，林业服务企业45个。分区域来看，长江流域29个样本县内林业企业减少了53家，黄河流域15个样本县内林业企业数量没变。

2010年，样本县林业企业资产和利润总额增幅都比较大，负债总额略有下降。当年，样本县林业企业总资产8.07亿元，与2009年相比增长了19.38%；林业企业利润总额5.07亿元，与2009年相比增长了25.50%。2010年，样本县林业企业负债总额4.42亿元，比2009年减少了1.34%。其中，金融机构贷款本息余额3.32亿元，与2009年相比增长了2.47%；欠财政等社会资金0.49亿元，减少了2.00%；拖欠工资0.28亿元，增长7.69%。数据表明，样本县林业企业获利能力明显提升，但负债仍在加重，金融机构贷款和拖欠职工工资问题应该尽快、彻底解决。

四 天保工程一期总结与评价

天保工程一期结束之际，在长江上游、黄河上中游地区44个样本县的长期监测数据基础上，对工程区森林植被恢复、政策执行情况、工程资金投入使用情况和

图2-36 样本县天保工程区有林地和天然林面积变化

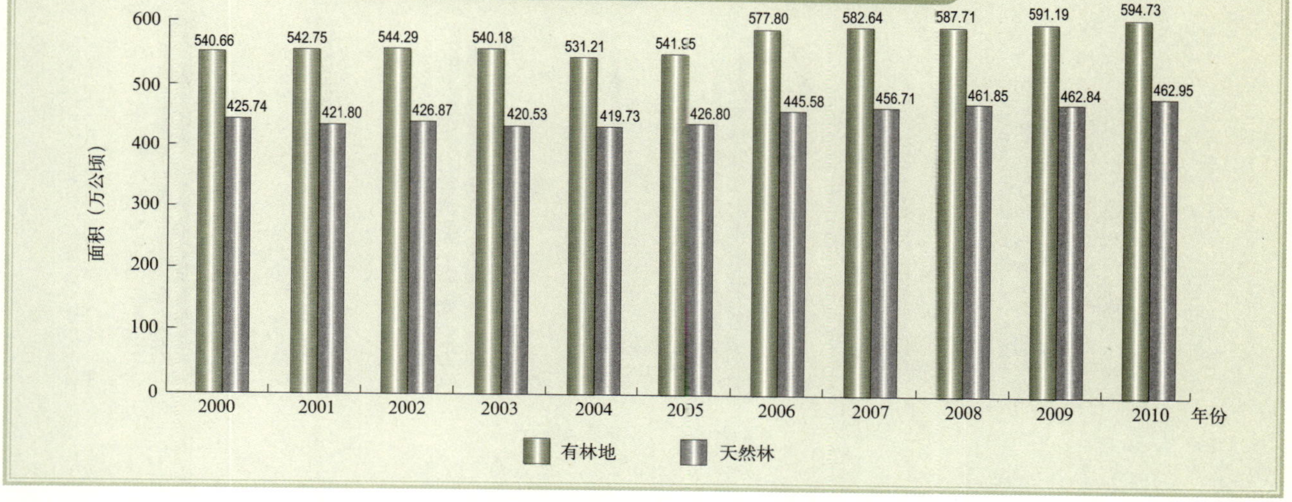

工程影响等进行总结如下：

（一）森林资源总量持续增加

天保工程实施以来，通过禁止天然林商品性采伐、加强森林管护和公益林建设等措施，工程区很快遏制了森林资源过度消耗的势头，森林面积和蓄积实现了连续多年增长。与天保工程试点之前（1997 年）相比，样本县天保工程区有林地面积增加了 75.78 万公顷，平均每个县增加了 1.72 万公顷；天然林面积增加了 44.37 万公顷，平均每个县增加 1.01 万公顷（图 2-36）。工程区森林蓄积增加了 621.66 万立方米，平均每个县增加 141.29 万立方米；天然林蓄积增加了 354.38 万立方米，平均每县增加 80.54 万立方米（图 2-37）。

（二）工程政策执行情况良好

长江上游、黄河上中游地区天保工程一期的主要政策措施包括：禁止天然林商品性采伐、富余林业职工分流安置、森林管护和公益林建设等。监测显示，样本县天保工程进展顺利，各项建设任务基本完成，政策执行情况良好，工程建设效果得到了社会各界的普遍认可。

为巩固天保工程建设成果，工程区将已有森林、灌木林地和未成林造林地纳入管护范围，因此样本县森林管护范围随新增造林地面积增加而持续扩大（图 2-38）。2010 年，样本县森林管护面积占当年林业用地面积的 74.07%，是工程启动之初（1998 年）森林管护面积的 3.57 倍。

截至 2010 年底天保工程一期结束，样本县累计完成造林面积 87.38 万公顷，造林保存幼龄林面积 42.30 万公顷。2006 年开始，样本县新增造林面积以封山育林为主，飞播造林和人工造林面积明显减少（图 2-39）。

富余人员安置是天保工程启动初期面临的最大的难题，解决的途径包括分流到

图2-37 样本县天保工程区森林总蓄积和天然林蓄积变化

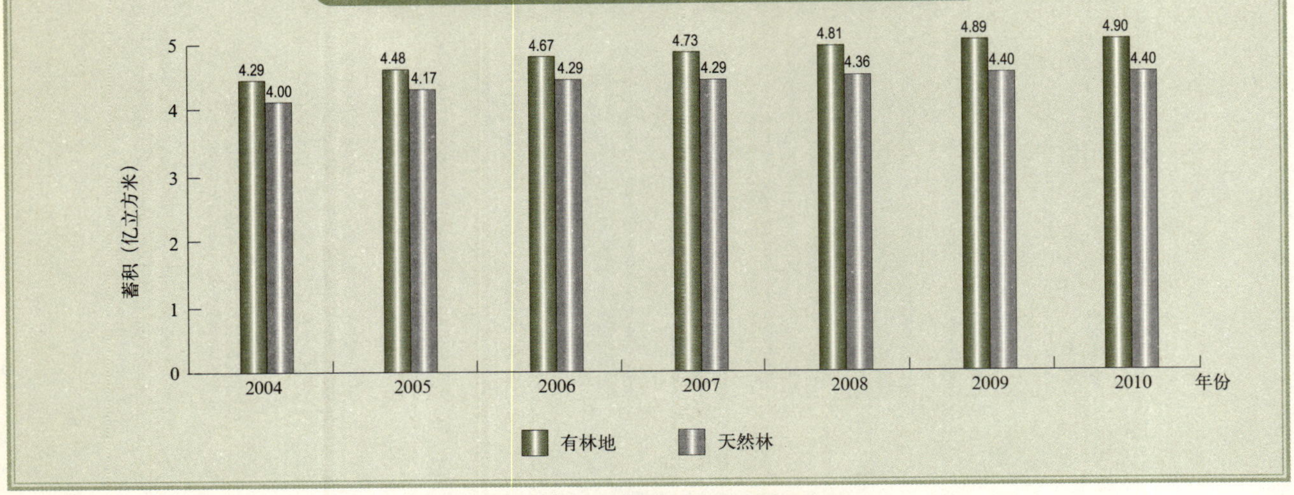

图2-38 样本县森林管护情况

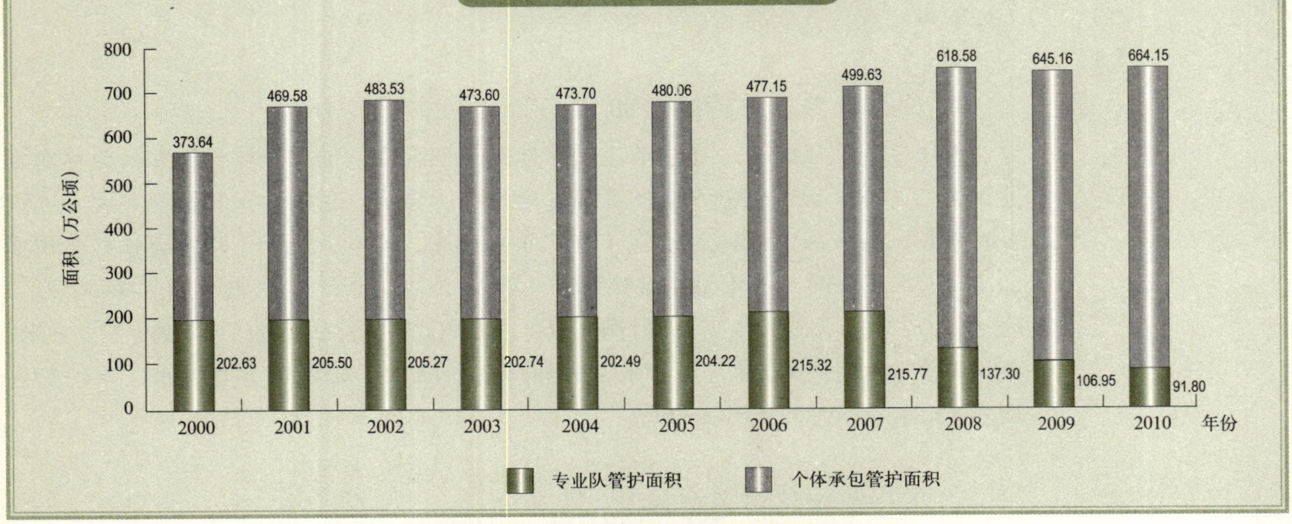

图2-39 样本县公益林建设完成情况

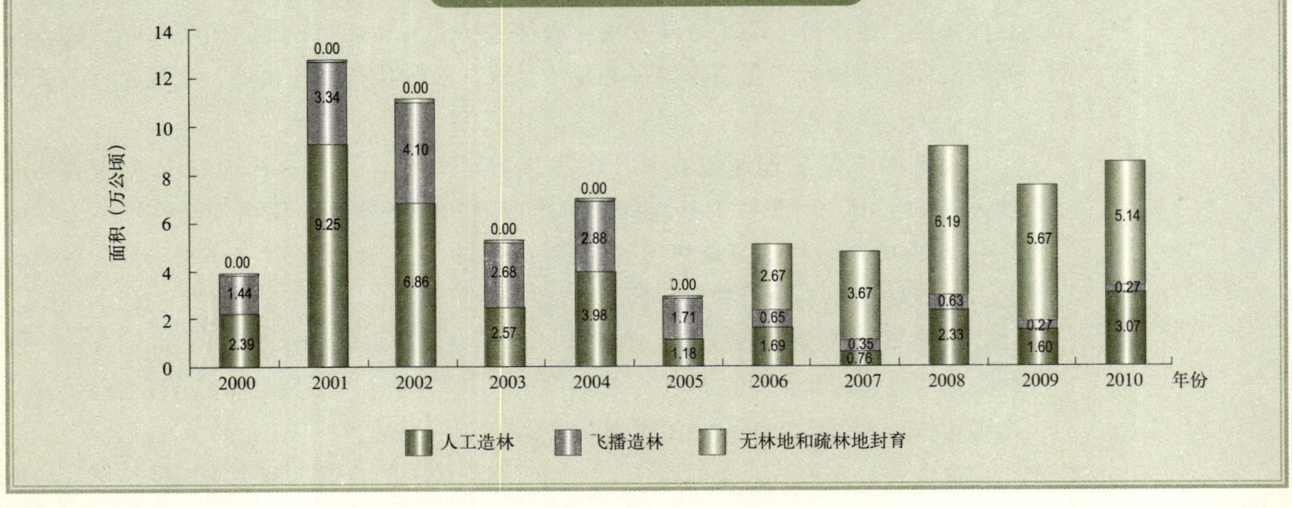

森林管护和公益林建设岗位或一次性安置。截至 2010 年天保工程一期结束，样本县累计一次性安置了 5108 人，其中，分流到公益林建设岗位 478 人，从事森林管护 2043 人（图 2-40）。

受森林采伐限额调整影响，天保工程一期结束之前，样本县森林资源消耗量经历了一个先下降而后上升的变动过程，2006 年之后稳定在了 150 万立方米左右，各样本县每年实际消耗森林蓄积量远低于限额，表明实际木材供给已基本能够满足了市场需求。从森林资源消耗结构来看（图 2-41），薪材消耗所占比重较大，一般在当年消耗森林蓄积总量的一般以上。

（三）资金投入缓解了林区的经济危机

截至 2010 年底天保工程一期结束，样本县累计到位工程建设资金 35.18 亿元，使用

图2-40 样本县富余人员安置情况

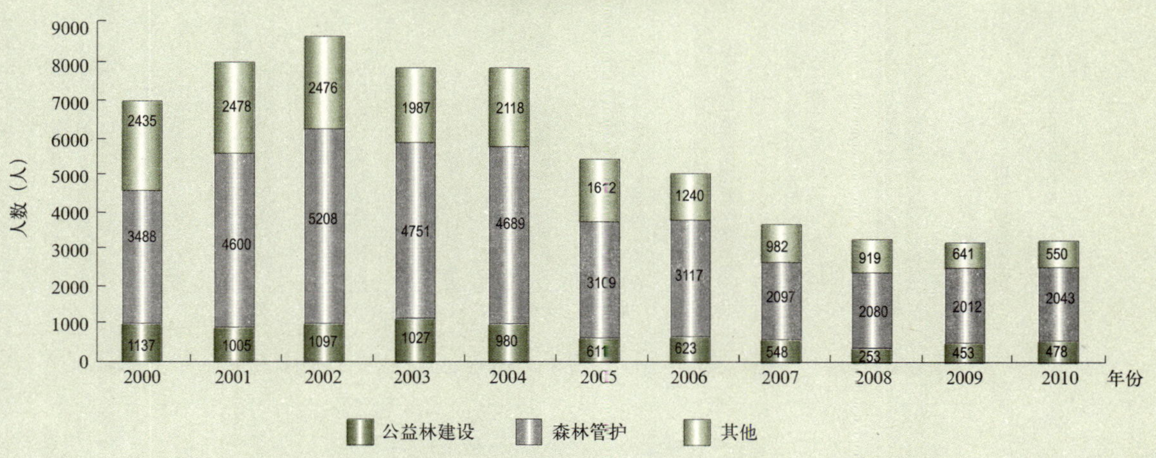

图2-41 样本县森林资源消耗情况

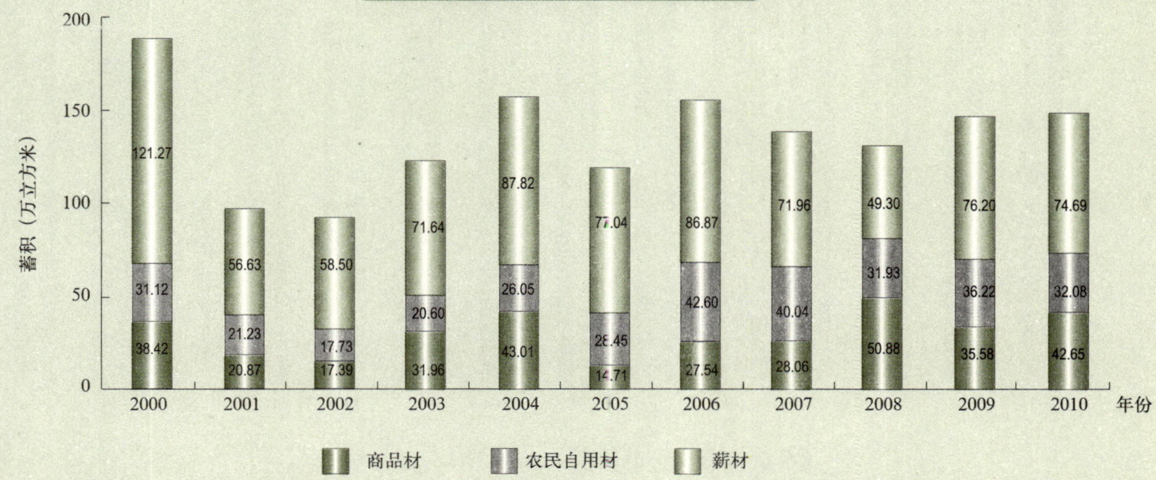

完成 34.55 亿元，完成率为 98.21%。工程建设资金主要用于森林管护（15.11 亿元）、公益林建设（9.93 亿元）、社会保险补助（2.87 亿元）和政社性支出补助（1.42 亿元），从根本上解决了林区职工就业和收入问题，化解了长期以来困扰林区的经济危机（图 2-42）。

（四）产业结构调整与生态工程建设形成良性互动

天保工程的实施推动了工程区林业产业结构调整，受工程政策约束的产业部门收缩，从业人口分流安置。监测显示，天保工程启动后，样本县林业系统第一产业中的木竹材采运业和第二产业中的木材加工业就业人口明显减少，工程政策允许（或鼓励）的产业部门（林业系统第三产业）快速扩张，从业人口显著增加（图 2-43）。同时，

图2-42 样本县工程建设资金使用情况

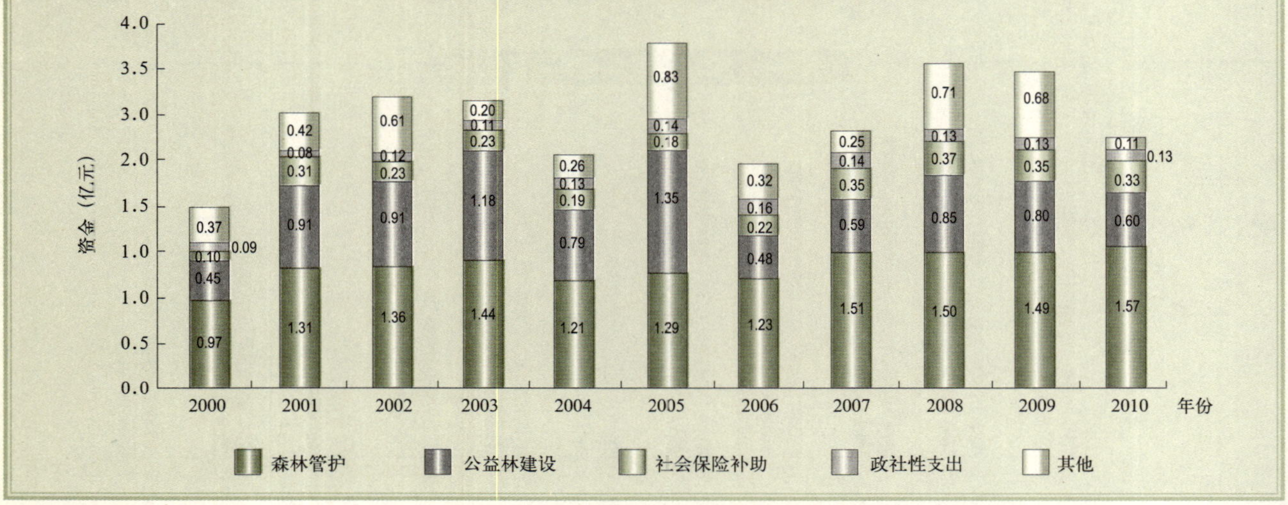

图2-43 样本县林业系统就业结构

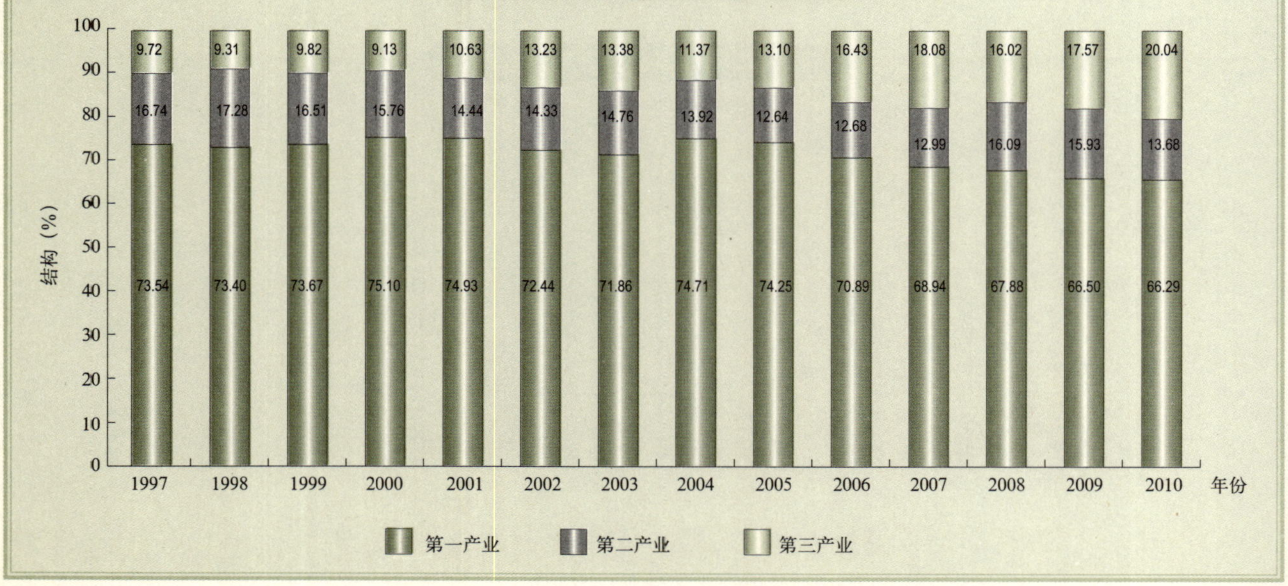

产业结构升级使得依赖自然资源开采和加工为生的人口向其他产业部门转移，从而有利于资源保护和生态改善。监测显示，天保工程启动后，样本县以木材采伐和加工收入为主要经济来源的人口分别减少了99.87%和99.19%。随着天保工程深入开展，工程政策影响下的产业结构调整将更有利于减轻经济社会发展对自然资源和生态环境的压力，即有利于实现资源、生态、经济和社会的长期可持续发展。

五　工程延续面临的问题与建议

2011年初，《长江上游、黄河上中游地区天然林资源保护工程二期实施方案》公布，针对天保工程一期结束时依然存在的诸多问题，工程建设任务和相关政策做出了调整，以期进一步巩固工程建设成果。结合样本县工程建设情况，监测组认为，天保工程二期应着力解决好以下几个问题：

（一）森林管护任务繁重，管护补助收入偏低，管护队伍不稳定

多年监测显示，天保工程启动以来，样本县实际管护森林面积持续增加，增速远超过管护人员和管护经费补助的增长速度，因而管护人员人均承担的森林管护任务日益繁重，人均管护补助收入偏低，且增长缓慢。到2010年，样本县人均管护森林面积达到了405.08公顷，管护人员人均补助费收入7813.18元。此外，作为管护人员的林业职工和农民相比，林业职工承担的管护任务更重（564.15公顷/人），年管护补助收入较高（12 314.09元）；综合对比来看，林业职工单位面积管护补助收入为21.83元/（公顷·年），农民单位面积管护补助收入仅为12.09元/（公顷·年），林业职工高出农民80.61%。天保工程森林管护任务重、补助收入低的问题由来已久，且日益严重。如果不能得到及时纠正，将出现管护人员因工作负荷大、年补助收入低而放弃管护工作，对于巩固工程区生态建设成果不利。天保工程二期方案中对森林管护的方式和标准做出了调整，对管护能力的提高并没有根本性的帮助，对管护的效果也没有更多的要求。

天保工程区森林管护存在的另一个问题是，缺乏对管护队伍业务能力的培训和考核，很难形成稳定、高水平的管护队伍，管护人员构成的现状与富余职工分流安置的方式有关，这在之前的报告中已有分析。在现有人员基础上组织起来的管护队伍，一是缺乏专业技能，只能胜任简单的看护；二是缺乏必要的装备，应对突发事件的效率低下；三是人员构成不稳定，管护责任很难落实。如何短时间内弥补天保工程区森林管护队伍的上述缺陷，使之成为稳定、高效的森林管护队伍，是工程管理部门应该思考的问题。

（二）森林质量不高，缺乏引导和鼓励非国有林地经营抚育的政策措施

森林质量不高是我国多次全国森林资源清查的结论，这是长期忽视森林经营的

结果。为了提高天保工程区森林质量，工程二期增加了森林抚育建设任务，中央财政投入资金，开展国有中幼龄林抚育，集体和私有权属森林经营抚育没有资金保障。事实上，工程区需要加强抚育的不仅限于国有林。监测数据显示，样本县天保工程区森林单位面积蓄积量普遍偏低。不同权属对比，集体林和个人承包经营林地每公顷森林蓄积量均在 50 立方米以下；不同起源对比，人工林每公顷森林蓄积量仅为 37.37 立方米。如果只抚育面积比重仅占 37.38% 的国有林，其他非国有林地的产能浪费将会非常严重。此外，工程区因缺乏森林经营抚育而面临火灾和病虫害威胁的更多是非国有林，如果没有有效的政策措施推动非国有林经营抚育，灾害发生后也可能波及周边的国有林，对巩固工程建设成果不利。

集体和私有权属森林难以开展森林经营抚育的原因在于：一是重视数量扩张、忽视质量提高的经营思想还没有完全转变；二是天保工程区仍有政策限制，比如国家级公益林抚育采伐指标不足问题；三是缺乏资金扶持，按照天保工程二期国有中幼龄林抚育补助 120 元的标准，集体和个人承包林地经营者投入应该更高，因为他们没有规模效益，技术设备不及国有林经营单位，在未来收益不确定的情况下，集体和个人承包林地经营者不会贸然投资。

（三）森林采伐限额指标利用不充分，商品材采伐规模收益差

监测显示，尽管目前国内市场上对木材的需求旺盛，但样本县近年来的商品材采伐量非常低，2010 年商品材采伐消耗森林蓄积仅占当年消耗森林蓄积总量的 28.55%，当年森林采伐消耗蓄积量仅占采伐限额的 53.79%，接近一半的指标被浪费。调查发现，天保工程区采伐指标需求不能满足和利用不充分的现象同时存在。一方面，由于没有足够的采伐指标，西南部分国有林区的森林经营抚育和低产低效林改造难以正常进行，火灾和病虫害隐患严重，影响了森林生态系统整体功能的发挥。另一方面，如果仅完成商品材采伐年度指标，采伐企业规模收益非常低，甚至亏本，企业只能不采，或只满足自身木材加工需求，因而年度采伐限额指标浪费的情况还会存在。

2009 年，国家林业局出台了《关于改革和完善集体林采伐管理的意见》，允许非国有林抚育采伐和其他采伐占用主伐指标，各项采伐指标可以向之后年度结转使用。这在一定程度上会减少天保工程区森林经营抚育受到的限制，使得有限的采伐指标利用更充分。但此项政策改革仅限于非国有林区，不能解决国有林区森林采伐限额指标利用不充分和浪费的问题。

六 政策建议

针对天保工程二期需要解决的上述问题，监测组提出以下建议：

（一）重视专业化管护队伍建设，建立健全管护成效考评机制

加强森林管护是不断巩固天保工程建设成果的重要手段。为了持续巩固天保工程建设成果，也是为了满足建立天然林保护长效机制的需求，重点国有林区必须建立专业化的森林管护队伍。所谓专业化，即专职的人员，具备专业知识和技能，并专事于森林管护工作。为了形成这样的队伍，建议从天保工程二期启动开始，在部分有条件、有需求的重点国有林区（林场）培养专业化的森林管护队伍，工资收入不低于当地企业平均工资水平。完善管护基础设施和设备配备，定期对管护人员进行培训。

提升森林管护效果的另一重要因素是对管护效果的评估、考核与监督。从长远来看，为促进专业化管护队伍能力建设，必须建立健全森林管护成效的考评机制，这是目前天保工程区还没有重视的问题。因此，建议启动相关问题的研究，尽快形成初步的森林管护成效考评机制，并在应用中不断完善。

（二）为非国有林地经营抚育提供必要的政策保障

目前来看，鼓励集体和私有权属森林经营抚育需要解决两个问题：一是资金扶持，即对希望开展森林抚育的林地经营者给予扶持；二是收益保障，确保经营者抚育后增加的林地上资源能够带来经济收益。

建议：一是鼓励金融机构为非国有林抚育提供专项贷款，政府在利息上给予补贴；二是鼓励和支持林下经营，增加经营者的林地产出；三是对非国有林地经营者开展抚育提供技术支持，对机械等购置投入给予补贴。

（三）深化采伐管理改革，放宽森林经营的政策限制

为了能够促进天保工程区森林经营，解决天保工程区森林采伐指标不足与浪费并存的问题。建议：参照集体林采伐管理改革相关措施之行过程中的经验，对国有林和公益林的采伐（抚育）管理制度进行改革，主要是放宽一些不利于森林经营的限制。首先，在采伐量不大于生长量的原则下，允许国有林采伐限额指标年度结转使用；其次，同样是在采伐量不大于生长量的原则下，允许有采伐指标的企业之间年度采伐指标相互拆借，以便充分利用有限的采伐指标，提高企业收益。

（主要执笔人：谷振宾、王月华）

3 退耕还林工程

2011

退耕还林工程社会经济效益监测报告[①]

2010年，退耕工程进入到巩固与发展的重要阶段，退耕还林专项建设深入实施，并取得重要进展。为确保巩固退耕还林成果和确保退耕农户长远生计得到有效解决两大目标，党中央、国务院明确提出巩固和发展退耕还林成果，在重点生态脆弱区和重要生态区位，结合扶贫开发和库区移民，适当增加退耕还林任务的要求。

2010 年是退耕还林工程社会经济效益监测开展的第 9 年，继续对 100 个退耕县、118 个退耕村和 1156[①] 个退耕农户进行定点连续跟踪监测。这些监测点分布在全国 22 个省、自治区、直辖市，其中，长江流域有 52 个县、61 个行政村和 576 户，黄河流域有 48 个县、57 个行政村和 580 个农户。100 个监测县自工程启动以来累计完成的退耕还林任务占全国的 11.33%。退耕工程监测采取县、村、户三级调查表和户问卷的方式收集数据。监测的主要内容包括监测点基本情况，工程进展和政策执行，工程取得的生态、经济和社会影响，以及针对工程年度工作重点提出的政策建议等。2010 年，县、村、户三级监测共有 478 个指标，其中，县指标 168 个，村指标 134 个，户指标 176 个，为突出反映巩固退耕还林成果专项建设（以下简称“退耕专项建设”），县、村、户三级共增加 78 个退耕专项建设指标。

2010 年退耕工程社会经济效益监测以巩固退耕还林成果专项建设为中心，对自

---

① 由于地震灾害、举家搬迁、复耕等原因，2010年有9户监测农户没有数据，因此，2010年退耕还林户样本为1156户。

2008 年退耕专项建设实施以来 3 年的基本口粮田、农村能源、生态移民、补植补造、后续产业等进行重点监测，同时，在气候变化、粮食安全以及在工业化、城镇化深入发展中同步推进农业现代化的背景下，连续观测退耕还林工程长期的生态、经济和社会影响，深入探索退耕还林工程的发展规律及趋势。

监测结果表明，2010 年完善退耕还林政策稳步实施，巩固退耕还林专项建设取得初步成效，需进一步提高对退耕农户的覆盖率；退耕补助兑现良好，退耕地林木经营管理有所加强；退耕还林工程对解决三农问题贡献突出；在国家强农惠农政策和退耕还林工程的双重支持下，退耕农户的长期生计基础逐步建立，但林业比较利益继续下降，给中东部地区的退耕还林成果巩固带来较大压力；退耕还林工程是绿色投资，在国家层面上长期执行，符合我国利益和全球可持续发展新趋势，应抓紧落实中央指示精神，尽快在重点地区适当增加退耕还林任务。由于建设内容和对象不同于原政策，退耕还林专项建设与退耕农户结合得不够紧密，退耕还林投资结构和投资进度仍在调整之中。

一　退耕工程政策重点

2010 年是实施巩固退耕还林成果专项规划的第 3 年，退耕还林工作进入巩固与发展的关键阶段。一是党中央、国务院对退耕还林工作提出了新要求。《中共中央 国务院关于加大统筹城乡发展力度 进一步夯实农业农村发展基础的若干意见》（中发［2010］1 号）和《中共中央 国务院关于深入实施西部大开发战略的若干意见》（中发［2010］11 号）明确要求，巩固和发展退耕还林成果，在重点生态脆弱区和重要生态区位，结合扶贫开发和库区移民，适当增加退耕还林任务国发 [2011]31 号。二是对工程管理提出了新要求。国家发展和改革委员会、国家林业局等八部门制定了《巩固退耕还林成果专项规划建设项目管理办法》（发改西部 (2010) 1382 号），对专项规划建设项目的计划下达、组织实施、资金拨付、检查验收、后期管护、信息统计和效益监测等作了进一步规范。召开了巩固退耕还林成果部际联系会议暨现场会，有关部门对专项规划建议、项目实施情况进行了联合检查。三是针对巩固退耕还林专项建设中出现的新情况、新问题，国家发展和改革委员会、财政部、农业部、水利部、国家林业局向各省（自治区、直辖市）下发了《关于适当调整巩固退耕还林成果专项建设规划有关事项的通知》（发改西部 (2010)2670 号），通知要求规划调整要在投资总规模和年度投资金额不变的前提下，确保巩固退耕还林成果和确保退耕农户长远生计得到有效解决两大目标实现，在资金和项目上要确保重点把解决退耕农户基本口粮田和生活用能问题放在优先位置，集中解决巩固退耕还林成果有难度的县、乡、村和农户的长远发展问题；基本口粮田建设连片实施时，要注重提高对退耕农户的覆盖率，覆盖率要与中央巩固退耕还林成果专项资金投入比例基本一致；农村能源要尽量全面覆盖退耕农户；生态移民项目调整要遵循农户自愿原则，以退耕农户为受益对象；补植补造项目要严格控制在因灾受损的地块，不得毁掉原有退耕林木；后续产业项目调整要尊重农民意愿，紧密结合退耕农户长远发展目标，重点安排退耕农户直接受益的项目，不得随意挤占粮食用地。安排的项目要侧重提高退耕农户创收能力，充分调动退耕农户积极性，发挥长效作用。

二 监测点基本情况

退耕工程监测点包括100个退耕还林工程县（以下简称“样本县”），118个退耕村（以下简称“样本村”）和1156个退耕农户（以下简称“样本户）。自2003年开展退耕工程监测以来，实行定点连续监测，样本县样本量保持不变，样本村118个，样本户1156户[①]。

（一）人口

样本县人口总量增长，外出务工人员继续增加，同时，受城镇化进程和农业直补等政策的影响，从事农业生产的劳动力数量出现回升。

2010年，样本县总人口4567.14万人，比2009年增加46.06万人，增长1.02%。其中，乡村人口3697.88万人，占80.97%，乡村人口比重继续下降；乡村从业人员2070.04万人，比2009年增加62.78万人，增长3.13%，其中，外出务工人员861.49万人，比2009年增加30.22万人，增长3.64%，外出务工人员占乡村人口的23.30%，占乡村从业人员的41.62%。同时，受农业直补、集体林权改革等政策的综

图3-1 退耕还林样本县人口状况

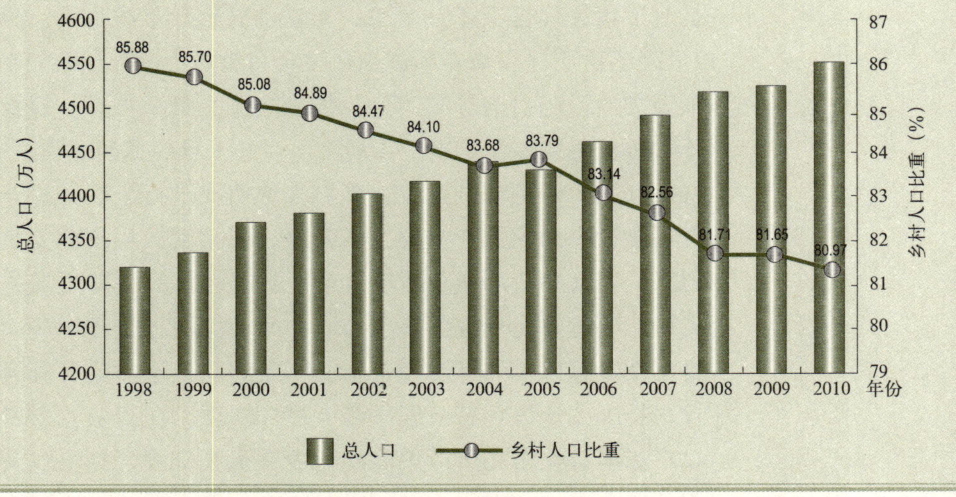

① 2010年监测户减少到1156户，原因是2户户口迁出；3户地震后搬家失去联系；4户开始复耕；共计9户退出了退耕监测。为了保证数据分析的科学性，2010年退耕户数据分析将不包含上述各户的历史数据。

图3-2 退耕还林样本县农村劳动力转移趋势

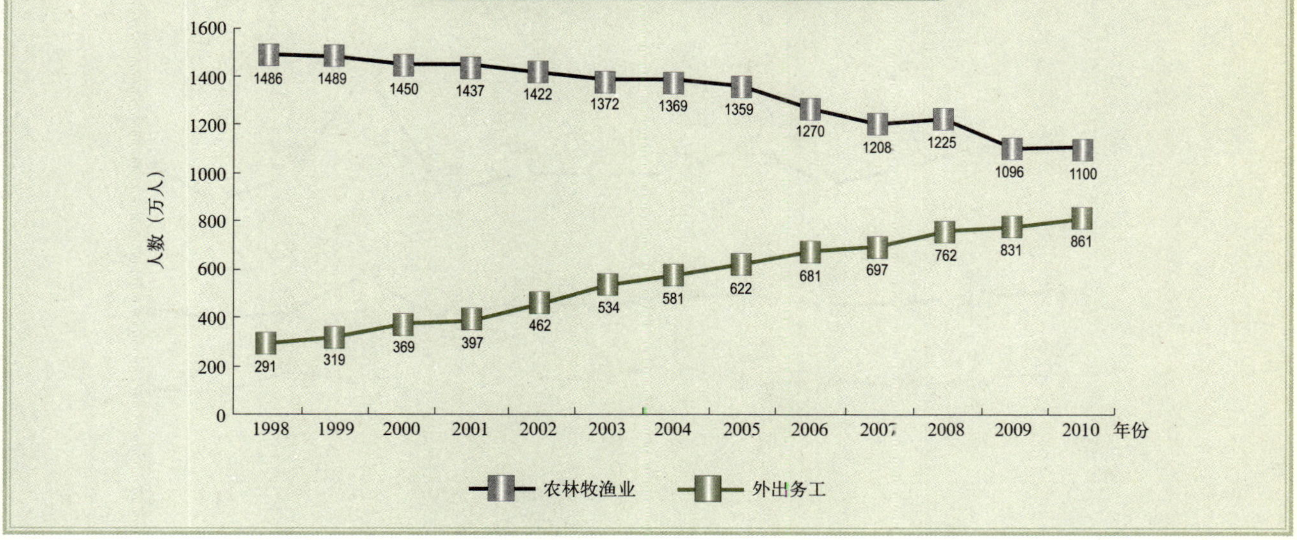

合影响，样本县农户对农业的劳动投入在经历多年的下降后开始回升。2010 年，农林牧渔从业人员 1100.49 万人，比 2009 年增加 4.22 万人，增长 0.38%（图 3-1、图 3-2）。

2010 年，118 个样本村总人口 18.63 万人，其中，常住人口 15.18 万人，占 81.48%；总户数 4.77 万户，其中，参加退耕还林工程的累计有 2.97 万户，占总户数的 62.23%；总劳力 10.22 万人，其中，外出务工人数 4.31 万人，占总人口的 23.13%，占总劳力的 42.18%。

2010 年，1156 样本农户家庭人口总数 5211 人，比 2009 年的 5293 人减少了 82 人，下降 1.55%，为 1998 年以来降幅最大的一次。同时，劳动力总数从 2009 年 的 3097 人下降到 3014 人，下降 2.68%。劳动力负担系数依然维持在 1.73。外出务工劳力占总劳力比重为 44.59%。

（二）资源与环境

样本县森林资源持续增长，降水趋于增加，受极端天气影响，总体生态状况不稳定，农林业生产受自然干扰较大。

2010 年，样本县行政区总土地面积 41.93 万平方千米，其中，耕地面积 522.86 万公顷，森林面积 1092.37 万公顷，县均森林覆盖率 33.84%[1]。2010 年，样本县降水总体趋于增加，年均降水量 631 毫米[2]，比 2009 年增加 68 毫米。分流域看，长江流域样本县年均降水量 1148 毫米，比 2009 年增加 155 毫米，黄河流域 337 毫米，比 2009 年增加 16 毫米（图 3-3）。2010 年样本县农作物受灾面积 268.04 万公顷，

① 是以100个样本县行政区土地面积为权数的加权平均值。

② 是以100个样本县行政区土地面积为权数的加权平均值。2008年、2009年的年降水量不同于2010年监测报告内的数据，变化的原因是几个样本县2008年、2009年的降水量数据为空，2010年做了补充。

图3-3 退耕还林样本县年降水情况

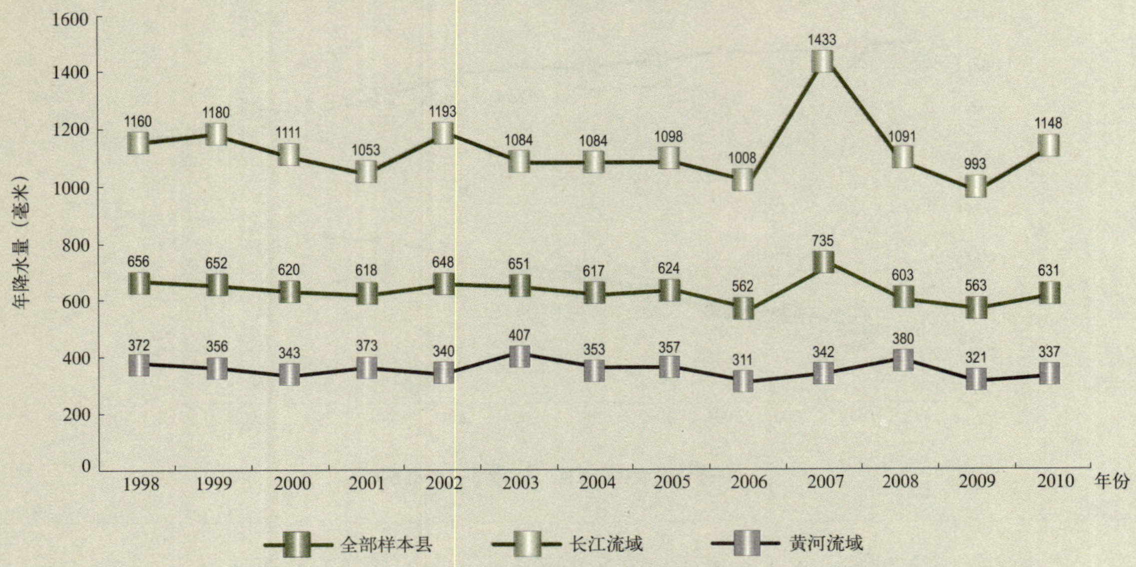

图3-4 退耕还林样本县农作物受灾面积变化趋势

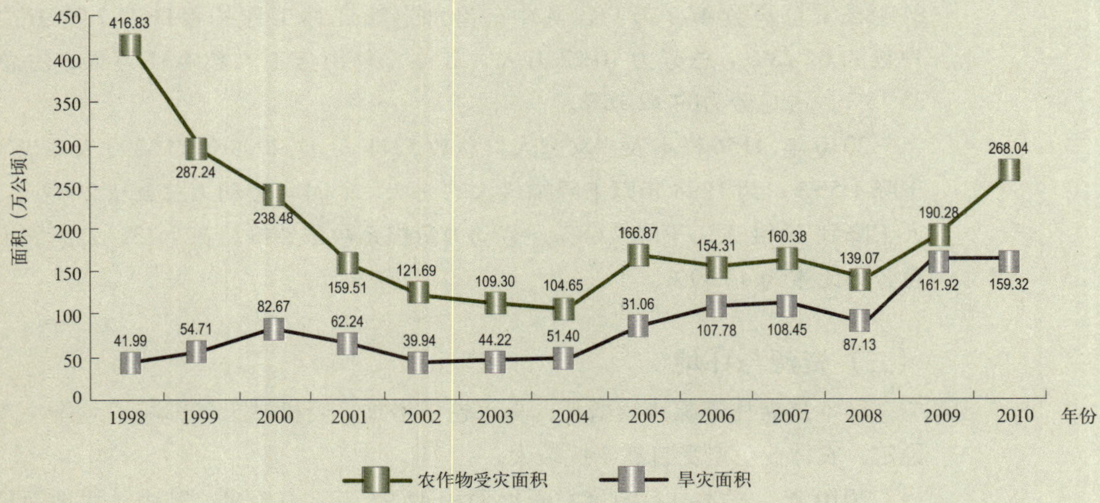

比 2009 年增长 40.87%，其中，旱灾面积 159.32 万公顷，洪涝灾面积 56.52 万公顷，分别比 2009 年增长 -1.61% 和 112.49%。农作物受灾面积大幅度增加的原因是风暴、冰冻等极端气候造成的灾害显著增加（图 3-4）。

2010 年，样本农户农地总面积 4.49 万亩。其中，耕地面积占 24.69%，林地面积占 54.64%，牧草地面积占 10.40%，园地面积占 2.55%。

（三）经济与社会发展

样本县经济持续增长，结构继续调整，农村人口社会保障快速增强，农村居民收入继续增长，但增幅低于全国。

2010 年，样本县地区生产总值 6771.93 亿元，扣除物价上涨因素，比 2009 年增长 11.16%，第一、二、三产业增加值占地区生产总值的比重分别为 18.10%、52.67% 和 29.23%，与全国相比，第一产业比重高于全国近 8 个百分点，第三产业比重低于全国 14 个百分点，样本县经济结构落后于全国平均水平。2010 年，样本县参加新型农村社会养老保险的人数为 723.63 万人，参加新型农村合作医疗保险人数为 3423.73 万人，分别比 2009 年增长 117.05% 和 2.14%，新型农村合作医疗参合率为 93.23%，略低于全国的 96.3%。2010 年，样本县农村居民人均纯收入 4774 元[①]，扣除物价上涨因素，比 2009 年实际增长 10.24%。同年，全国农村居民人均纯收入 5919 元，比 2009 年实际增长 10.9%。与全国相比，自 2001 年以来，样本县农村居民人均纯收入的年环比增长幅度首次低于全国平均水平。

三　主要政策执行情况

2010 年退耕还林工程的建设重点：一是全力推进退耕还林专项规划项目建设；二是完成退耕还林荒山荒地造林和封山育林任务；三是完成退耕还林补助兑现，维护退耕农户利益。

（一）投资

随着退耕还林专项建设资金的相继投入，各项专项建设内容顺利实施，但由于专项建设资金与原退耕还林投资的对象、内容不一致，专项建设与退耕农户的结合不紧密，退耕还林投资结构和投资进度仍在调整之中。

在退耕还林专项建设的推动下，2010 年样本县共完成退耕还林投资 36.01 亿元[②]，占 2010 年全国退耕还林投资的 10.64%；在总投资中，种苗费、粮食补助资金和生活费补助（以下简称“退耕补助资金”）20.39 亿元，退耕还林专项建设资金（以下简称“专项建设资金”）15.62 亿元，分别占样本县当年退耕还林投资完成额的 56.62% 和 43.38%，专项建设资金占当年全国专项建设资金的 13.60%；2010 年，在完成的专项建设资金中，中央投资占 55.92%，地方配套投资占 44.08%；从建设内容看，基本口粮田、农村能源、生态移民、后续产业、农民就业技能培训以及补

① 2010年样本县农村居民纯收入是以县年末总人口做权重的加权平均数。

② 2010年退耕还林监测报告中26.75亿元的投资是指种苗费、粮食补助资金和生活费三项投资，没有包括退耕还林专项建设资金。

图3-5 退耕还林专项建设投资比例

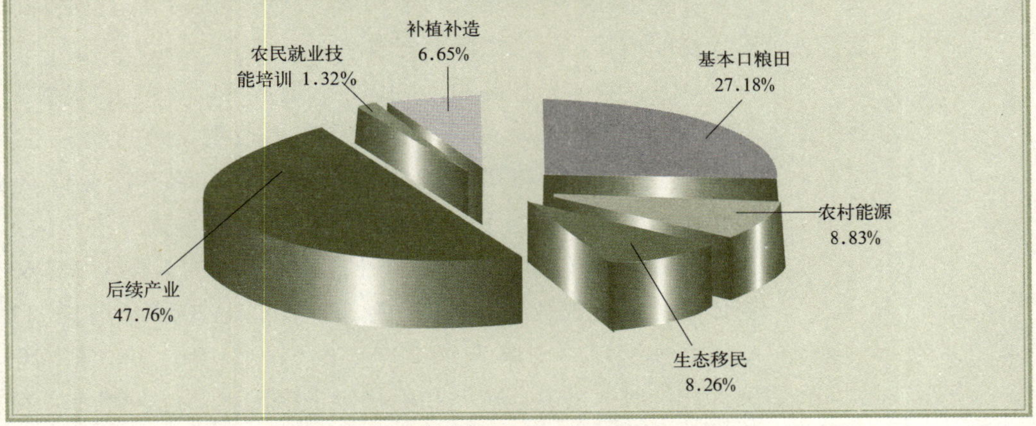

图3-6 样本县退耕配套荒山荒地造林面积

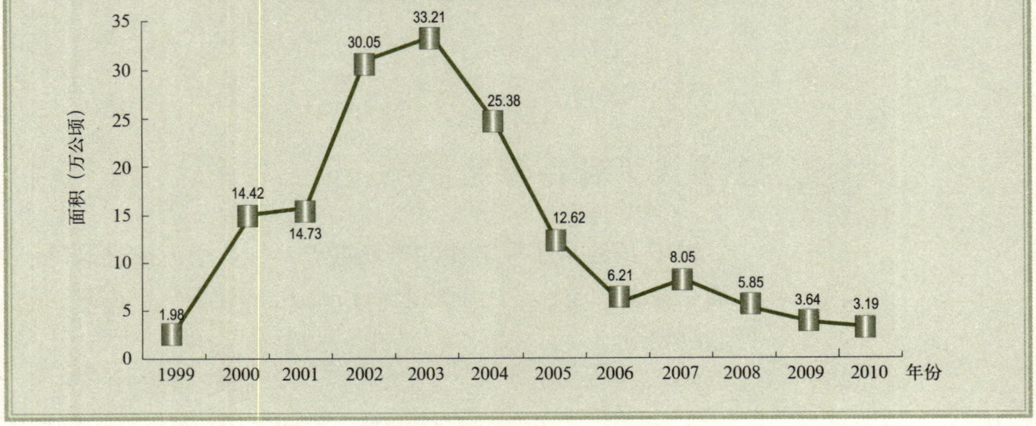

植补造的投资分别占 27.18%、8.83%、8.26%、47.76%、1.32% 和 6.65%（图 3-5），与退耕还林专项建设启动时的 2008 年相比，样本县后续产业投资明显增加，农村能源投资有所减少，分别增长 8.79% 和 -3.41%，其余建设投资比重基本保持不变。

专项建设资金 3 年的平均投资完成率为 97.41%，其中，中央投资完成率 94.67%，地方配套投资完成率 98.41%；按建设内容分，补植补造和农村能源建设投资完成率较高，分别为 100% 和 99.68%，农民就业技能培训和基本口粮田建设投资完成率较低，分别为 87.57% 和 93.05%，生态移民和后续产业的投资完成率分别为 98.20% 和 96.75%；3 年中，2010 年投资完成率最低，全部专项建设资金、中央投资、地方配套的投资完成率分别为 92.76%、90.19% 和 92.64%。

（二）荒山荒地造林及封山育林

2010 年样本县退耕还林工程完成造林任务 5.54 万公顷，比 2009 年减少 1000 公顷，下降 8.58%，其中，荒山荒地造林 3.19 万公顷，比 2009 年下降 12.36%，封山育林 2.45 万公顷，增长 1.24%。在完成的荒山荒地造林面积中，乔木林占 72.61%，灌木林占 27.39%（图 3-6）。

自 1999 年以来，样本县退耕还林工程累计完成退耕还林任务 295.90 万公顷，占全国退耕还林任务的 11.33%，其中，退耕地还林 107.08 万公顷，退耕还草 8.44 万公顷，配套荒山荒地造林 159.33 万公顷，封山育林 21.05 万公顷，荒山荒地造林和封山育林分别占全国的 10.76% 和 9.34%。

（三）补助兑现

退耕还林补助兑现是退耕还林政策的核心，对于维护广大退耕农户的切身利益具有重要意义。监测结果表明，在各级政府的有力执行下，退耕补助兑现良好，补助期满的退耕地已有 4% 左右，需加紧制定下一步退耕还林政策。

2010 年是实施完善退耕还林政策的第 3 年，退耕还林工程两轮补助继续同时进行，同时，少部分退耕还草及还经济林的补助已结束。2010 年，享受原补助、完善政策补助及补助期满的退耕还林面积分别为 54.90 万公顷、42.94 万公顷和 6.20 万公顷，分别占样本县退耕补助面积的 52.77%、41.27% 和 5.96%；样本农户监测结果显示，2010 年，样本农户原补助面积减少，补助面积增加，同时，早期退耕还经济林和还草的部分农户，延长期补助已满，享受原补助、延长期补助和补助期满的退耕地面积比例分别为 39.21%、56.16% 和 4.64%（图 3-7），补助期满的农户有 44 户，占 3.81%，主要分布在黑龙江尚志，贵州清镇、普定及陕西耀州、彬县。综合县、户两级监测结果，可以看出，到 2010 年，退耕还林补助期满的比例在 5% 左右。

2010 年，样本农户平均退耕补助兑现率为 98.54%，其中，长江流域退耕补助兑现率 97.23%，黄河流域退耕补助兑现率为 99.85%；分补助期看，原补助兑现率 96.74%，延长期补助兑现率近 101.84%，原补助兑现率较低的原因主要是长江流域原补助兑现率就很低，为 93.53%，另外，一些县尤其是退耕面积大的县，2010 年兑现不好，如吉林的敦化、江西的吉安、重庆的云阳、四川的喜德等。延长期补助超过 100% 的原因是一些县 2009 年的补助没有及时发放，转到 2010 年发放。随着

图3-7 样本农户退耕还林补助到期情况

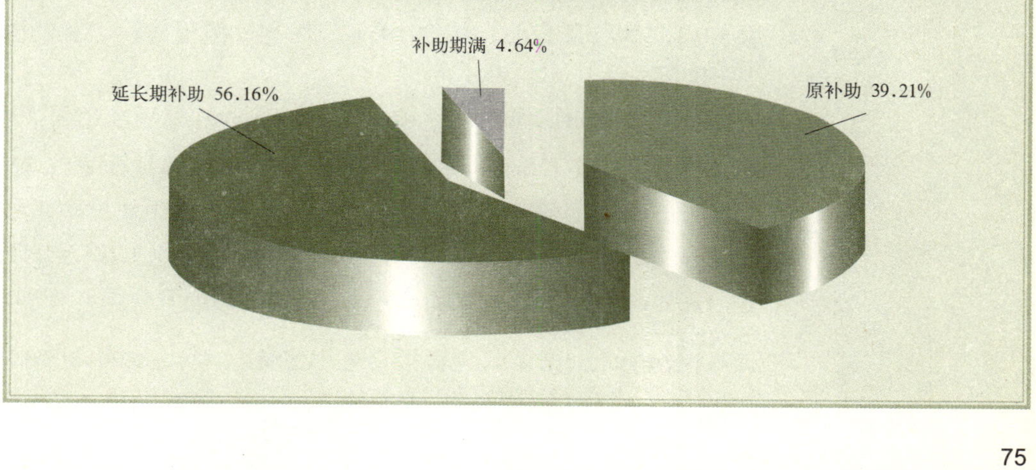

完善退耕还林政策的深入实施，工程管理的加强，延长期补助兑现逐渐走向规范，2010年出现了更多补助兑现较好的县，如江西德兴、湖北秭归、湖南溆浦、广西平果、贵州思南、四川江油、陕西耀州和宁陕，以及黑龙江、山西、安徽、河南、云南、甘肃、宁夏、青海和新疆的所有样本县。

（四）巩固退耕还林成果专项建设

完善退耕还林政策，切实巩固退耕还林成果，是党中央、国务院在2007年做出的重大战略决策。监测结果显示，经过3年的实施，巩固退耕还林成果专项规划项目建议取得了明显成效。由于专项建设内容广、建设对象与原退耕还林政策不一致，出现了针对性不强、对退耕农户覆盖率较低的问题。

2010年监测结果显示，自2008年实施退耕还林专项建设3年来，各项建设内容稳步推进。100个样本县累计完成基本口粮田建设15.15万公顷，占样本县耕地面积的2.90%；户用沼气池11万口，节煤节柴灶18万台，太阳灶（热水器）12万台，建成薪炭林2.55万公顷；完成生态移民80 922人；补植补造面积31.63万公顷；完成林果茶业、种植业等后续产业建设面积28.28万公顷，家禽、家畜养殖776.49万头（只），棚圈建设284.58万平方米。专项建设内容多、地区差异大，一些监测县如贵州的普定，陕西的耀县，甘肃的安定区、天祝等，根据实际将小水池、机耕道路、林产品基地、青储窖等更详细的建设内容以不同形式上报，更充分地反映了各地专项建设的丰富内涵。

从专项建设对退耕农户的覆盖情况看，2010年118个样本村中，有51村是退耕还林专项建设村，占样本村的43.22%；样本村中，3年累计参加退耕还林专项建设的农户为6375户，占样本村退耕还林农户的21.49%；在1156个样本户中，有402个户参加了专项建设，占样本农户的34.78%。综合县、村、户三级监测结果，专项建设对退耕农户的覆盖率在20%～30%，覆盖面较低。

1. 基本口粮田建设已涉及2%的退耕工程区耕地

建设基本口粮田是解决退耕农户长远生计、巩固退耕还林成果的关键。根据国务院关于完善退耕还林政策的通知精神，要力争用5年时间，实现具备条件的西南地区退耕农户人均不低于0.5亩、西北地区人均不低于2亩高产稳产基本口粮田的目标。监测结果表明，到2010年，基本口粮田建设涉及的退耕还林工程区耕地在2%左右。

2010年监测结果显示，从2008年到2010年的3年间，样本县累计完成基本口粮田建设15.15万公顷，相当于2010年样本县耕地面积的2.91%，其中，新建7.52万公顷，改建7.63万公顷[①]。在改建的基本口粮田建设中，坡改梯1.13万公顷，土壤改良1.30万公顷，农田水利2.61万公顷，其他1.10万公顷。2010年，新建和改建的基本口粮田面积分别为2.73万公顷和2.82万公顷，分别比2009年增长13.06%

① 由于改建农田的内容很多，包括了小水池、机耕道路、修引水渠等多项农田水利建设内容，2010年该数据不能完全反映基本农田建设的内容。

和 7.30%。118 个样本村 2008 ～ 2010 年累计完成基本口粮田建设 7621.33 亩，占样本村耕地面积的 2.10%，基本口粮田建设主要集中在西北、西南地区。

综合县、村两级监测结果，可以初步判断，基本口粮田建设涉及到 2% 的退耕还林工程区耕地。2010 年同 2008 年相比，样本县耕地面积增长 5.34%，人均耕地面积从 2.02 亩增加到 2.12 亩，增长 4.16%，西北地区退耕样本县人均耕地面积为 4.16 亩，西南地区样本县人均耕地面积为 1.17 亩。

2．农村能源建设进展不足

农村能源建设是建设对象明确且可以使退耕农户直接受益的建设内容。监测结果显示，为解决退耕农户烧柴问题，样本县农村能源建设加速推进，但村户两级监测结果表明，农村能源建设对退耕户的覆盖显著不足。

2010 年，样本县共建户用沼气池 28 437 口，太阳灶 43 556 座，节柴灶 73 814 个，造薪炭林 2390.34 公顷，分别比 2009 年增长 31.35%、3.55%、19.74% 和 -79.60%；样本村建户用沼气池 1913 口，太阳灶 929 座，小水电 3 座，节柴灶 2209 个，造薪炭林 9945 亩，分别比 2009 年增长 53.65%、369.19%、50.00%、138.04% 和 800.00%。

从农村能源建设的覆盖率看，如果这些建设任务都分配给样本村的退耕农户，沼气池、太阳灶、节柴灶三项建设对 118 个样本村退耕农户的平均覆盖率为 30.81%，其中，西北样本村的覆盖率为 14.50%，西南为 38.07%。从单项建设看，在太阳能最受欢迎的西北样本村，太阳灶的覆盖率仅为 7.7%，在沼气池应用较广的西南地区，沼气池的覆盖率也只有 24.80%。考虑到这些建设项目不一定分配给退耕户的情况，农村能源建设对退耕农户的覆盖率将可能更低；从样本农户看，2008 ～ 2010 年间，样本农户共拥有沼气池 243 座，节柴灶 237 座，太阳灶 88 座，太阳能热水器 165 个[①]，拥有率分别为 21.02%、20.50%、7.62% 和 14.27%，覆盖面偏低。在对湖南退耕监测户的入户调研中我们了解到，农户认为太阳能热水器很实用，但价格高，买不起。

从农村能源建设的地域分布看，户用沼气池和小水电主要集中在西南地区，太阳灶在西北地区，节柴灶和薪炭林主要在其他地区。样本村监测结果显示，2008 ～ 2010 年 3 年间，74.47% 的户用沼气池和 100% 的小水电建在西南地区，57.33% 的太阳灶建在西北地区，53.31% 的节柴灶和 51.53% 的薪炭林建在其他地区。

3．生态移民和农民技术培训加速推进

随着退耕还林工程专项建设的深入开展，退耕还林工程区生态移民力度加大，参加就业技术培训的农户迅速增加。对居住地基本不具备生存条件的特困人口，实行易地搬迁，是巩固退耕还林专项建设的重要内容，同时，对退耕农户进行就业技术培训、增加他们的就业技能也是巩固退耕还林成果的重要途径。监测结果显示，2010 年，样本县巩固退耕还林专项建设共完成生态移民 4.57 万人，比 2009 年增长

① 这些农村能源项目不都是专项建设提供的。

123.10%；对 14.93 万名退耕还林农民进行就业培训，相当于 2010 年样本县外出务工人数的 1.83%，比 2009 年增长 13.11%。样本村生态移民 1090 人，比 2009 年增加 890 人，增长 81.65%；参加就业技能培训的 6262 人，比 2009 年增加 4248 人，增长 67.84%，占当年样本村外出务工人数的 14.53%。

4．补植补造面积占退耕面积的一成左右

完善退耕还林政策最根本的目标任务就是通过加强林木后期管护，搞好补植补造，提高造林成活率和保存率，杜绝砍树复耕现象发生。监测结果显示，样本县补植补造任务顺利推进，补植补造面积占历年退耕还林面积的 11% 左右。2010 年，样本县补植 9.16 万公顷，补造 1.59 万公顷，分别比 2009 年减少 4.31% 和 19.14%。2008 ～ 2010 年，样本县累计补植 27.09 万公顷，补造 4.53 万公顷，两项合计，占样本县历年退耕造林面积（退耕地造林和荒山荒地造林）的 11.51%。分流域看，黄河流域补植较多，占样本县 3 年补植面积的 50.69%，长江流域补造较多，占 3 年补造面积的 62.15%；2010 年，118 个样本村专项建设补植 1.37 万亩，补造 3728 亩，分别比 2009 年增长 246.02% 和 554.33%。2008 ～ 2010 年，样本村累计补植 2.35 万亩，补造 4952 亩，两项合计占样本村历年退耕地还林面积的 12.78%；样本农户监测结果显示，2010 年，样本农户补植补造面积 1725 亩，补植补造株数 137 732 株（含草），投入补植补造费用 27 524 元，分别比 2009 年增长 -19.14%、28.35%、16.68%。亩均补植 80 株 / 亩（含草），亩均补植费用 16 元 / 亩。

5．种植业和林果业是后续产业主体

在专项建设资金的支持下，样本县后续产业快速推进，种植业及林果业是建设主体。2010 年，样本县完成林果茶业、种植业等后续产业 11.80 万公顷，比 2009 年增加 2.16 万公顷，增长 22.34%，从 2008 ～ 2010 年，样本县累计完成林果茶业、种植业等后续产业 28.28 万公顷，其中，粮食作物等种植业及林果业发展是主体，分别占 48.90% 和 21.46%（图 3-8）。2010 年，样本村完成林果茶业、种植业等后续

图3-8 2008～2010年样本县后续产业（种植业）发展比例

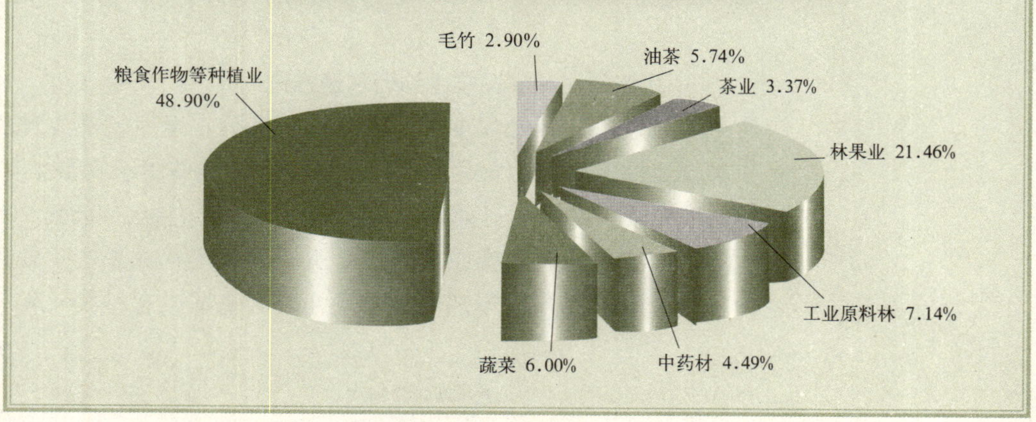

产业 1.94 万亩。2008 ～ 2010 年样本村累计完成 2.81 万亩，其中，发展最多的是种植业、茶业和果业，分别占 37.70%、14.37% 和 13.95%。

2010 年，样本县后续产业专项建设完成家禽养殖 287.08 万只，家畜 181.91 万头，完成棚圈建设 47.66 万平方米。2008 ～ 2010 年，样本县累计完成家禽养殖 482.27 万只，家畜 249.23 万头，建成棚圈 284.58 万平方米。2010 年，样本村后续产业专项建设养殖家禽 10.33 万只，家畜 3.32 万头，建设棚圈 7.31 万平方米，建设青储窖等 1700.6 平方米。2008 ～ 2010 年，样本村累计养殖家禽 16.29 万只，家畜 4.02 万头，建设棚圈 9.37 万平方米。

退耕还林专项建设已取得初步成效。退耕还林监测县甘肃省定西市安定区监测结果显示，退耕还林工程的实施与发展舍饲养殖、开发新型能源、实施易地搬迁等扶贫项目紧密结合，取得了良好的成效。目前，农村交通实现村村通公路，户户通农用车，人均口粮田达到了 4 亩，户均 2 眼水窖解决了人畜饮水困难。配套“一池三改”项目，建成沼气池 23 438 座，标准化圈舍已基本普及，太阳灶的普及率达到 98.4%，农民生存生活质量明显改善。对深居山区、人口稀少、生产生活条件太差、退耕还林面积大且相对集中的区域开展生态移民，目前已有 2598 户、13 106 人，实施易地搬迁，建成了一批生态小康示范村。

四　成果巩固情况评价

巩固退耕还林成果受两大因素的影响：一是退耕还林政策的执行及其取得的成效；二是在国家宏观经济政策尤其是三农政策的影响下，农村经济和农村人口的整体发展状况。2010 年继续从这两个方面观测退耕还林成果巩固情况。

（一）退耕地的森林经营

加强林木后期管护，搞好补植补造，提高造林成活率和保存率，是巩固退耕还林成果的主要目标。监测结果表明，退耕农户关心退耕地经营，对生态林和经济林的管护程度目前没有太大差异。

从管护方式看，有 90 个样本村实行退耕农户自行管护退耕地，占样本村总数的 76.27%，有 850 户样本户自己管理退耕地，占 73.53%。综合村、户两级监测结果，可以看出，2010 年，70% 左右的退耕地由农户自己管护。政府组织统一管护的占 5% ～ 10%，村民联户管护的占 6% ～ 10%。

从退耕地经营投入看，2010 年，1156 户样本农户中有退耕地经营投入的 347 户，占 30.02%。其中，退耕还生态林的 194 户，占 59.33%，退耕还经济林的 133 户，占 40.67%。表明，在目前的政策条件下，样本农户对生态林和经济林的管护没有太大差异。样本农户退耕地总投入金额 18.70 万元，退耕地投入最多的高达 6500 元。

从补植补造看，2010 年有 234 户样本农户进行了补植补造，占 20.24%，补植补造面积1645.71亩，补植补造费用27 559.9元，平均每亩16.75元，补植总株数137 752株，平均每亩补植84株。

（二）退耕地产出及对农户收入的贡献

退耕地产出是解决退耕农户长远生计、巩固退耕还林成果的重要途径。2010年监测结果显示，退耕地产出总量继续增加，退耕地产出占农户林产品产出的比重加大，样本农户1/2的竹材和1/3的果品产自退耕地，退耕地收入占样本农户纯收入的5.54%，仍不能成为退耕农户的替代生计。

1156个样本农户的监测结果显示，2010年，样本农户退耕地干鲜果品产量33.64万斤，比2009年减少30.54%；竹材65 620根，比2009年增长了9.06%；薪材17.43万斤，比2009年增加11.33%。竹材成为退耕地最重要的产出，占样本农户竹材产量的49.95%，退耕地干鲜果品和薪材产出占的比重也分别达到31.87%和17.95%（表3-1）。除这些主要产品外，样本农户还生产林产饮品、林产调料、木本药材等林产品44.22万斤，其中，牧草42.42万斤、木本油料1500斤、药材2682斤、蘑菇等森林食品3213斤、林产调料2359斤、林产饮料8230斤，这些产出分别占样本农户当年同类产出的99.44%、18.84%、63.52%、33.19%、58.34%和72.68%，对支持农户生计、增加农户收入发挥了越来越重要的作用（图3-9）。按现价计算，2010年样本农户退耕地产值183.89万元，户均1590.76元，占户均纯收入的5.54%，占户均林业收入的38.10%，退耕地产值最高户收入25.20万元，占该户家庭经营性纯收入的76.16%，退耕地产值超过1万元的有38户，占样本农户的3.29%。

由于退耕地产品品种多样，较分散，存在统计不全、低估退耕地产出的现象。湖南溆浦的监测调查员反映，退耕地林木的蓄积量已经增加很多，但由于没有到采伐期，这部分产出没有统计在内。同时，退耕地中的林下产出如菌类无论是数量还是价值量都比较大，到产菌季节，采菌的人一天能挣近200元，但由于退耕地中的附属产物没有作为私人财产管理，在县的层次上还没有纳入统计。

表3-1 样本农户退耕地主要林产品产量及占农户林产品产出的比重

年 份	竹材产量（根）	竹材比重（%）	薪材产量（0.5kg）	薪材比重（%）	果品产量（0.5kg）	果品比重（%）
2002	–	–	700	0.06	3255	2.13
2003	10000	8.20	3480	0.31	5092	2.14
2004	18300	28.86	25830	2.40	110364	41.03
2005	33310	39.02	34550	3.58	310090	51.12
2006	34046	33.17	51450	5.43	224935	32.45
2007	44080	36.99	104050	12.23	320034	25.05
2008	60410	46.39	178487	19.27	364271	22.97
2009	60170	64.46	156564	18.83	484264	45.64
2010	65620	49.95	174310	17.95	336370	31.87
2010年比2009年增长（%）	19.06	–	11.33	–	-30.54	–

图3-9 样本农户退耕地主要产出比重

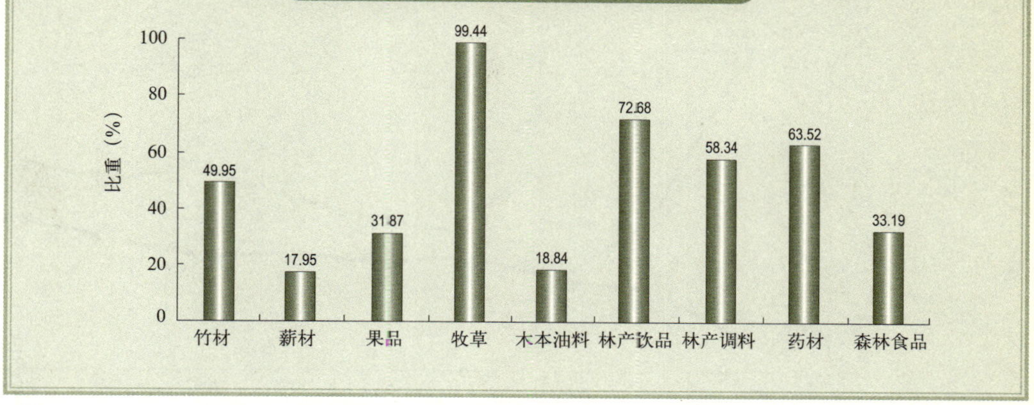

图3-10 样本县粮食产量及增长情况

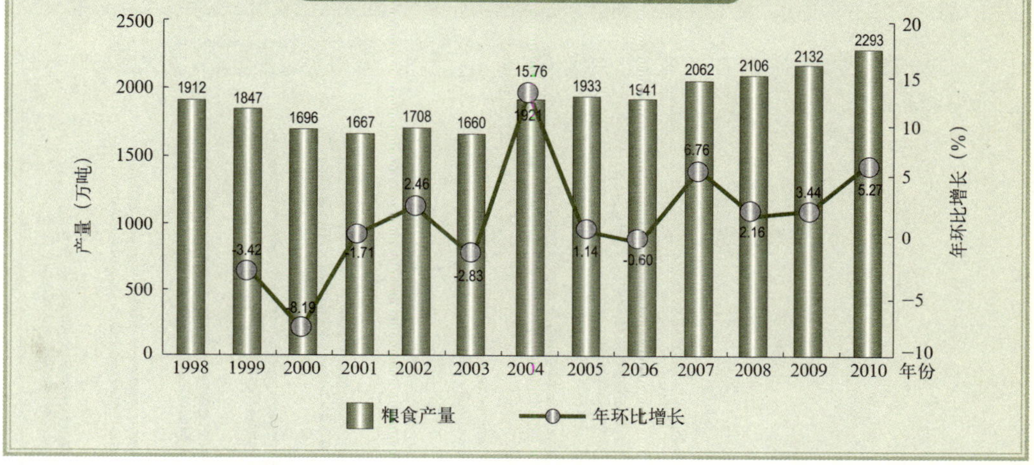

（三）粮食生产、粮食安全与农户口粮

粮食生产事关国家粮食安全和农户长远生计。在国家加大对粮食生产支持力度及口粮田建设等退耕还林专项建设的推动下，退耕工程区粮食产量持续增长，粮食单产增加，农户粮食拥有量提高，退耕农户口粮问题得到较好保障，没有出现退耕还林导致退耕农户缺粮和工程区粮食减产的现象。

从粮食产量和粮食播种面积看，2010 年，样本县粮食播种面积 516.57 万公顷，比 2009 年增长 3.48%；粮食产量 2293.35 万吨，比 2009 年增长 5.27%，粮食产量增长幅度高于全国平均增长幅度（2.9%）。同时，样本农户粮食播种面积 7533 亩，比 2009 年增长 11.89%，其中，长江流域增长 2.17%，黄河流域增长 15.32%；样本农户粮食（小麦、水稻、玉米、薯类、其他）产量 678.26 万斤，比 2009 年增长 8.82%。同退耕前的 1998 年相比，样本县粮食播种面积增长 6.74%，粮食产量增长 19.92%，粮食产量增长幅度大于粮食播种面积的增长幅度，表明退耕区粮食增长主要来源于良种、农田基础设施改善等带来的农业技术进步，工程区农业可持续发展能力已得到增强（图 3-10）。

图3-11 样本农户粮食单产及人均产粮变化情况

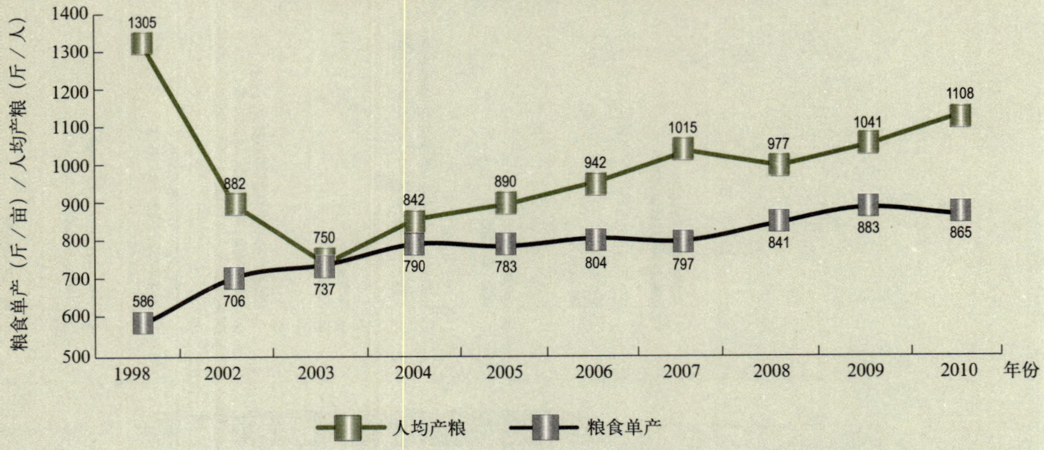

图3-12 退耕补助及其占农户纯收入比重的变化

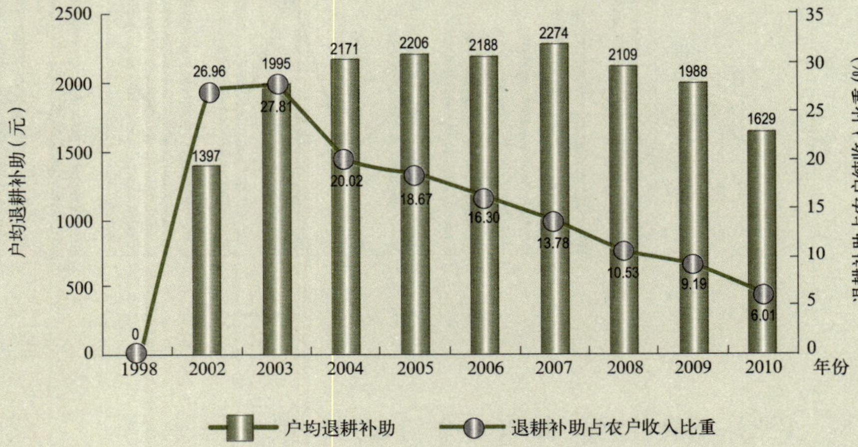

图3-13 样本县与全国农村居民纯收入环比增长的比较

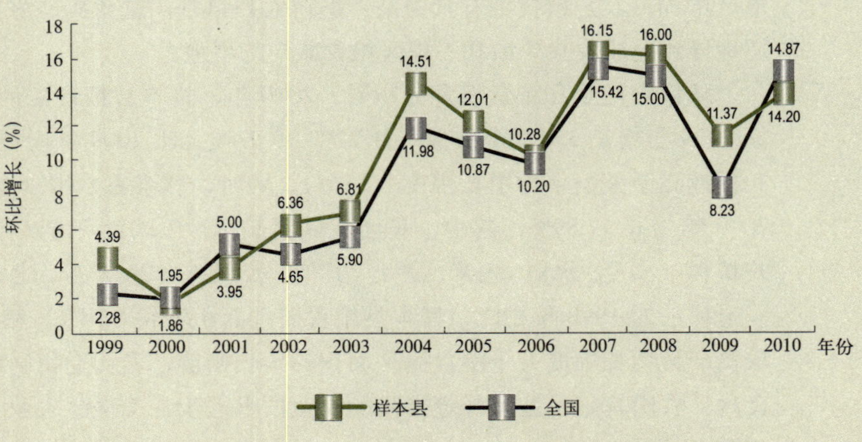

从粮食单产水平看，2010 年，样本县平均粮食单产为 626 斤 / 亩，比 1998 ～ 2010 年样本县粮食单产均值（578 斤 / 亩）高 8.30%，同时，样本农户平均粮食单产为 865 斤 / 亩，比 1998 ～ 2010 年样本农户粮食单产均值（743 斤 / 亩）高 16.47%，同退耕前的 1998 年相比，样本县粮食平均单产增长 13.63%，样本农户粮食平均单产增长 47.51%。

从退耕农户的粮食拥有量看，2010 年，样本农户人均粮食产量 1108 斤，比 2009 年的 1041 斤增长 6.45%。自 2003 年以来，样本农户粮食拥有量已经实现持续增长（图 3-11），退耕农户长远生计逐步得到巩固。

（四）收入及减轻贫困

在退耕还林补助减少的情况下，退耕还林补助继续发挥重要的增收减贫作用。退耕农户的收入继续快速增长，退耕还林补助仍是农户尤其是贫困农户的重要收入来源，但是退耕还林补助对农户的收入贡献持续下降，特别是注意样本县农村居民纯收入的增长自 2001 年以来首次低于全国平均水平，部分地区退耕农户增收难的问题没有完全解决。

样本农户收入增长继续高于全国平均水平。2010 年，样本农户人均纯收入 6014 元，比 2009 年增长 20.13%，扣除物价上涨因素，实际增长 16.16%，比全国农民人均纯收入增速高出 5.26 个百分点。增长的主要因素：一是玉米、棉花、大豆等农作物产量较大幅度的增加；二是退耕还林地果品、竹材、牧草等产品产量的较大增加；三是农副产品价格以及外出务工工资的增加。

退耕补助继续成为退耕农户的重要收入来源。年退耕补助超过 500 元的农户占样本农户的 71.45%，退耕补助占户均纯收入比重超过 20% 的农户仍有 12.23%，这些农户主要集中在青海、甘肃等西部地区，其中，2% 样本农户除了退耕补助之外几乎没有其他收入，但退耕补助扶困减贫作用显著。2010 年，样本农户平均退耕补助收入 1629 元，占农户户均纯收入的 6.01%，比 2009 年的 9.19% 下降 3.18 个百分点（图 3-12）。从总体看，由于补助标准的降低，退耕补助在样本农户收入中的比重继续降低，但对一些退耕面积大、地处边远贫困地区的农户，退耕补助仍发挥着重要的减贫作用。

退耕还林工程区农民收入继续增长，但增速减慢。2010 年，样本县农村居民人均纯收入 4774 年，扣除物价上涨因素，比 2009 年实际增长 10.24%，略低于全国农村居民人均纯收入的实际增长水平（10.90%）。分区域看，2010 年，黄河流域样本县的农民人均纯收入增长略高于长江流域县，扣除物价上涨因素，实际增长 10.23%，增长的主要因素是内蒙古、陕西一些矿产资源丰富县的农民人均纯收入增长较快，长江流域样本县农民人均纯收入 4563 元，增长 9.32%（图 3-13）。

退耕农户增收难的问题依然突出。一是受连年来气候异常影响，退耕地产出尤其是经济林产出受到很大影响，同时由于化肥、农药、人工工资等价格上涨，扣除生产成本，退耕地纯收入不多；二是退耕还生态林的农户大部分重造轻管，重国家补助收入，轻退耕投入，中耕、除草、施肥等营林抚育措施跟不上，造成产出低下；三是补助标准偏低。受粮价上涨影响，10 年前的补助标准买不到同量的粮食，补助缩水 40% ～ 50%；四是延长期补助和到期面积的增加，退耕农户直接收入减少；五是部分地区因退耕还林树种单一，生长缓慢，效益较差，加上基础条件较差，致使林农增收渠道单一，收入增长慢，生活保障低。

（五）退耕补助与农业直补的比较

2010 年，在退耕还林完善政策补助面积扩大和国家继续实行强农惠农政策的形势下，虽然农业直补增加、退耕补助绝对额减少的趋势仍在继续，由于样本农户的退耕地面积大，退耕补助的比较优势仍较明显，但已趋于下降，在中部粮食主产省（自治区），退耕补助已出现低于农业直补的趋势。

2010 年，样本县 4 项农业直补（粮食直补、良种补贴、农机补贴和综合直补）资金 41.26 亿元，比 2009 年增长 9.38%，同时，由于享受原补助的退耕地面积继续减少，退耕还林补助资金持续减少，2010 年，样本县退耕还林补助资金（粮食折资和生活费补助）24.16 亿元，比 2009 年下降 12.27%。

从样本农户退耕补助的绝对额、单位补助金额以及分组情况看，退耕补助与农业直补相比仍占比较优势，但从增长趋势及其在农户收入中的比重看，退耕补助比较优势在逐渐降低。从补助总额上比较，2010 年，1156 户样本农户共获退耕补助 196.16 万元，获 4 项农业直补 53.13 万元，退耕补助是农业直补的 3.69 倍；从单位面积补助情况看，亩均退耕地补助 134.70 元，亩均耕地农业直补 47.87 元，前者是后者的 2.81 倍；从户均补助看，户均退耕补助 1629 元，户均农业直补 470 元，户均退耕补助是户均农业直补的 3.47 倍；将样本农户分组看，退耕补助大于 500 元的有 826 户，占样本农户的 71.45%，而农业直补大于 500 元的只有 246 户，占样本农户的 21.28%，同时，还有 223 户样本农户没有农业直补，因此，从农户分组看，退耕补助的优势仍较明显（图 3-14）；从增长情况看，2010 年同 2009 年相比，样本农户退耕补助总金额下降 17.65%，农业直补金额增长 6.00%；从占农户收入的比重看，

图3-14　退耕补助与农业直补的分组比较

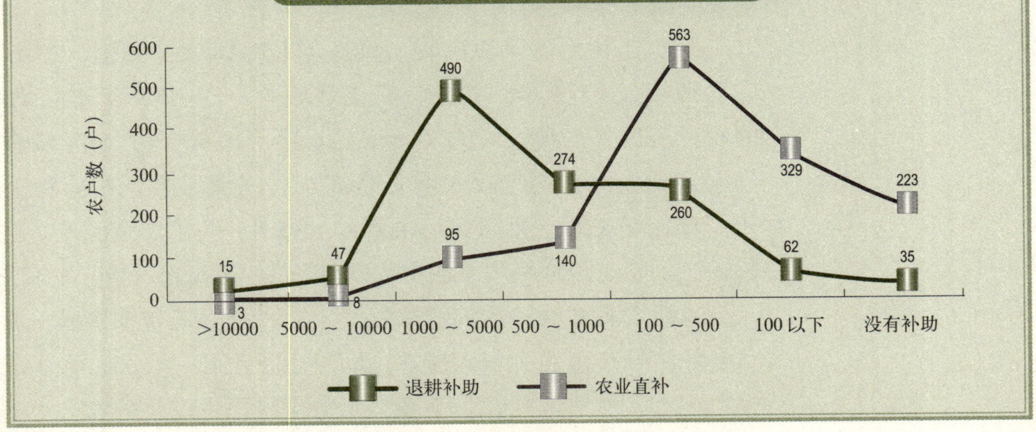

表3-2　样本农户退耕补助与农业直补的比较

年　份	户均退耕补助（元）	户均农业直补（元）	亩均退耕补助（元）	亩均农业直补（元）	退耕补助占农户纯收入比重（%）	农业直补占农户纯收入比重（%）
2006	2188	63.61	176.05	7.19	16.30	0.48
2007	2274	203.54	180.08	21.35	13.78	1.58
2008	2109	321.47	167.30	34.74	10.53	1.61
2009	1988	425.00	159.40	42.74	9.14	1.97
2010	1629	470.00	134.70	47.87	5.68	1.60
2010年比2009年增长（%）	-18.06	10.59	-15.50	12.00	–	–

退耕补助占农户家庭纯收入的比重从 2009 年的 9.14% 下降到 5.68%，农业直补的比重从 1.97% 下降到 1.60%(表 3-2)；比较每个样本农户退耕补助和农业直补金额后发现，2010 年退耕补助金额小于农业直补的户有 209 户，占样本农户的 18.08%，这些农户主要分布在黑龙江、辽宁、河南、安徽、湖南等粮食产量较高的省地及新疆，这一结果表明，由于位于粮食主产区，我国东北中部退耕还林区面临着较大的土地利用冲突压力，也是巩固退耕还林成果应当重点关注的地区。

（六）农村社会保障

农村社会保障体系建设是巩固退耕还林的宏观社会基础。在国家强农惠农政策的大力推动下，2010 年退耕还林工程区的农村社会保障明显增强，对巩固退耕还林成果发挥了重要的保障作用。

2010 年，样本县参加农村社会保障的人数大幅增长，参加农村社会养老保险和合作医疗保险的人数分别为 725.68 万人和 3450.39 万人，分别比 2009 年增加 392.30 万人和 100.08 万人，增长 117.67% 和 2.99%，占样本县乡村人口的比重分别为 19.62% 和 93.31%，比 2009 年增加 11.18 个和 6 个百分点；样本村农村社会保障的发展趋势与样本县相一致，参加养老保险的人数增长幅度及参保人口比重均大幅增长，参加农村合作医疗保险的人数继续增加。与 2009 年相比，样本村参加农村社会养老保险和农村合作医疗保险的人数分别比 2010 年增长 200.35% 和 6.87%，增长幅度均超过样本县，两项保险参保人数占样本村总人口的比重分别为 23.33% 和 92.40%，分别比 2009 年提高 15.04 个和 0.72 个百分点 (表 3-3)。同时，分区域看，2010 年，西北地区、西南地区和中部地区养老保险的参保率分别为 29.39%、19.59% 和 21.27%，合作医疗保险的参保率分别为 95.21%、92.71% 和 89.13%，西部地区的农村社会保障总体高于中部地区，体现了加大对西部地区支持力度的政策。

综合以上 6 个方面的分析，可以看出，在完善退耕还林政策和国家强农惠农政策的双重推动下，退耕还林地经营得到加强，退耕地产出逐步增加，成为农户增收和生计的重要组成部分，退耕补助对贫困农户的扶贫作用显著，同时，退耕农户的养老和医疗保障不断增强，成为巩固退耕还林成果的重要社会保障，因贫复耕的几率大幅降低，但随着耕地经营比较利益的不断上升，将使东北中部粮食主产区的退耕还林面临较大的复耕压力。

表3-3 样本县、村农村社会保障情况

年 份	样本县参加农村社会养老保险人数（万人）	样本县参加农村合作医疗保险人数（万人）	样本村参加农村社会养老保险人数（人）	样本村参加农村合作医疗保险人数（人）
2004	44.13	587.46	–	–
2005	64.95	1299.40	–	–
2006	125.76	2347.65	976	102294
2007	159.62	3103.05	1697	132948
2008	172.57	3153.35	8063	154446
2009	333.38	3350.31	14470	161075
2010	725.68	3450.39	43460	172134
2010年比2009年增长（%）	117.67	2.99	200.35	6.87
2010年参保人数占总人口的比重（%）	15.89	93.31	23.33	92.40

五 政策影响

退耕还林工程实施以来，对工程区营造林、森林资源及生物多样性保护、粮食生产、农民收入与就业、农地利用以及农村经济结构调整产生了深远的影响，2010 年，这些影响继续深入。

（一）造林及森林资源

在林业生态建设的推动下，样本县造林面积继续增加，退耕造林对样本县造林的贡献率为 15.63%，退耕还林工程继续成为增加森林资源、提高森林质量的重要因素。2010 年，样本县造林面积 35.44 万公顷，比 2009 年增长 1.65 万公顷，增长 4.88%。其中，人工造林 33.42 万公顷，占 94.30%；2010 年，样本县退耕造林面积（荒山荒地人工造林和封山育林）5.54 万公顷，占样本县造林面积的 15.63%（表 3-4）。

表3-4 样本县退耕还林及占全部造林的比重变化

年 份	造林面积（万公顷）	退耕还林面积（万公顷）	退耕造林占全部造林比重（%）
1999	36.75	6.76	18.39
2000	50.06	12.09	24.15
2001	52.50	10.80	20.57
2002	67.31	25.11	37.31
2003	84.79	37.51	44.24
2004	53.13	12.46	23.45
2005	48.62	10.26	21.10
2006	18.51	3.18	17.18
2007	26.29	8.78	33.40
2008	28.01	8.27	29.53
2009	33.79	5.64	16.69
2010	35.44	5.54	15.63
2010年比2009年增减（%）	4.88	-1.77	–

2010年，样本县森林面积1100.66万公顷，比退耕前的1998年增加239.80万公顷，增长27.86%；林业用地面积1840.72万公顷，比1998年增加334.68万公顷，增长22.22%；平均森林覆盖率33.84%，比1998年的25.18%提高8.66个百分点（图3-15）。

（二）外出务工

在城镇化建设和退耕还林政策的双重作用下，退耕还林工程区农村劳动力转移继续加速，退耕还林对农村劳动力转移的贡献持续保持在50%左右。

样本县外出务工人数继续增加，黄河流域劳动力转移速度快于长江流域。2010年，样本县外出务工人数861万人，比2009年增加30万人，增长3.63%，外出务工人数占乡村人口的比重为23.30%。分流域看，长江流域县外出务工人数比2009年增长2.14%，黄河流域县增长15.81%，黄河流域退耕区农村劳动力转移继续快于长江流域。与退耕前的1998年相比，样本县外出务工人数增长195.83%，长江流域和黄河流域分别增长168.49%和327.95%（表3-5）。

图3-15 样本县森林覆盖率变化

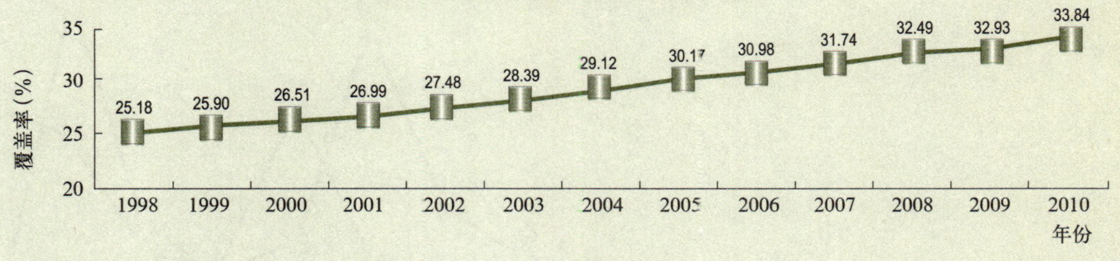

表3-5 样本县农村劳动力外出务工情况变化

年份	样本县（万人）			样本农户（人）		
	全部县	长江流域	黄河流域	全部农户	长江流域	黄河流域
1998	291	231	60	470	288	182
1999	319	251	68	–	–	–
2000	369	291	78	–	–	–
2001	397	312	85	–	–	–
2002	462	359	103	683	440	242
2003	535	402	133	777	492	280
2004	581	434	147	877	532	348
2005	622	464	158	1027	626	417
2006	680	494	186	1095	658	445
2007	698	511	187	1230	753	486
2008	769	555	214	1234	722	522
2009	831	607	224	1312	708	604
2010	861	620	241	1340	750	590
2010年比2009年增长（%）	3.63	2.14	15.81	2.13	5.93	-2.32
2010年比1998年增长（%）	195.83	168.49	327.95	186	177	198

图3-16 样本县与样本农户外出务工比重比较

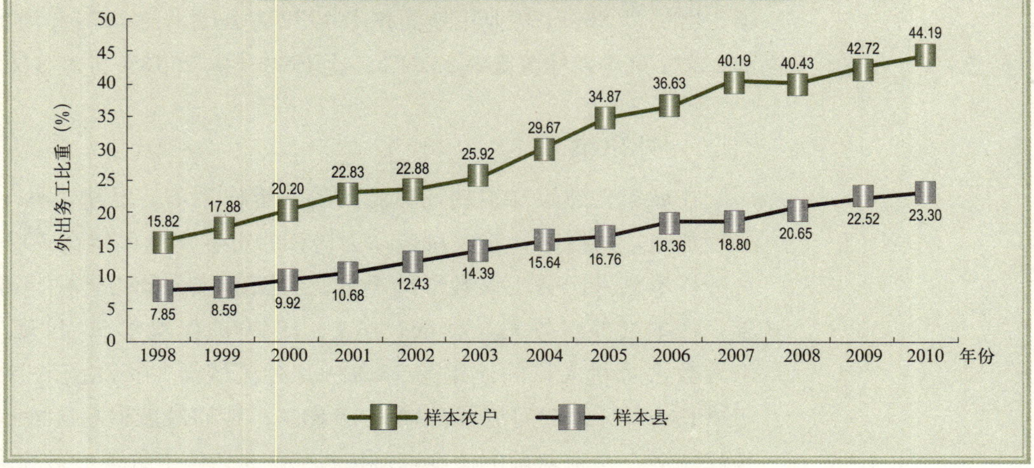

图3-17 样本县农业和林业经济环比增长

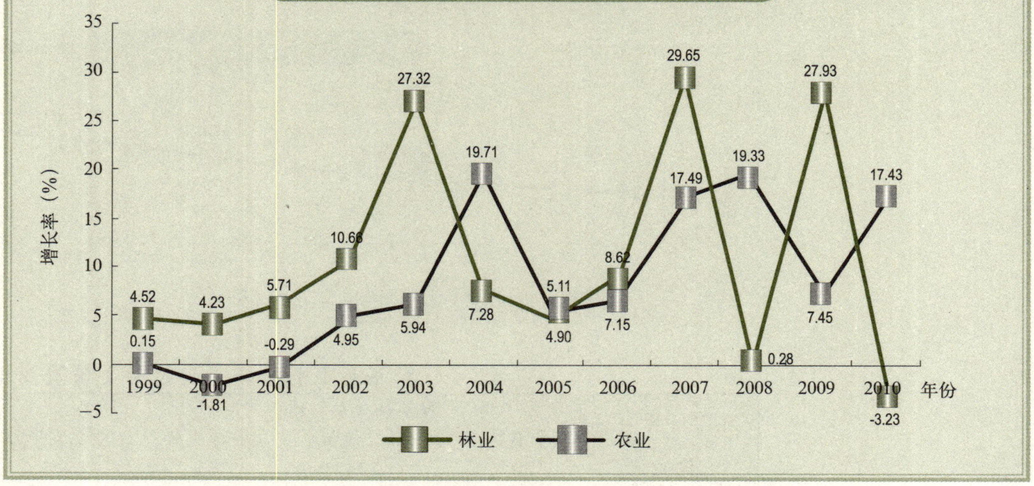

图3-18 样本农户户均经营耕地和林地面积变化

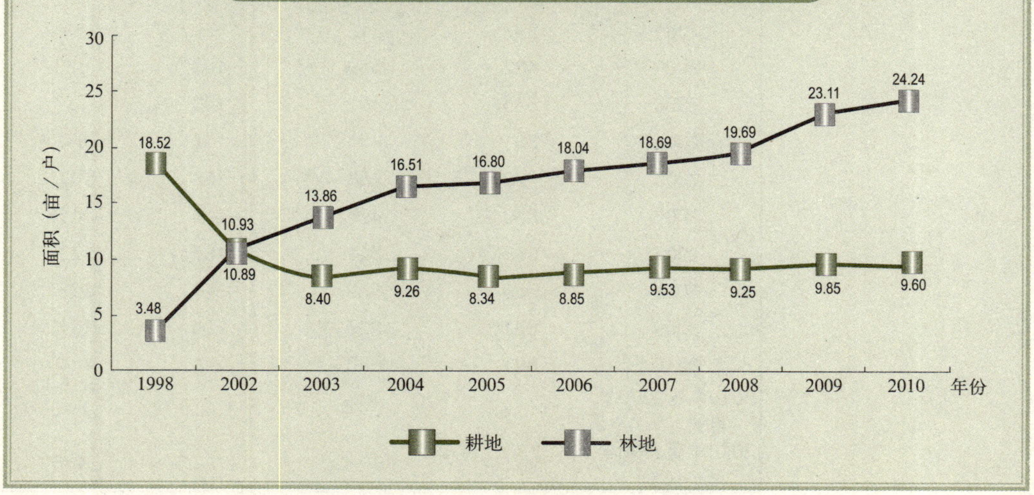

样本农户外出务工继续增加，且出县及常年性外出务工人数增加明显。2010 年同 2009 年相比，样本户外出务工总数增长 2.13%，其中长江流域外出务工人数增长幅度为 5.93%，黄河流域为 -2.32%。从外出务工范围来看，出县人数增长 6.87%，出省务工人数增长 5.45%；从务工时间来看，季节性外出务工人数较 2009 年下降了 5.68%，常年性外出务工人数增长了 5.82%。

外出务工人员占农村劳动力的比重持续增加，综合县、户两级监测结果，可以粗略推断退耕还林工程对农村劳动力转移的贡献在 50% 左右。2010 年，样本县外出务工人员占县农村劳动力总数的比重为 23.30%，样本农户外出务工人员占户劳力总数的比重为 44.19%，样本农户外出务工的比重比样本县高出 21 个百分点，相当于样本农户外出务工比重的近 50%，以样本县为参照，可以粗略地推断这个 50% 外出务工增量是由退耕还林工程带来的。从图 3-16 可以看出，1998 ~ 2010 年，样本县和样本农户外出务工比重的差均在 50% 左右，可以说，自退耕还林工程实施以来，退耕还林工程对农村劳动力转移的贡献约在 50% 左右。

（三）农村经济增长及结构调整

在农业现代化建设和退耕还林政策的推动下，样本县农业经济快速增长，结构继续调整，但林业产值增速首次放缓。在集体林权制度改革的推动下，样本农户林地面积快速增加，成为工程区增加林业产出、调整农村经济结构的主要因素。

2010 年，样本县农林牧渔总产值 2150.81 亿元，比 2009 年增长 12.33%，其中，农业、林业、畜牧业、渔业以及农林牧渔服务业产值分别为 1128.22 亿元、121.62 亿元、797.39 亿元、50.71 亿元和 52.86 亿元，分别比 2009 年增长 17.43%、-3.23%、7.28%、9.77% 和 32.17%，林业产值自 1999 年以来首次出现负增长（图 3-17），分地区看，林业产值降幅最大的是西北 39 个样本县，林业产值下降 5.21%。由于退耕还林县多不是林业大县，过去 10 多年的林业产值增长主要依靠林业重点工程建设投资，随着重点工程任务的减少，工程区的林业经济增长就开始下降。2010 年，农业产值占农林牧渔总产值的比重为 52.46%，比 2009 年提高 2.41 个百分点，林业产值比重为 5.65%，比 2009 年下降 0.91 个百分点。

在集体林权制度改革的推动下，样本农户林地面积快速增加，成为工程区增加林业产出、调整农村经济结构的主要因素。2010 年，样本农户户均林地面积 24.24 亩，比 2009 年增长 4.89%，与退耕前的 1998 年相比，样本农户林地面积平均增长 5.97 倍（图 3-18）。

退耕还林工程不仅增加了林地面积，而且通过改变农村土地利用结构调整了农户的劳动力配置，改变了农户的家庭经营结构和收入结构。从家庭经营收入看，2010 年，样本农户户均种植业、养殖业、林业和工副业收入分别为 10 166 元、4612 元、4175 元和 4179 元，分别比 2009 年增长 27.67%、3.17%、18.97% 和 26.19%，2010 年样本农户种植业、养殖业、林业和工副业收入的比例分别为 43.94%、19.94%、18.05% 和 18.07%，与退耕前的 1998 年相比，样本农户种植业比重下降 27.34 个百分点，

图3-19 样本农户家庭经营结构变化

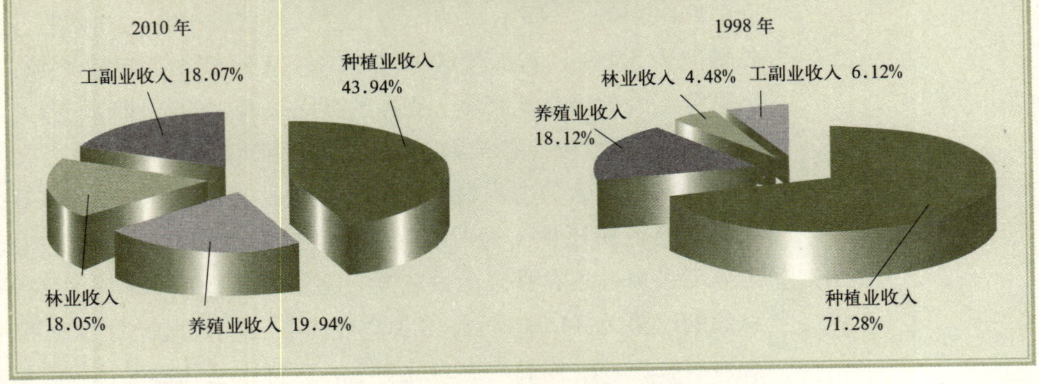

表3-6 样本农户户均农业经营收入与支出情况

元

项 目	1998年	2009年	2010年	2010年比2009年增减(%)
一、收入				
1.种植业收入	5019	7963	10166	27.67
其中：粮食作物	2542	4209	4639	10.20
经济作物	2477	3754	5528	47.25
2.养殖业收入	1275	4470	4612	3.17
3.林业收入	316	3520	4175	18.97
4.工副业收入	431	3312	4179	26.19
5.劳务收入	956	6775	7765	14.62
6.转移性收入	0	2707	2527	-6.65
其中：农业直补	0	425	460	8.16
退耕还林补助	0	1988	1629	-18.06
其他转移性收入	0	294	438	49.15
7.财产性收入	0	200	582	191.57
收入合计	7997	28947	34006	17.53
二、生产性支出				
1.种植业支出	1610	2361	2603	10.26
2.养殖业支出	359	2658	1895	-28.70
3.林业支出	36	514	381	-25.84
4.工副业支出			1787	
5.其他生产性支出	17	286	279	-2.47
支出合计	2022	5819	6945	
三、家庭纯收入	5974	22232	27120	20.13
四、人均纯收入	1328	4940	6027	20.13

养殖业、林业和工副业收入比重分别增加 1.82、13.57 和 11.95 个百分点（图 3-19）。

从农户家庭纯收入看，2010 年，样本农户户均外出务工纯收入 7765 元，比 2009 年增长 14.62%，外出务工收入增长的主要因素是外出务工工资水平的提高。同退耕前的 1998 年相比，样本农户外出务工收入占家庭总收入的比重从 11.95% 增加到 22.83%。

六 问 题

综合县、村、户三级监测数据以及县级调查员报告发现，完善退耕还林政策在稳步实施并取得重要进展的同时，在专项建设布局、农村能源建设、退耕还林地森林抚育经营等方面还存在一些问题。

（一）专项建设出现投资效率不高及与退耕农户衔接不足的问题

由于建设内容扩大，建设受益人群变化，巩固退耕还林成果专项建设对象的针对性相对减弱，出现了项目布局、投资效率及对退耕农户覆盖不足的问题。一是建设目标和建设对象不明确，建设重点不突出，成为影响退耕专项建设成效的关键因素。各项建设内容仅规划了总量建设目标，没有设定定量的成效建设指标，尤其是针对退耕农户的，如“退耕农户太阳灶拥有率”、“建设项目对退耕村、退耕户的覆盖率”等目标，形成了“广撒胡椒面”、投资效率低的局面。二是投资完成率低。专项建设资金3年的平均投资完成率为97.41%，其中，2010年投资完成率最低，仅为92.76%，有些样本县的专项建设资金2010年没有到位。三是与退耕农户衔接不足。村、户两级监测结果显示，专项建设对样本村的覆盖率为42.86%，对样本农户的覆盖率在20%～35%。实地调查和监测调查员反映一些建设项目与退耕农户的实际需求有所偏离，有些项目不受当地退耕农户欢迎，有些项目仅面向少数大户，有些项目安排给了非退耕还林村和非退耕还林户，需要进行基本口粮田建设、农村能源建设和技能培训的农户，没有得到支持。

（二）退耕还林地森林抚育经营仍有诸多困难

加强退耕还林地森林抚育经营是提高工程质量效益、巩固和扩大退耕还林成果的重要手段，尽管国家采取多项措施加强了对退耕还林地森林抚育管护和经营管理，但对于退耕农户来讲仍面临诸多困难。监测结果表明，对退耕地进行生产经营投入的样本农户仅占1/3。一是劳力不足。目前退耕还林地的产权制度安排是农户主要是拥有并自行管理林地，在城镇化不断加速发展、农村劳动力不断向城市转移的情况下，退耕还林地经营遇到的首要问题是劳动力不足。一些监测调查员在调研报告中反映了监测农户、年轻劳动力外出造成退耕地无人抚育和管护等问题。我们的监测结果也显示，平均看样本农户已有44.19%的劳动力外出务工，在长江流域这一比例已接近50%；二是退耕地产出不足，比较利益低，限制了农户经营管理的积极性。63.52%的样本农户退耕地上种植的是生态林，退耕地产出的收入目前仅占样本农户的5.54%，退耕农户的现实收益较少；三是自然灾害、鼠兔危害增加了退耕还林地的经营难度，近年来频发的极端天气加剧了这种困难；四是退耕补助减少降低了农户从事退耕还林地经营的积极性，边退耕边开垦现象时有发生。

（三）农村能源建设不足

监测结果显示，尽管退耕还林地已能为农户提供17.95%的薪材，但以柴草为主要生活能源的农户比例仍有44.30%，沼气、太阳灶等新能源拥有率仅在15%左右，需进一步加大退耕还林工程区农户的能源建设力度。

（四）部分地区退耕地已结束两轮补助，制定下一步退耕还林政策已是当务之急

监测结果显示，在黑龙江、陕西、四川、甘肃等地，部分地区早期退耕还草和还经济林的退耕地完善退耕还林补助政策已享受完毕，5%左右的退耕农户从2010年起就没有领取退耕补助。这部分退耕地的林木生长状况如何？没有退耕补助，农户的生计是否能够维持？没有退耕补助会不会影响他们对退耕还林地的管理甚至复耕？等等，这些情况目前还不清楚，需要加紧调查研究。

（五）中央关于适当增加退耕还林任务的指示没有得到落实

2010年，中发[2010]1号和中发[2010]11号都要求，巩固和发展退耕还林成果，在重点生态脆弱区和重点生态区位，结合扶贫开发和库区移民，适当增加退耕还林任务。《国务院关于切实加强中小河流治理和山洪地质灾害防治的若干意见》（国发[2010]31号）也提出："在巩固退耕还林成果的同时，新增退耕还林任务要有重点地安排在江河源头、湖区周围，25°以上陡坡耕地要逐步实现退耕还林。"但是，到目前，重启退耕地造林的工作一直没有落实。目前，各地需要退耕还林的陡坡耕地和严重沙化耕地还较多，退耕地造林已暂停了4年，一些监测县提出增加退耕还林任务的建议。

七 建 议

（一）专项建设要调整建设对象与建设布局，提高针对性和投资效率

巩固退耕还林成果和解决退耕农户的长远生计是退耕还林专项建设的目标，专项建设任务和资金的安排要紧紧围绕这两个目标开展。从总体布局上看，要以退耕农户为建设对象，同时，要突出重点，向贫困农户和贫困地区倾斜。具体措施包括：一是在各级专项建设规划中对各项建设内容设立明确的成效建设指标，如"退耕农户沼气池拥有率"、"达到基本口粮田标准的农户比例"等，并以此类指标检查评估项目执行情况；二是尝试实行专项建设整村推进方式，将建设资金集中使用到村，村中的退耕户全覆盖。这样的建设方式既兼顾专项建设需要的规模效应，也可以更好地覆盖退耕户，突出重点，提高投资效率和针对性，一个村一个村地扎实推进，避免"广撒胡椒面"；三是项目重点向贫困农户和经济落后地区倾斜。贫困地区退耕农户增收难的问题更突出，退耕资金投向贫困农户和贫困地区的边际效率大于富

裕农户和经济发达地区。在不违反总体规划的情况下，专项建设资金投向贫困农户和贫困地区，能起到“减轻贫困和改善生态”的双重作用，显著地提高投资效率。

（二）加强基层退耕还林管理，推动林业经济合作组织建设，提高工程建设的质量

乡、村是退耕还林工作的重要基础，在退耕还林补助兑现任务繁重、专项建设不断深入的情况下，要建立健全基层退耕还林管理体制，强化林业站工作责任制，使退耕还林形成阶梯性管理，从农户自管、村级监管到乡级统管的措施落实到位，以确保退耕还林的实施质量和长久成效。同时，根据退耕地主要由农户管理的特点，积极推动退耕还林区林业经济合作组织建设，通过林业经济合作组织，增强退耕还林工程的管护、防火工作，推动林下养殖、树种改优、林下种植在退耕还林地块逐步推广，发展后续产业，解决退耕地管理劳动力和技术不足问题，协助退耕农户加强退耕还林地抚育经营，进一步巩固退耕还林成果。

（三）加大农村能源建设力度，调整建设任务，提高退耕户新能源拥有率

农村能源建设在巩固退耕还林成果专项建设中处于重要地位，对于改善农村生产生活条件、巩固退耕还林成果具有重要意义。沼气池、太阳灶、太阳能热水器是受退耕农户欢迎、且可直接使他们在短期内受益的专项建设项目，但从监测结果看，这些项目的覆盖面偏低。建议增加专项建设中农村能源投资的比例，加大农村能源建设的总量，调整建设内容，增加太阳灶、太阳能热水器等的建设任务，提高农户新能源人均拥有率，切实解决退耕农户的烧柴问题。

（四）在困难地区试行现金补助标准与粮食价格联动机制，确保贫困退耕户不因生计问题复耕

监测结果表明，约有 2% 的退耕农户属于绝对贫困户，完全依靠退耕补助维持生计。在退耕还林完善补助减半和物价上涨的情况下，这部分农户的生计受到较大影响。为确保这部分农户不因生计困难毁林复耕，建议在退耕任务重的少数民族地区、贫困山区等退耕还林区探索实行退耕补助标准与粮食价格联动机制，随粮食价格相应提高补助标准，保证这些地区退耕农户的口粮供给，使他们不会因生计问题毁林复耕。

（五）尽早着手研究下一步退耕还林政策，继续在国家层面执行退耕还林工程

退耕还林政策是世界范围内影响最大、成效最突出的生态补偿政策，生态补偿政策和机制是绿色增长所倡导的绿色投资之一，继续实施退耕还林工程，不仅可以继续发挥改善生态、减轻贫困、促进社会进步的作用，在未来以绿色经济为主题的全球发展新趋势中，也将有利于我国的政治外交利益。目前，约 5% 的退耕农户完

善退耕还林补助已到期，建议抓紧落实中央指示精神，尽快在重点地区适当增加退耕还林任务。

（主要执笔人：谢晨、彭伟、袁梅、刘建杰、姜喜麟、李芳芳、李保玉）

4

2011

京津风沙源治理工程

京津风沙源治理工程社会经济效益监测报告

2010年，是京津工程实施的第10个年头，是总结工程一期建设经验、制定工程二期规划思路的关键之年，也是京津工程社会经济效益连续跟踪监测的第9年。本年度继续对全国固定的3个省（自治区、直辖市）的21个京津工程县（旗）和400个农户（2010年户样本数为393户，比2009年减少了7户）开展社会经济效益监测。根据林业政策的调整和工作重点的转移，2010年县级监测指标在2009年的基础上进行了适当调整，增加了集体林改和森林抚育的相关调查内容，调整后总监测指标204个，户级监测指标着重增加了退耕地产出情况等反映退耕农户长远生计影响的监测指标，调整后总监测指标254个，以便监测工作更好地服务于完善工程政策需要。

监测结果表明：京津工程实施10年来，取得了良好的生态、经济和社会效益，对减轻京津地区的沙尘危害、改善生产生活条件、提高农牧民生活水平发挥了重要作用。工程区植被明显恢复，生态恶化的趋势得到控制，原有植被得到了有效保护和恢复，林草植被覆盖率显著提高，林草面积扩大，地表起沙得到有效遏制，流动沙丘得到初步治理，连片的生态防护林发挥了明显的防护功能，起到了调节气候、保持水土、阻挡风沙、遏制土地沙化的作用。同时，工程建设对带动区域经济发展、增加农民收入、改善工程区农民生活水平发挥了积极作用。但京津风沙源区沙化土地治理是一个漫长、艰苦的过程，要实现京津工程的可持续发展，应进一步巩固、完善和提高工程的建设成果，同时，工程建设应加大公共财政投入力度，加强对工程区后续产业发展政策扶持，把加强生态建设与沙区产业发展相结合，拓宽农牧民增收渠道，提高工程对区域社会经济可持续发展的贡献率。

一 样本县（旗）自然经济社会概况

（一）人口与资源状况

1．人口与劳动力资源

2000 ~ 2010 年，样本县人口和乡村人口总体上分别呈逐年增长和逐年下降趋势。2010 年，样本县（旗）总人口和乡村人口分别为 606.01 万人和 487.09 万人，与工程实施前的 2000 年相比，总人口增长了 4.66%，乡村人口下降了 1.62%，乡村人口比重下降了 5.13 个百分点。与 2009 年比，总人口和乡村人口分别增长了 0.35% 和 1.64%（图 4-1）。

户级监测结果显示，自 2000 年以来，样本户家庭人口、劳动力和劳动力负担系数基本保持稳定，总体上呈现稳中有降的趋势。2010 年，样本户户均家庭（以下

图4-1 样本县（旗）总人口与乡村人口变化

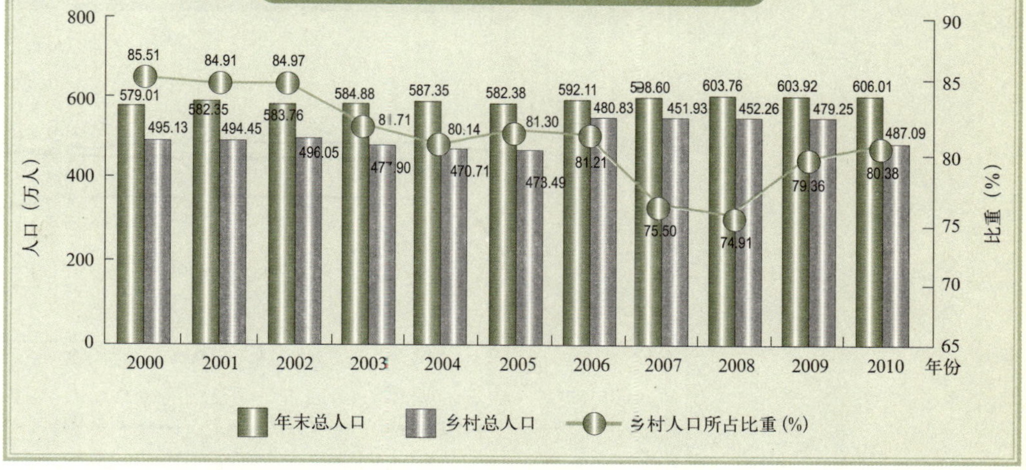

图4-2 京津监测样本户均人口和劳动力情况

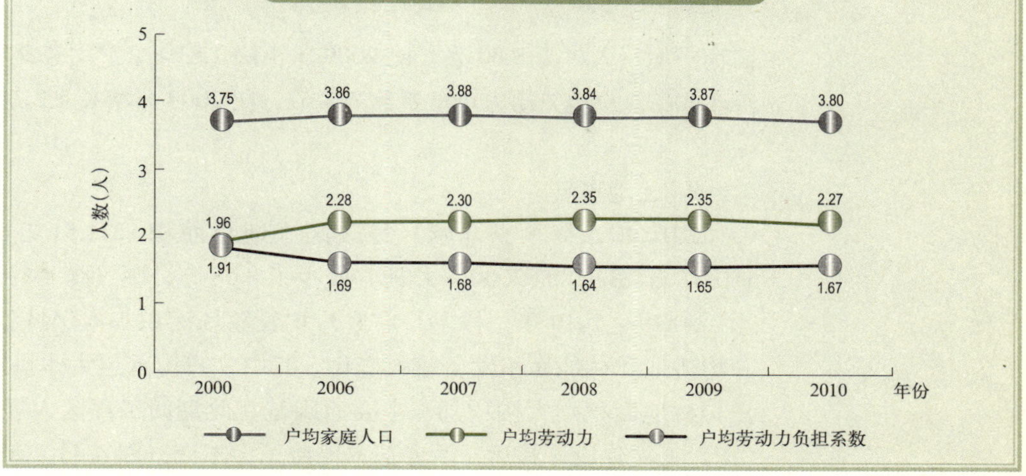

图4-3 年末耕地总资源变化

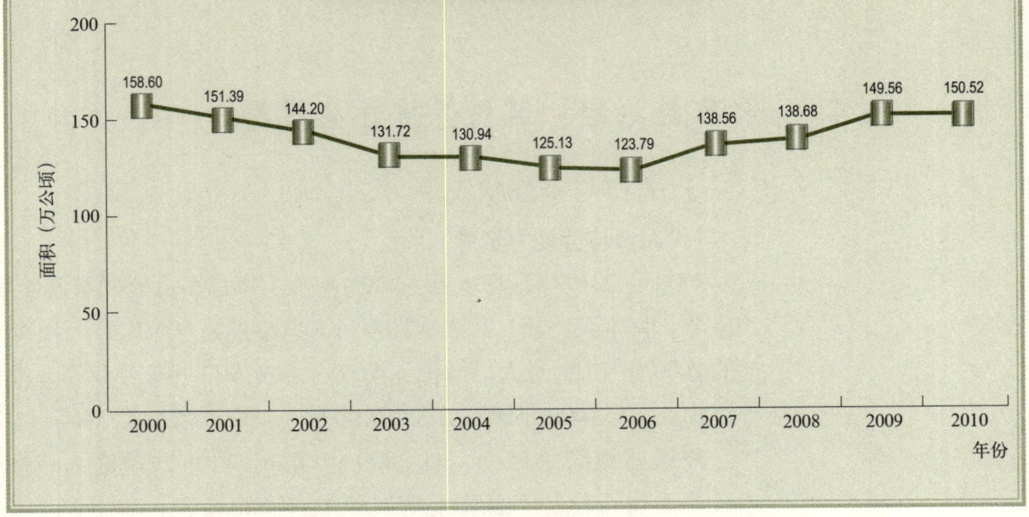

图4-4 京津监测样本户均土地资源情况

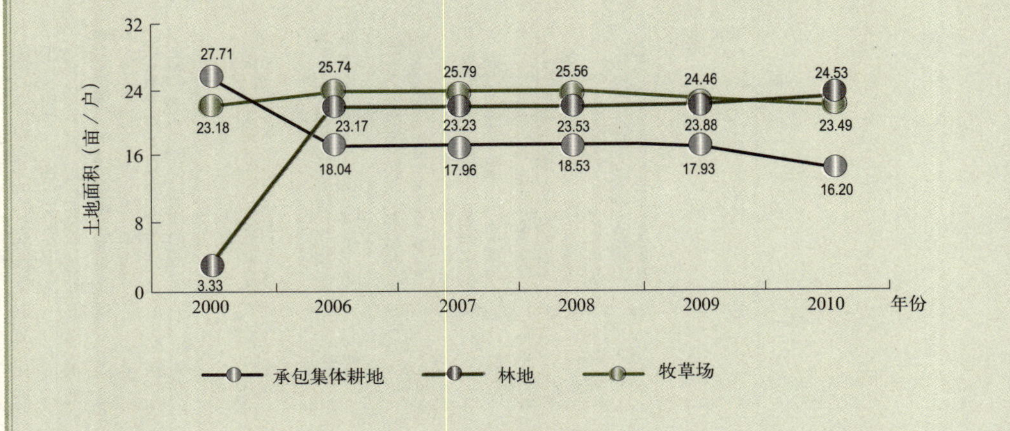

简称户均）人口为 3.80 人，比 2009 年下降 1.81%；户均劳动力 2.27 人，比 2009 下降 3.40%，户均劳动力负担系数为 1.67，比 2009 年增长 1.21%（图 4-2）。

2．土地资源

2010 年，样本县（旗）行政区土地总面积 1211.51 万公顷，年末耕地面积 150.52 万公顷，同 2000 年相比，减少了 8.08 万公顷（图 4-3）。

2000 ~ 2010 年，样本户家庭户均牧草场面积基本保持稳定。2000 ~ 2006 年，户均耕地和林地面积发生较大变化。其中，户均承包集体耕地面积下降幅度较大，户均林地面积则大幅增加，主要原因是在此期间工程区大规模实施了退耕地还林（草）工程建设，其后，两者基本保持稳定不变（图 4-4）。2010 年，户均承包集体

表4-1　样本县（旗）森林资源变化

万公顷

年　份	有林地面积	造林面积	人工造林	飞播造林	无林地和疏林地新封
2000	161.48	7.22	4.01	1.16	2.06
2001	164.09	6.94	4.34	1.01	1.58
2002	175.32	9.57	5.06	1.52	2.99
2003	182.09	17.10	6.98	2.69	7.43
2004	187.06	12.42	3.02	2.00	7.40
2005	226.56	11.83	1.90	2.08	7.85
2006	186.01	11.59	2.87	2.07	6.65
2007	199.09	9.29	5.07	1.07	3.15
2008	207.43	15.19	7.27	1.53	6.38
2009	212.47	15.26	5.06	1.97	8.23
2010	236.02	16.33	5.18	3.67	7.48
2010年比2000年增减（%）	46.16	126.18	29.18	216.38	263.11

耕地 16.20 亩、林地 24.53 亩、牧草场 23.49 亩，与 2000 年比，耕地减少了 11.51 亩，减幅 41.54%，林地和牧草场分别增加了 21.20 亩和 0.76 亩；与 2009 年比，耕地和草牧场分别减少了 1.73 亩和 0.97 亩，林地则增加了 0.65 亩。

3．森林资源

2010 年，样本县（旗）有林地面积 236.02 万公顷，与 2000 年相比，增长 46.16%。当年造林面积 16.33 万公顷，其中：人工造林 5.18 万公顷、飞播造林 3.67 万公顷、无林和疏林地新封 7.48 万公顷，与 2000 年相比，分别增长 126.18%、29.18%、216.38% 和 263.11%（表 4-1）。

（二）经济与社会发展

1．地区经济总量

2010 年，样本县（旗）地区生产总值 1150.17 亿元，地方财政收入 96.41 亿元，与 2009 年比，分别增长 17.08% 和 30.90%；与 2000 年比，两者环比分别年均增长 19.95% 和 27.67%，高于同期全国平均水平（图 4-5）。

2．地区经济结构

2010 年，样本县（旗）农林牧渔业总产值 356.29 亿元，农业、林业、畜牧业、渔业和农林牧渔服务业产值占农林牧渔总产值的比重分别为 48.12%、6.71%、43.03%、0.54% 和 1.60%。与 2000 年比，农业、畜牧业和渔业的比重分别下降 0.31、0.88 和 0.44 个百分点，林业增加了 0.02 个百分点；同 2009 年比，种植业和渔业比重分别上升了 4.14 和 0.07 个百分点，林业、畜牧业和农林牧渔服务业比重则分别下降了 1.02、3.06 和 0.13 个百分点（表 4-2）。

图4-5 样本县（旗）经济总量变化

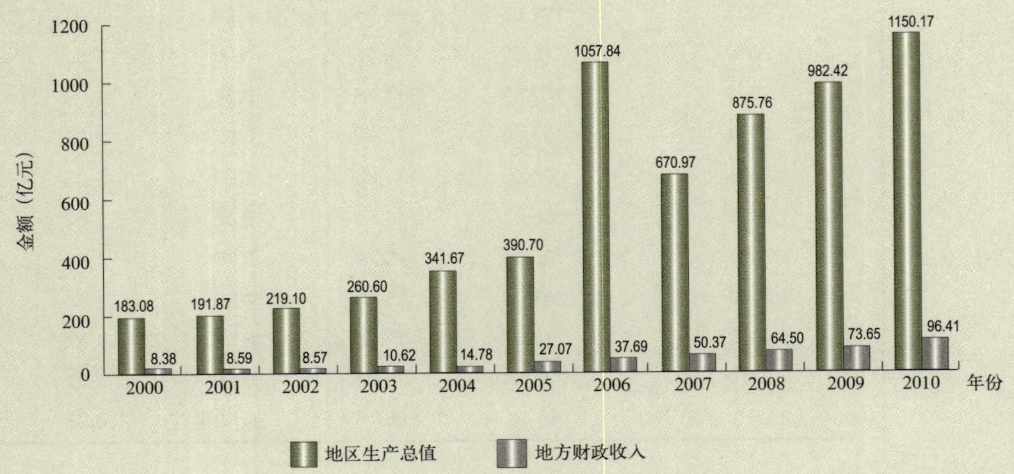

表4-2 样本县（旗）大农业内部结构

年 份	各业所占比重（%）				
	种植业	林业	畜牧业	渔业	农林牧渔服务业
2000	48.43	6.69	43.91	0.97	–
2009	43.98	7.73	46.09	0.47	1.73
2010	48.12	6.71	43.03	0.54	1.60
2010年比2000年增减（%）	-0.31	0.02	-0.88	-0.44	–
2010年比2009年增减（%）	4.14	-1.02	-3.06	0.07	-0.13

图4-6 样本县（旗）社会保障体系情况

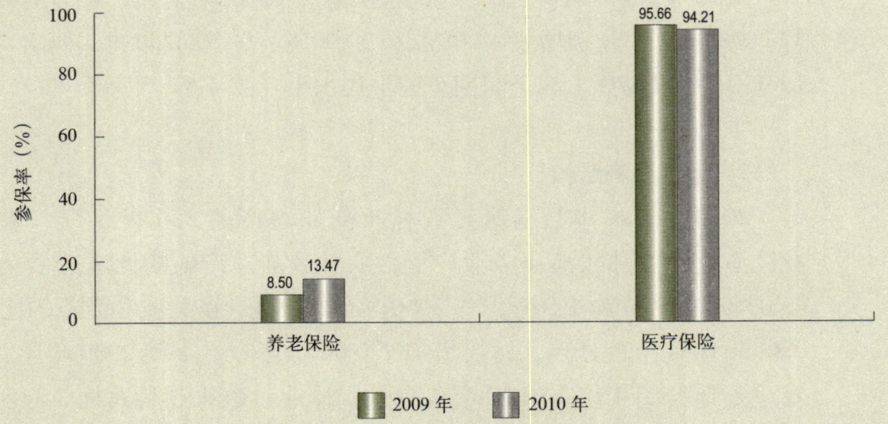

3. 社会保障体系

2010年，样本县（旗）农村有合作医疗卫生所3502个，医生和卫生人员8414人；参加农村社会养老保险人数为65.63万人，占样本县（旗）乡村总人口的13.47%，参加农村合作医疗保险人数458.89万人，占样本县（旗）乡村总人口的94.21%（图4-6）。样本县（旗）农村养老和医疗社会保障体系正逐步建立和完善，农村人口整体福利水平不断提高。

4. 农村劳动力就业

2010年，样本县（旗）年末乡村从业人员260.09万人，与2000年相比，增加21.04万人，增长8.80%；与2009年比，减少3.28万人，下降1.25%。农林牧渔业从业人员165.72万人，占乡村从业人员总数的63.72%，与2000年相比，下降6.68个百分点（图4-7）。2010年，外出务工人数67.22万人，比2009年增加9.50万人，增长16.46%。

5. 农民家庭生产生活条件

2010年，户均住房面积79平方米，与2009年持平，但比2000年增长了19.70%。主要耐用消费品的户均拥有量比2000年和2009年均有所增加。与2009年比，电冰箱、洗衣机、摩托车、电话和移动电话分别增长11.86%、6.06%、2.67%、12.82%和22.83%，户均电视机和计算机拥有量则未发生变化；与2000年比，户均主要耐用消费品拥有量均大幅增长，其中，移动电话增长幅度最大，达940.00%，电视机增长幅度最小，为37.97%。

近年国家农业补助大幅增加，尤其是购置农机补助政策的实施拉动样本户家庭农机具数量大幅增长。2010年，百户家庭拥有汽车、拖拉机、小四轮、联合收割机和脱粒机分别为6.20台、11.83台、31.23台、2.08台和7.44台，与2009年比，除百户拖拉机拥有量下降8.22%外，其余农机具百户拥有量分别增长5.08%、7.80%、

图4-7 样本县（旗）从业人员数变化

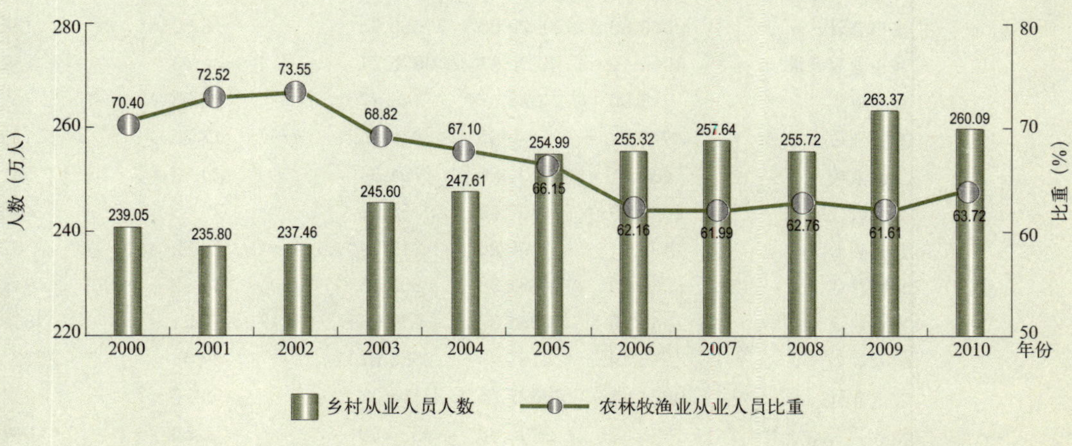

5.58% 和 66.07%，比 2000 年均增长 200 倍以上（表 4-3）；此外，以农用大棚和生产用房为代表的设施农业发展迅猛，2010 年户均生产用房和熟料大棚比 2009 年分别增长 11.42% 和 9.11%。

表4-3 农户家庭生产生活条件 台（部）

项目		2000年	2009年	2010年	(2010-2009)/2009(%)	(2010-2000)/2000(%)
每户生活条件	住房面积（平方米）	66.00	79.00	79.00	0.00	19.70
	电冰箱	0.09	0.59	0.66	11.86	633.33
	电视机	0.79	1.09	1.09	0.00	37.97
	洗衣机	0.31	0.66	0.7 0	6.06	125.81
	摩托车	0.21	0.75	0.77	2.67	266.67
	电话	0.25	1.56	1.76	12.82	604.00
	其中：移动电话	0.15	1.27	1.56	22.83	940.00
	计算机	0.03	0.08	0.08	0.00	166.67
生产条件	百户拥有汽车	1.40	5.90	6.20	5.08	342.86
	百户拥有拖拉机	3.08	12.89	11.83	-8.22	284.09
	百户拥有小四轮	8.66	28.97	31.23	7.80	260.62
	百户拥有联合收割机	0.56	1.97	2.08	5.58	271.43
	百户拥有脱粒机	0.28	4.48	7.44	66.07	2557.14

表4-4 户均货币化收支情况 元

项目	2000年	2009年	2010年	(2010-2009)/2009(%)	(2010-2000)/2000(%)
生活支出	7134.14	14995.32	15994.91	6.67	124.20
其中：食品	2967.86	4039.85	3889.89	-3.71	31.07
教育	934.44	3053.33	3537.90	15.87	278.61
生产支出	1926.71	5333.54	5656.07	6.05	193.56
其中：种植业	1200.94	2201.55	2240.13	1.75	86.53
林业	52.44	139.78	104.74	-25.07	99.73
养殖业	632.24	2040.97	2541.90	24.54	302.05
支出合计	9060.85	20328.86	21650.98	6.50	138.95
种植业销售收入	4965.19	5266.37	6922.71	31.45	39.42
林业收入	0.00	828.57	141.47	-82.93	NA
养殖业收入	2070.92	4955	5611.56	13.25	170.97
工副业收入	485.71	1704.20	2191.34	28.58	351.16
务工收入	2119.89	8307.42	10768.96	29.63	408.00
财产性收入	127.41	166.26	213.34	28.32	67.44
转移性收入	56.83	4387.39	2868.45	-34.62	4947.42
农业收入	45.09	861.30	882.96	2.51	1858.22
退耕补助	6.14	3151.03	1585.57	-49.68	25723.62
收入合计	9877.18	29627.54	31186.36	5.26	215.74
净收入	816.33	9298.68	9535.38	2.55	1068.08

6．家庭收支情况

2010年，户均总支出达21 650.98元。其中，生产支出5656.07元，生活支出15 994.91元，与2009年比，分别增长6.05%和6.67%。生产支出排在前两位的是种植业和养殖业，当年一个明显变化是养殖业支出超过种植业，排在了农户家庭生产支出的首位。生活支出排在前两位的是食品支出和教育支出，其中，教育支出增幅加大，已经接近食品支出。

2010年户均货币化总收入31 186.36元。其中，务工收入、种植业收入、养殖业收入和转移性收入排在农户家庭货币化收入的前4位。与2009年比，总收入增长5.26%。农户家庭货币化收入出现几个较明显趋势：一是务工收入已经连续两年超过种植业收入，排在了农户家庭收入的首位；二是养殖业收入增速较快，已经接近了种植业收入水平；三是随着退耕补助标准降低和部分退耕地因补助到期不再享受国家补助，农户家庭林业转移性收入减少；四是随着国家惠农政策力度逐年加大，农业补助逐年增加。2010年，农户家庭净收入9535.38元，与2009年比，增长了2.55%（表4-4）。

二 工程建设的跟踪监测情况

（一）工程投资

2000～2010年，样本县（旗）工程投资总体上呈逐年增加趋势，10年工程实际总投资86.99亿元，样本县（旗）工程规划总投资91.43亿元，投资完成率95.14%。2010年，样本县（旗）工程规划投资7.73亿元，比2009年增加1.73亿元，增长28.76%，当年实际完成投资7.73亿元，计划完成率100%（图4-8）。

从投资内容看，同2009年比，营林造林投资增长11.91%，退耕还林、草地治理、小流域治理及水源工程分别增长了49.06%、15.86%、28.72%，当年21个样本县（旗）

图4-8 样本县（旗）投资完成率情况

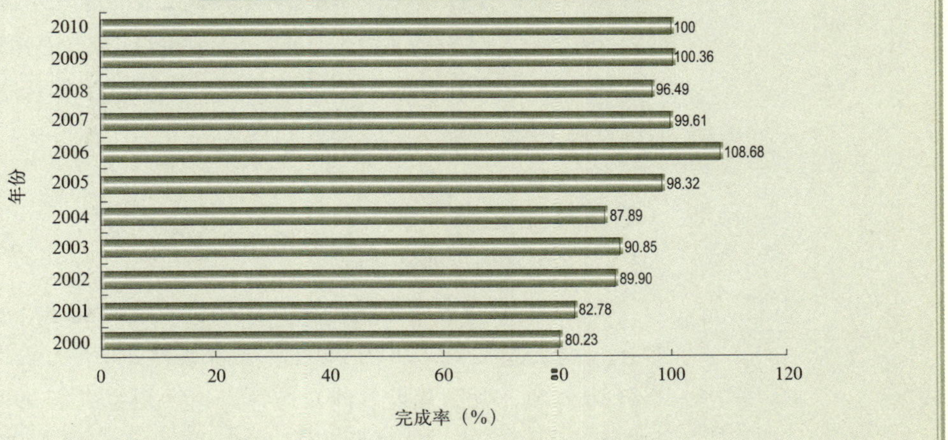

表4-5 样本县（旗）工程投资情况变化

万元

项　目	2000年	2009年	2010年	2010年比2009年增减率（%）	2010年比2000年增减率（%）
计划投资	20088.56	60044.21	77311.60	28.76	284.85
实际完成投资	16116.92	60258.01	77311.60	28.30	379.69
其中：营林造林	7318.98	20206.00	22613.30	11.91	208.97
退耕还林	3790.82	22071.85	32899.92	49.06	767.88
草地治理	3290.52	8197.30	9497.00	15.86	188.62
小流域治理及水源工程	1716.60	9556.86	12301.38	28.72	616.61
生态移民	0.00	226.00	0.00	-100.00	–

图4-9 样本县（旗）工程投资结构

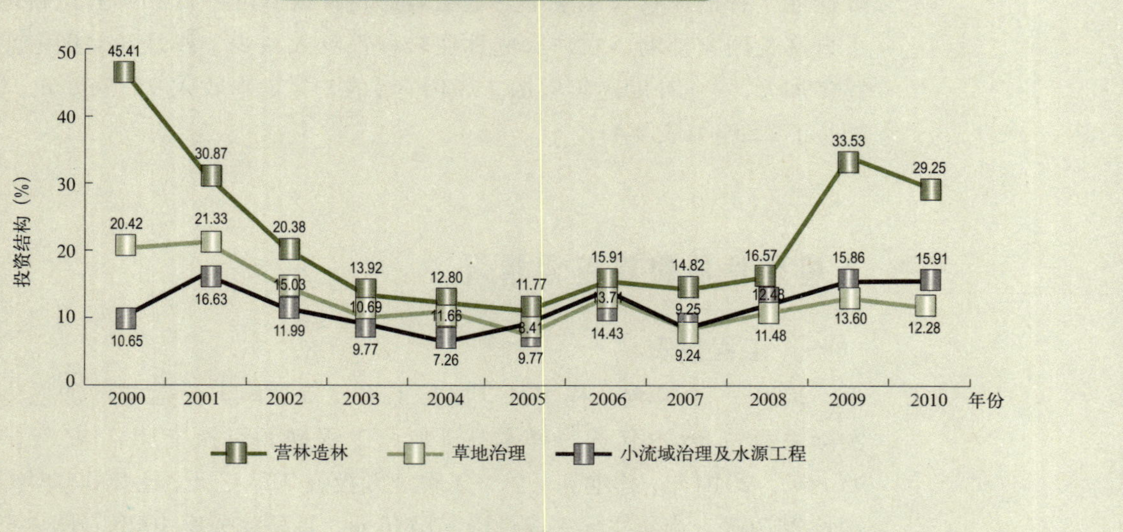

没有生态移民任务和投资。同2000年比，各项投资都实现翻番，其中退耕还林和小流域治理及水源工程投资增幅最大，分别达767.88%和616.61%（表4-5）。

2010年，营林造林、草地治理、小流域治理及水源工程投资占总投资的比重分别为29.25%、12.28%和15.91%，与2009年比，营林造林和草地治理投资比重分别下降4.28个百分点和1.32个百分点，小流域治理及水源工程投资比重上升了0.05个百分点(图4-9)。

（二）林业建设

1．荒山荒地（沙）造林

2000~2010年，样本县（旗）实际完成荒山荒地（沙）造林面积183.92万公顷，其中，人工造林102.78万公顷，飞播造林20.73万公顷，无林和疏林地新封面积60.41万公顷。荒山荒地（沙）造林累计计划完成率99.93%。2010年，样本县（旗）计划荒山荒地（沙）造林面积141 763.40公顷，比2009年下降5.55%，实际完成荒山荒地（沙）造林面积 141 763.40 公顷，其中，人工造林 34 229.50 公顷，飞播造林 36 733.60 公顷，无林和疏林地新封 70 800.30 公顷，计划完成率 100.00%（表 4-6）。

2．退耕还林

截至 2010 年底，工程共安排了 90.84 万公顷退耕还林任务，其中，退耕地造林占 50.89%，配套荒山荒地（沙）造林占 46.67%，新封占 2.44%（图 4-10）。

2010 年，样本县（旗）计划退耕还林面积 4666.7 公顷，比 2009 年增长 22.78%。实际完成退耕还林面积 4666.7 公顷，计划完成率为 100.00%。在实际完成

表4-6　样本县（旗）荒山荒地造林情况

公顷

项目		2000年	2009年	2010年	2010年比2009年增减（%）	2010年比2000年增减（%）
荒山荒地（沙）造林	计划	57411.10	150099.90	141763.40	-5.55	146.93
	实际	57450.10	146726.20	141763.40	-3.38	146.76
	完成率（%）	100.07	97.75	100.00	2.30	-0.07
人工造林	计划	34712.10	46767 30	34229.50	-26.81	-1.39
	实际	34751.10	45393 60	34229.50	-24.59	-1.50
	完成率（%）	100.11	97.06	100.00	3.03	-0.11
飞播造林	计划	8366.60	26999.70	36733.60	36.05	339.05
	实际	8366.60	19666.70	36733.60	86.78	339.05
	完成率（%）	100.00	72.84	100.00	37.29	0.00
无林和疏林地新封	计划	14332.30	76333.90	70800.30	-7.25	393.99
	实际	14332.30	81666.90	70800.30	-13.31	393.99
	完成率（%）	100.00	106.99	100.00	-6.53	0.00

图4-10　样本县（旗）退耕还林变化情况

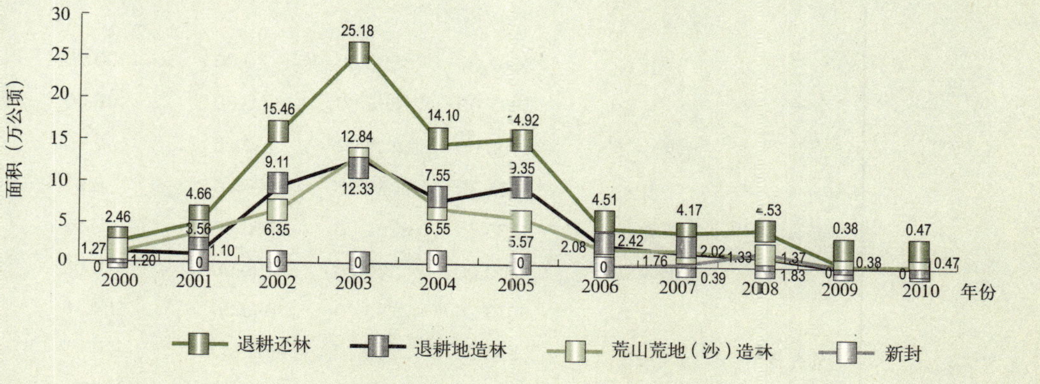

的退耕还林面积中，全部为配套荒山荒地（沙）造林（表4-7）。

表4-7 样本县（旗）退耕还林情况

公顷，%

项目		2000年	2009年	2010年	2010年比2009年增减率（%）	2010年比2000年增减率（%）
退耕还林	计划	28281.00	3800.90	4666.70	22.78	-83.50
	实际	24627.00	3800.90	4666.70	22.78	-81.05
	完成率（%）	87.08	100.00	100.00	0.00	14.84
退耕地造林	计划	16321.00	0.00	0.00	–	-100.00
	实际	12667.00	0.00	0.00	–	-100.00
	完成率（%）	77.61	–	–	–	–
配套荒山荒地（沙）造林	计划	11960.00	3800.90	4666.70	22.78	-60.98
	实际	11960.00	3800.90	4666.70	22.78	-60.98
	完成率（%）	100.00	100.00	100.00	0.00	0.00
无林和疏林地新封	计划	0.00	0.00	0.00	–	–
	实际	0.00	0.00	0.00	–	–
	完成率（%）	–	–	–	–	–

表4-8 样本县（旗）草地治理计划完成情况

公顷

项目		2000年	2009年	2010年	2010年比2009年增减率（%）	2010年比2000年增减率（%）
草地治理面积	计划	96576.50	70253.80	87208.70	24.13	-9.70
	实际	99943.20	70383.80	87208.70	23.90	-12.74
	完成率（%）	103.49	100.19	100.00	-0.19	-3.49
人工种草	计划	29786.60	10026.30	14068.30	40.31	-52.77
	实际	31220.30	10026.30	14068.30	40.31	-54.94
	完成率（%）	104.81	100.00	100.00	0.00	-4.81
围栏封育	计划	31667.00	53000.90	60546.70	14.24	91.20
	实际	33667.00	53134.90	65546.70	23.36	94.69
	完成率（%）	106.32	100.25	108.26	8.01	1.94
禁牧	计划	21589.00	0.00	5000.00	–	-76.84
	实际	21522.00	0.00	0.00	–	-100.00
	完成率（%）	99.69	–	–	–	–
飞播牧草	计划	3667.00	666.60	0.00	-100.00	-100.00
	实际	3667.00	666.60	0.00	-100.00	-100.00
	完成率（%）	100.00	100.00	100.00	0.00	0.00
基本草场	计划	9333.70	6266.30	6700.40	6.93	-28.21
	实际	9333.70	6262.30	6700.40	7.00	-28.21
	完成率（%）	100.00	100.00	100.00	0.00	0.00
草种基地	计划	533.20	293.70	893.30	204.15	67.54
	实际	533.20	293.70	893.30	204.15	67.54
	完成率（%）	100.00	100.00	100.00	0.00	0.00

（三）农业项目

工程中的农业项目主要采取人工种草、围栏封育、禁牧、基本草场建设、舍饲暖棚建设、饲料机械等措施。2000 ~ 2010 年，样本县（旗）累计完成草地治理面积 1107.48 万公顷，其中，人工种草 30.36 万公顷，围栏封育 78.63 万公顷，禁牧 936.24 万公顷，飞播牧草 6.21 万公顷，基本草场建设 54.10 万公顷，草种基地 1.94 万公顷，草地治理计划完成率 100%。2010 年，样本县（旗）草地治理 87 208.70 公顷，其中，人工种草 14 068.30 公顷，围栏封育 65 546.70 公顷（表 4-8）。

2010 年，样本县（旗）计划舍饲暖棚建设面积 51.84 万平方米，比 2009 年减少 1.23 万平方米，下降 2.32%，实际完成 52.24 万平方米，计划完成率 100.77%；计划饲料机械 4955 套，比 2009 年增加 748 套，实际配套 4955 套，计划完成率 100%。

（四）水利措施

工程区水利治理主要采用了小流域综合治理、水源工程和节水灌溉等 3 项措施。截至 2010 年底，样本县（旗）小流域综合治理面积 43 万公顷，完成水源工程 30 589 处，完成节水灌溉任务 24 082 处，3 项内容实际完成率分别为 109.36%、108.03% 和 97.65%。2010 年，样本县（旗）计划小流域综合治理面积 56 490 公顷、完成水源工程 3282 处、完成节水灌溉任务 6624 处，当年 3 项建设内容实际完成率均达 100%（图 4-11）。

（五）生态移民

生态移民作为京津风沙源治理工程建设的一项重要内容，从 2002 年工程正式启动，随着工程的不断深入，生态移民任务量有所减少，2010 年，样本县（旗）没

图4-11 样本县（旗）水利设施任务量完成情况

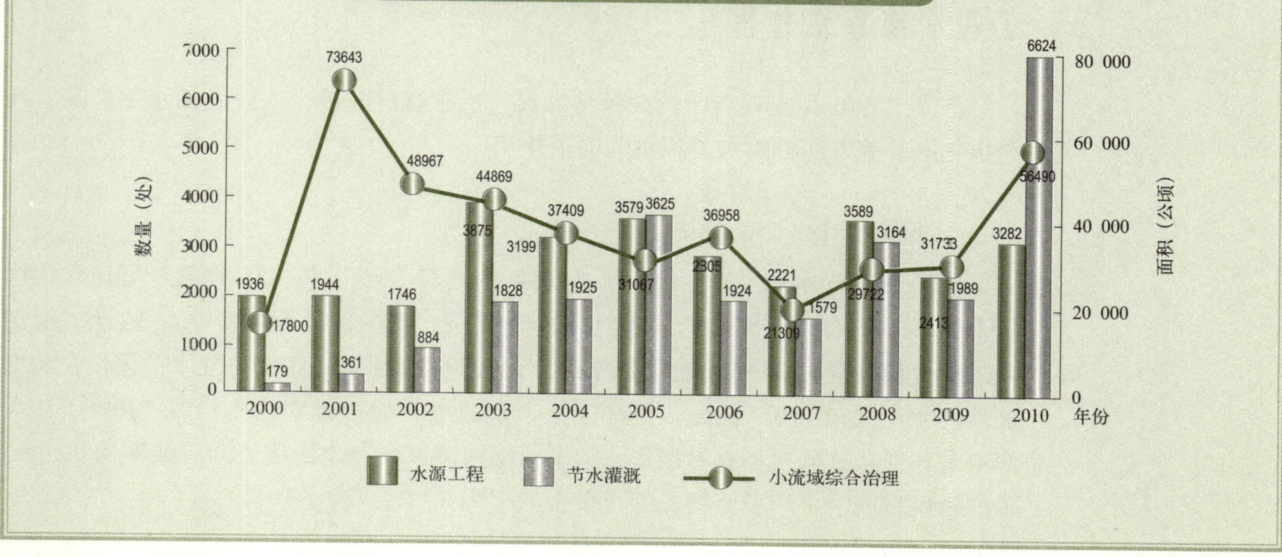

有安排生态移民任务。截至2010年底，样本县（旗）计划生态移民人数累计达到55 855人，实际生态移民累计为53 707人，完成率为96.15%。

（六）钱粮兑现

监测结果表明，样本县（旗）退耕还林钱粮补助兑现情况良好。截至2010年底，国家累计安排退耕还林粮食折资和现金补助分别为61.83亿元和11.47亿元，户均累计领取国家退耕补助5801.80元。2010年，样本县（旗）领取京津工程退耕还林建设任务国家补助的农户为93.09万户，当年国家安排粮食补助折资和现金补助分别为6.62亿元和1.69亿元，与2009年比，分别下降16.86%和1.13%（表4-9）。

表4-9 样本县（旗）工程粮、款兑现情况 亿元，万户

补助粮、款兑现	2009年	2010年	2010年比2009年增减率（%）
自工程实施以来累计粮食补助折资	55.10	61.83	12.22
其中：当年粮食补助兑现折资	7.97	6.62	-16.86
当年新增退耕地粮食补助折资	0.00	0.00	–
自工程实施以来累计现金兑现	9.84	11.47	16.62
其中：当年现金兑现	1.71	1.69	-1.13
当年新退耕地现金兑现	0.00	0.00	–
粮款兑现涉及户数	126.34	93.09	-26.31

2010年，样本县（旗）享受退耕还林补助的面积38.21万公顷，其中享受原有补助的面积27.82万公顷，享受延长期补助的面积10.39万公顷，1/4以上的退耕地开始享受延长期补助。

三 工程实施效果分析

京津工程的实施对当地社会经济发展、生态状况改善、人民生活水平提高、社会福利进步等方面都起到了积极的促进作用。

（一）推动地区经济增长

2010年，样本县（旗）地区生产总值1150.17亿元，与2000年比，环比年均增长19.95%，3次产业增加值分别为226.71亿元、606.23亿元和317.23亿元。根据我国投资和消费对GDP增长贡献率统计，2000~2009年，样本县京津工程投资共增加地区生产总值20.04亿元，对地区生产总值增长的贡献率为2.52%，退耕还林农户粮食和现金补助增加农村消费4.67亿元，对地区生产总值增长的贡献率为0.59%，工程建设对地区生产总值增长的直接贡献率为3.11%（表4-10）。

表4-10　样本县（旗）工程投资拉动GDP增长情况

亿元

项　目	2000~2005	2006	2007	2008	2009	2000~2009
我国投资对GDP增长贡献率（%）	50.50	42.99	37.12	43.50	87.60	–
京津工程投资	23.91	4.25	3.10	3.77	3.82	38.85
工程投资拉动地区GDP增长	12.07	1.83	1.15	1.64	3.35	20.04
地区GDP增长	204.20	67.14	213.13	204.79	106.66	795.92
工程投资对地区GDP增长的贡献率（%）	5.91	2.72	0.54	0.80	3.14	2.52

注：1. 工程投资包括营造林、退耕还林种苗投资、草地治理和小流域综合治理4项投资，其中营造林投资不含退耕还林农户粮食和现金补助；

2. 2000~2005年我国投资对增长贡献率数据来自国家统计局“我国投资和消费拉动经济增长状况”课题研究报告；2006年和2007年数据来自国家统计局“消费对GDP贡献7年来首超投资”；2008年数据来自国家统计局马建堂“关于加快转变经济发展方式的几个问题”；2009年数据来自国家统计局新闻发言。

3. 2010年我国投资与消费对GDP增长贡献率数据尚未公布。

图4-12　样本县（旗）土地利用变化

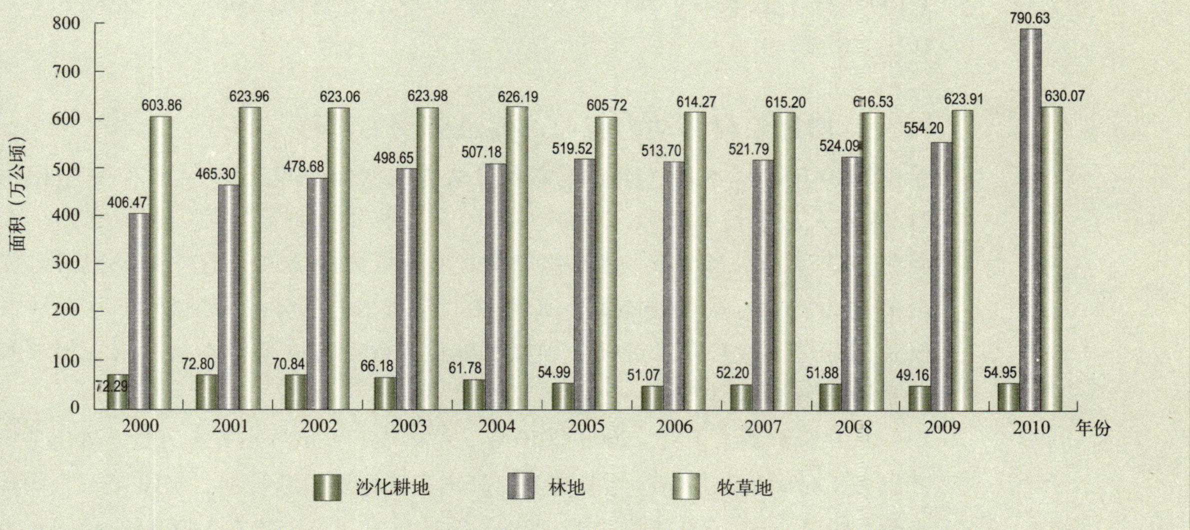

（二）优化土地利用结构

工程实施以来，样本县（旗）林地和牧草地面积不断增加，沙化耕地面积持续减少，工程区过度开垦、过度放牧的状况得到遏制。样本县（旗）沙化耕地面积从2000年的72.29万公顷减少到2009年的49.16万公顷，下降32.00%，但2010年出现沙化耕地面积扩大现象，与2009年比，沙化耕地面积增长11.78%；林地面积从2000年的406.47万公顷增加到2010年的790.63万公顷，增长94.51%；牧草地面积从2000年的603.86万公顷增加到2010年的630.07万公顷，增长2.72%（图4-12）。

图4-13 样本县（旗）沙化土地变化

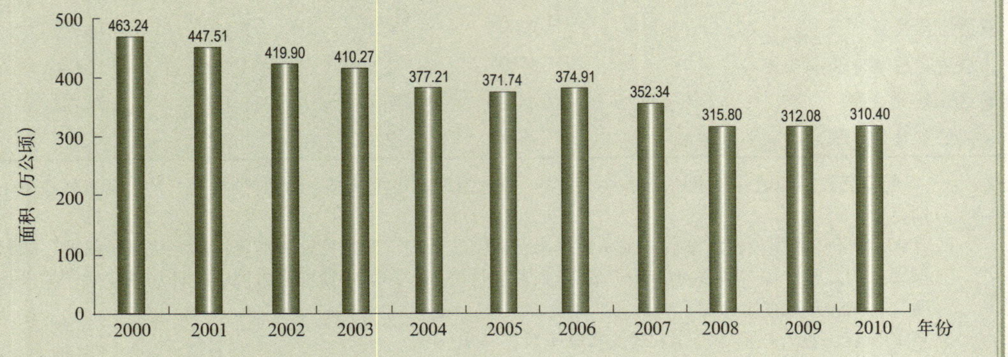

随着土地资源利用方式的变化，样本县（旗）土地沙化治理强度逐年增大，沙化土地不断减少，从 2000 年的 463.24 万公顷减少到 2010 年的 310.40 万公顷（图 4-13）。样本县察右后旗全年大风日数和沙尘日数由以往的 30 ～ 40 天 / 年减少到 10 ～ 20 天 / 年。

（三）增加农村劳动力就业，促进劳动力转移

2010 年，样本县（旗）年末乡村从业人员 260.09 万人，与 2000 年相比，增加 21.04 万人，增长 8.80%。2000 ～ 2010 年，样本县（旗）荒山荒地（沙）人工造林面积 102.78 万公顷，年均 93 437.95 公顷，根据沙区人工造林用工和国家统计局农村劳动力就业标准，样本县人工造林共增加农村劳动力就业 5.61 万人（表 4-11），仅荒山荒地（沙）人工造林一项增加就业人数就占同期样本县（旗）年末乡村从业人员增长量的 28.89%。

从户级监测结果看，2000~2010 年，样本农户家庭外出务工人数、外出务工收入和外出务工时间均保持持续增长势头，外出务工地域不断扩展。2010 年，户均外出务工人数 0.89 人，比 2000 年增长 134.59%。其中，常年外出务工人数 0.52 人，比 2000 年增长了 108.66%，省内务工 0.43 人，比 2000 年增长了 195.10%。有项目户外出务工人数增长了 144.29%，无项目户增长了 115.44%，有项目户比无项目户高 28.85 个百分点。

表 4-11 样本县（旗）人工造林增加农村劳动力就业情况

项　目	数　值
2000~2009年年均荒山荒地（沙）人工造林面积（公顷）	93437.95
每公顷造林用工量（工日/人）	90.00
农村劳动力就业标准（工日）	150.00
工程增加农村劳动力就业人数（人）	56062.77

注：1.2000~2009年均造林面积仅指工程荒山荒地（沙）造林，不含退耕还林；

2.每公顷造林用工量来自国家林业局规划院《防护林造林投资估算指标》中沙区人工造林用工量标准；

3.农村劳动力就业标准来自国家统计局。

（四）增加农民收入

2010 年，样本县（旗）农村居民人均纯收入 4299.01 元，与 2000 年比，样本县（旗）农村居民人均纯收入增长 196.91%，增幅高于同期全国平均水平（162.72%）。从户级监测结果看，根据当地市场价格计算了样本农户家庭全部实物收入与支出后，2010 年，有项目家庭和无项目家庭的纯收入分别为 11 932.60 元和 12 006.64 元，与 2000 年比，有项目家庭净收入增加了 9805.66 元，无项目户增加了 9636.40 元，有项目户家庭净收入增长幅度高于无项目户（表 4-12）。

表4-12　2000年和2010年有无项目农户家庭净收入比较

农户	有项目农户			无项目农户			综合差异
年份	2000	2010	2010-2000	2000	2010	2010-2000	
序号	（1）	（2）	（3）=（2）-（1）	（4）	（5）	（6）=（5）-（4）	（7）=（6）-（3）
纯收入	2126.94	11932.60	9805.66	2370.24	12006.64	9636.40	-169.26

（五）减轻风沙灾害经济损失

工程实施在促进地方经济社会发展的同时，还改善了工程区生态环境，增强了防灾减灾能力，减轻了工程区风沙灾害造成的经济损失。内蒙古赤峰市巴林左旗通过造林、种草、小流域治理和水利配套等综合治理，植被覆盖率由 20.5% 提高到 42%，全年（8 级以上）大风次数减少 2~3 次。2010 年 5 月 27 日的一场 8 级（局部达 9 级）大风使与巴林左旗毗邻的翁牛特旗 323 个抗风等级小于 8 级标准的农业大棚遭到严重破坏，设施农业生产遭受严创，经济损失达 378 万元。如果以翁牛特旗 5.27 大风经济损失计算，京津工程每年将使巴林左旗 800 个抗风建设等级小于 8 级标准的农业大棚免遭经济损失 958 万元。

四　问　题

（一）工程投资标准低，投资渠道单一

一是工程投资标准低，且多年保持不变。以人工造林为例，2000~2008 年中央补助标准一直保持 100 元 / 亩，2009 年提高到 200 元 / 亩，但京津工程 2009 年投资计划已于 2008 年下达，人工造林依然为 100 元 / 亩投资标准。据测算，2000 年样本县京津工程油松（樟子松）、杨树（榆树）和柠条等 3 种造林模式成本分别为 140.95 元 / 亩、133.93 元 / 亩和 132.91 元 / 亩（表 4-13），均高于国家 100 元 / 亩的投资标准。随着造林苗木和劳动力成本逐年增长，2009 年上述 3 种模式造林成本已经分别达到 531.51 元 / 亩、532.29 元 / 亩和 526.54 元 / 亩（表 4-14），造林投资补助

标准明显低于实际需求，且为其他工程人工造林投资标准的一半；二是投资渠道单一，以中央投资为主，地方政府财力有限，地方配套难以落实，社会资本参与工程建设渠道尚未理顺，还未形成中央、地方和社会的多渠道、多形式、多方的投资体系。

表4-13　2000年监测样本县京津工程造林投资测算

序　号	项目内容	单位与规格	造林模型1	造林模型2	造林模型3
1.地貌及树种	地貌类型		丘陵沙区	丘陵沙区	沙区
	树种		樟子松或油松	榆树或杨树	柠条等
2.苗木（种子）费用		元/公顷	510.60	255.30	105
	苗木（种子）单价	元/株	0.20	0.10	0.03
	苗木（种子）数量	株/公顷	2553	2553	3500
3.用工费用		元/公顷	1335	1485	1620
	用工量	工日/公顷	89	99	108
	其中：整地	工日/公顷	49	59	75
	栽植（播种）	工日/公顷	25	25	18
	抚育	工日/公顷	15	15	15
	劳动力价格	元/工日	15	15	15
4.管护费用		元/公顷	180	180	180
5.管理费用		元/公顷	88.65	88.65	88.65
6.合计		元/公顷	2114.25	2008.95	1993.65

表4-14　2009年监测样本县京津工程造林投资测算

序　号	项目内容	单位与规格	造林模型1	造林模型2	造林模型3
1.地貌及树种	地貌类型		丘陵沙区	丘陵沙区	沙区
	树种		樟子松或油松	榆树或杨树	柠条等
2.苗木（种子）费用		元/公顷	1659.45	1021.2	350
	苗木（种子）单价	0.65	0.4	0.1	0.03
	苗木（种子）数量	2553	2553	3500	3500
3.用工费用		元/公顷	5785	6435	7020
	用工量	89	99	108	108
	其中：整地	49	59	75	75
	栽植（播种）	25	25	18	18
	抚育	15	15	15	15
	劳动力价格	65	65	65	15
4.管护费用		元/公顷	390	390	390
5.管理费用		元/公顷	138.15	138.15	138.15
6.合计		元/公顷	7972.60	7984.35	7898.15

注：1. 用工和造林苗木（种子）数量来自《防护林造林工程投资估算指标》沙区人工造林投资估算标准；
　　2. 种苗（种子）和劳动力单价为“京津风沙源治理工程社会经济效益监测”样本县调查数据。

（二）工程投资有缺项，管理经费不足

一是在生态环境得以改善的同时，工程区森林防火、防虫形势日益严峻，而中央没有安排专门的工程管护与抚育经费，每年地方林业主管部门都要多方筹措资金且只能低标准实施管护与抚育。二是工程实施中，政策宣传、外业调查、规划设计、组织检查验收等多项管理费用支出较大，现行1%的工程管理费已不能满足工程建设的需要，管理经费严重不足。根据2000年样本县京津工程管理经费和管护及抚育需求标准和工程实际投入计算，10年来21个样本县上述3项投资累计欠账2.59亿元。由于管理经费不足和工程投资中管护与抚育缺项，一方面导致工程造林的中幼龄林抚育等森林经营工作难以高标准实施开展，森林质量低下，严重影响了森林生态功能的发挥；另一方面工程建设管理经费和管护与抚育欠账，导致建设任务越大，欠账越多，使原本就贫困的县财政更是雪上加霜。

（三）工程自身造血能力不强，巩固成果长效机制尚未建立

一是后续产业发展缓慢，工程建设成果的经济价值没能充分发挥。京津工程区林草植被等资源丰富，营造的灌草资源等因缺乏政策支持，导致资源利用不足，利用不及时，不仅加大了管护压力，造成资源浪费，而且由于灌木利用率低，农牧民从生态建设中直接获得的经济效益少，种植和保护灌木资源的积极性严重受挫，在很大程度上制约着工程可持续发展。监测结果显示，21个样本县（旗）柠条、踏郎等灌木造林成果利用方式依旧停留在割灌后直接作为畜用饲料的初级利用阶段，利用率仅为20%，“中德财政合作荒漠化治理项目”实践结果表明，如果柠条、踏郎等灌木割灌加工后利用，利用率可达90%以上。二是工程区社会保障体系建设落后，农牧民对土地依赖程度高，对巩固工程成果压力大。三是工程建设成果未能及时全部纳入国家生态效益补偿范围。

（四）生态保护与建设和经济发展关系还未理顺，经济发展方式转变缓慢

一是部分地区片面追求短期、暂时的经济发展，争水争地现象依旧存在。张家口坝上、内蒙古乌兰察布盟后山、锡林郭勒盟南部是京津风沙源的主要组成部分，这里气候干旱、荒漠化严重，近年来，大规模发展蔬菜业导致农林争水、争地现象十分突出，地下水资源过度开采，引起地下水位的下降，地下水位的下降更加剧了这些地区土地荒漠化的趋势；二是农林政策间不协调，农业补助对工程成果巩固压力大。一方面，国家种粮补助等惠农政策提高了农民种粮的比较效益，另一方面，退耕还林延期补助标准降低了退耕还林的比较效益，两者结合一定程度上动摇了农户巩固退耕还林成果的决心。监测结果表明，在国家一系列惠农政策的激励下，农民种粮的积极性提高，粮食播种面积大幅回升。调研中了解到，山西省大同县和浑源县两县种粮补助在50元/亩左右，运城地区还要高些，加上近年来粮食价格持续走高，农户普遍反映种粮收益已经高于现行退耕补助，更高于延期补助标准，部分农户在退耕补助期满后不再续签退耕合同，存在复耕的倾向。

五 建 议

（一）提高投资标准，不断加大工程建设投资力度

一是鉴于京津地区气候干旱少雨，应该大力推进工程造林的良种良法使用率，同时考虑近年来劳动力价格持续攀升，为此在工程二期规划中应根据种苗和用工等实际需要将工程造林投资标准提高到 550 元 / 亩；二是根据实际需求变化，实时调整工程造林投资标准，探索建立工程造林综合直补，形成动态投资机制；三是严格落实地方工程投资，开辟社会资本参与工程建设的投资渠道，鼓励、引导社会资本投资工程建设。

（二）增设工程的管护与抚育投资，提高工程管理经费

一是增设工程的管护与抚育投资，根据调查数据及国家林业局《沙区人工造林投资标准》测算，京津工程区管护投资标准应提高到 26 元 / 亩，投资期为造林后持续 5 年，工程管理经费应提高到 10 元 / 亩；二是对工程一期因管理经费不足和工程投资中管护与抚育缺项，导致工程造林的中幼龄林抚育等森林经营工作难以高标准实施开展，部分造林质量低下，影响森林生态功能的发挥情况，建议通过改造等形式将其纳入工程二期建设范围。

（三）扶持后续产业发展，加快社会保障体系建立

一是强化科技支撑，提高工程造林良种良法使用率，同时加强森林管护与抚育，二期规划中增设森林抚育建设内容；二是将工程造林全部及时纳入生态公益林补偿范围，同时加快工程区社会保障体系建设步伐，减轻工程农牧民对土地依赖程度，减轻对工程建设成果巩固的压力；三是对工程所造的乔木林成林后，在不影响整体生态情况下，允许适当采伐利用。同时支持对柠条等灌木林加工利用，对农牧民购买割灌等加工机械提供补助，提高灌木利用率；四是大力发展沙产业，通过政策引导培育工程区沙产业，通过资金扶持来壮大沙产业，通过法律法规制定保障沙产业，形成符合京津工程区特点的巩固成果长效机制。

（四）积极促进经济发展方式转变，加强农林水等政策间的相容性

一是地区经济发展上要改变农、林、水分离式发展模式，把多样化的农业与多样性的森林有机地结合起来，形成农林水一体化的多产高产系统，消除农林争地、争水的矛盾，在工程二期建设规划制定上，要根据地区土地和水资源总量，确定农林水工程建设内容和规模，构建农林水一体化系统；二是严格执行国家林地保护及惠农等补助政策，对新垦、复垦耕地坚决不予补助；三是建立生态建设投资、林地保护与农业补助和粮食价格间联动机制，消除相互间比较收益差距。

（主要执笔人：赵金成、王亚明、于百川、白建华、江天法）

5 野生动植物保护及自然保护区建设工程

2011

野生动植物保护及自然保护区建设工程社会经济效益监测报告①

2010年，是对保护区工程社会经济效益连续跟踪监测的第5年。为保持监测指标的连续性和监测结果的可比性，2010年度仍对原有40个样本保护区和70个样本村实施监测。

本次监测继续采取跟踪监测的方法，利用保护区调查表和村调查表收集监测数据。另外，为了将保护区工程产生的社会效益、生态效益和经济效益中难以量化的内容反映出来，仍通过保护区调查问卷和农户调查问卷加以补充说明，向每个样本保护区管理局领导发放保护区问卷 1 份，共发放问卷 40 份，收回问卷 40 份；向 70 个样本村发放 700 份农户调查问卷，收回问卷 700 份。

① 个别样本保护区和样本村由于最新调查等原因，对个别数据进行了修正，本报告中某些数据与往年监测报告中的数据不一致。

一 样本保护区与样本村基本情况

（一）样本保护区基本情况

1．土地面积略有减少

2010年，40个样本保护区总面积435.47万公顷。按功能区分，核心区面积150.31万公顷，占总面积约34.52%；缓冲区面积83.18万公顷，占总面积的19.10%；实验区面积201.98万公顷，占总面积的46.38%。按权属分，国有土地348.01万公顷，占总面积的79.92%；集体土地87.46万公顷，占总面积的20.08%。样本保护区获得使用权的土地面积244.39万公顷，占总面积的56.12%。与2009年相比，40个样本保护区土地总面积减少了3.98万公顷，其中，核心区减少0.71万公顷，缓冲区增加0.01万公顷，实验区减少3.28万公顷。40个样本保护区国有、集体土地面积均减少，其中，国有土地面积减少1.11万公顷，集体土地面积减少2.87万公顷。这是因为，2010年甘肃白水江保护区按照环保部《关于调整天津古海岸与湿地等5处国家级自然保护区有关事项的通知》[2009]301号）及国家林业局《关于转发环境保护部<关于调整天津古海岸与湿地等5处国家级自然保护区有关事项的通知>的函》（护自函[2010]6号）文件，进行了土地面积和区划调整。调整后，该保护区总面积减少39 872公顷，其中，核心区减少7169万公顷，缓冲区增加98公顷，实验区减少32 801公顷。从土地权属上看，国有土地面积减少11 183.9公顷，集体土地面积减少28 688.1公顷。

2．职工工资和离退休生活费明显增长

2010年，40个样本保护区共有在岗职工6432人（包括企业职工），年人均工资24 854.63元；离退休人员2791人，年人均生活费19 261.80元。其中，由于部分地区实行工资制度改革（6个样本保护区所在地进行了事业单位绩效工资改革，1个样本保护区所在地进行了“阳光工资”改革），较大幅度提高了保护区在岗职工的收入水平。在进行了工资改革的7个样本保护区中，2010年共有在岗职工1067人，占40个样本保护区在岗职工总人数的16.59%，职工年人均工资36 716.08元，比2009年增长57.89%。其余33个样本保护区共有在岗职工5365人，年人均工资22 485.60元，比2009年增长9.75%。另外，2010年部分地区（22个样本保护区）提高了离退休人员生活费标准，与2009年相比，40个样本保护区离退休人员年人均生活费增长了18.94%。

3．保护区经费明显提高

2010年，40个样本保护区事业经费18 477.32万元，保护区自筹经费（包括银行贷款和保护区创收中用于弥补保护管理支出的部分）10 865.49万元。与2009年相比，分别增长26.35%和23.57%。

4．保护区社区人口有所减少

2010 年，40 个样本保护区内共涉及 158 个乡（镇）545 个行政村 87 714 户 368 806 人。其中，生活居住在核心区人口 63 880 人，缓冲区人口 38 600 人，实验区人口 266 326 人，分别占样本保护区总人数的 17.32%、10.47% 和 72.21%。全年生态移民迁出保护区人口 1551 人。与 2009 年相比，40 个样本保护区内涉及乡镇减少 2 个、行政村减少 38 个，涉及户数减少 6114 户、人口减少 24 788 人。其中甘肃白水江保护区因为调减土地面积，其区内涉及乡镇减少 2 个、行政村减少 38 个，涉及户数减少 5736 户，人口减少 23 552 人；云南南滚河保护区 2010 年对区内土地进一步勘界，将少量难以管理的面积（主要为涉及农户和耕地较多的土地）与区外同等面积和权属性质的土地进行置换，所以区内涉及户数减少 152 户，人口减少 663 人；贵州梵净山保护区在开展“集体林权制度改革”及兑现生态公益林补偿金过程中，对保护区内的土地权属情况进行了重新调查，期间发现以前不掌握的情况，即区内有一小部分集体土地多年来一直属于 3 个区外行政村所有。因此，该保护区修正了区内行政村数量的往年数据。此外，由于地方政府修建梵净山环线公路，保护区周边地区生活条件改善，有部分农户自行从区内搬至环线公路附近生活居住（区外路段），一部分经济条件较好的农户，将居住地由原村（组）自行搬至所在乡镇（或邻近乡镇），所以保护区内的户数减少 254 户，人口减少 395 人。除此之外，其余 37 个样本保护区内的乡镇数和行政村数与 2009 年一致，户数增加 28 户，人口减少 178 人。

5．地区经济进一步发展

2010 年，40 个样本保护区所在行政区域土地总面积 1948.24 万公顷，总人口 2317.91 万人，地方财政收入 527.22 亿元，国内生产总值（现价）4307.14 亿元。职工年人均工资 24 402.46 元，比 2009 年增长 10.14%，农民年人均纯收入 4933.34 元，比 2009 年增长 16.14%。

（二）样本村基本情况

2010 年，样本村共有 70 个，其中，区内村 31 个，区外村 39 个。在被调查的 700 个接受调查农户中，居住在保护区内的有 217 户，占全部接受调查农户的 31%；居住在保护区周边的农户有 483 户，占全部接受调查农户的 69%。

1．土地面积

2010 年，70 个样本村土地总面积 353 066.18 公顷，与 2009 年相比，土地总面积没有变化，其中，区内村土地面积 208 463.18 公顷，区外村土地面积 144 603.00 公顷。划入保护区土地面积 155 688.85 公顷，占样本村总面积的 44.10%。具体土地情况见表 5-1。

表5-1 70个样本村土地类型情况 公顷

土地类型	总面积	比例（%）	划入保护区	
			面积	占总面积比例（%）
村土地总面积	353066.18	100.00	155688.85	44.10
其中：耕地	17778.60	5.04	4074.95	22.92
林地	171226.98	48.50	86182.19	50.33
草场	119645.65	33.89	46650.15	38.99
水面	1468.33	0.42	248.33	16.91

注：内蒙古西鄂尔多斯保护区内伊克布拉格嘎查2010年有55 234.85公顷草地改变为林地。

2．人口数量

2010 年，70 个样本村年末实有居民 2.08 万户，年末总人口 8.29 万人，与 2009 年相比，共增加 364 户 297 人。其中，有 12 个村户数减少，减少 100 户 516 人；有 28 个村户数增加，增加 474 户 607 人；有 30 个村户数不变，人口增加 206 人。70 个样本村每村平均 298 户 1184 人，户均 4 人。其中，区内村有居民 6648 户 25 138 人，户均近 4 人，平均每村有 214 户 811 人；区外村有居民 14 179 户 57 749 人，户均 4 人，平均每村有 364 户 1481 人。区外村与区内村相比，平均每村多 149 户 670 人。

3．劳动力情况

2010 年，70 个样本村共有劳动力 43 572 人，与 2009 年相比，增加 677 人。其中，区内村劳动力 13 276 人，比 2009 年增加 267 人；区外村劳动力 30 296 人，比 2009 年增加 410 人。

4．生活居住在保护区户数和人口

2010 年，70 个样本村中共有 4338 户 16 435 人生活居住在保护区，其中，区内村 4081 户 15 428 人，区外村 257 户 1007 人。与 2009 年相比，生活居住在保护区户数增加 53 户，总人口增加 202 人。其中，区内村生活居住在保护区户数增加 54 户，总人口增加 203 人，区外村生活居住在保护区户数减少 1 户，减少 1 人（表 5-2）。

表5-2 70个样本村生活居住在保护区户数与人口情况 户，人

项目	2009年	2010年	2010年比2009年增减额	2010年比2009年增减率(%)
生活居住在保护区总户数	4285	4338	53	1.24
其中：区内村	4027	4081	54	1.34
区外村	258	257	-1	-0.39
生活居住在保护区总人数	16233	16435	202	1.24
其中：区内村	15225	15428	203	1.33
区外村	1008	1007	-1	-0.10

二 工程进展情况

从样本保护区工程建设情况看，中央资金全部到位，投资到位率和完成率有所下降，工程建设稳步推进。

（一）资金到位和使用情况

2010 年，40 个样本保护区项目计划投资总额 21 892.10 万元，实际到位资金 20 380.10 万元，实际完成投资 17 213.93 万元。其中，四川卧龙自然保护区因地震灾害恢复重建，获灾后重建资金计划投资 7704 万元，占 40 个样本保护区计划投资总额的 35.19%，实际到位资金 7704 万元，占全部样本到位资金总额的 37.80%，实际完成投资 6938 万元，占全部样本完成投资总额的 40.30%。

扣除四川卧龙自然保护区灾后重建资金，40 个样本保护区计划投资 14 188.10 万元，其中，中央投入 10 068.10 万元，占计划总投入的 70.96%，地方配套 4120 万元，占计划总投入的 29.04%；工程建设实际到位资金 12 676.10 万元，资金到位率 89.34%；工程建设实际完成投资 10 275.93 万元，投资完成率 81.07%（表 5-3）。与 2009 年相比，计划投资额增长 35.74%，资金到位率和完成率均有所下降，分别降低 2.02 个百分点和 4.36 个百分点。

表5-3 40个样本保护区工程建设资金计划与到位完成情况 万元

项 目	计划投资	实际到位	实际完成	资金到位率（%）	投资完成率（%）
总投资	14188.10	12676.10	10275.93	89.34	81.07
其中：中央投入	10068.10	10129.10	7487.23	100.61	73.92
地方配套	4120.00	2547.00	2788.70	61.82	109.49

从工程投资用途看，扣除四川卧龙自然保护区灾后重建资金，2010 年，40 个样本保护区的保护与恢复项目计划投资 7796.20 万元，科研与宣教项目计划投资 1681.90 万元，基础设施建设项目计划投资 3483.40 万元，其他项目计划投资 1226.60 万元。与 2009 年相比，保护与恢复项目、基础设施建设项目的计划投资额有所增加，分别增加 77.76% 与 78.14%；科研与宣教项目、其他项目的计划投资有所减少，分别降低 13.31% 和 43.51%。

从工程各项目实际完成情况看，2010 年，保护与恢复项目完成投资 5112.22 万元，科研与宣教项目完成投资 1467.79 万元，基础设施建设项目完成投资 3058.35 万元，其他项目完成投资 637.57 万元，支出比例见图 5-1。因 2009 年未到位的 671 万元中央计划投资于 2010 年实际到位，在扣减当年其他未到位的 610 万元后，中央投资到位率为 100.61%。地方配套资金 2009 年尚未完成 241.7 万元，转到 2010 年完成，因此，投资完成率为 109.49%。

图5-1 样本保护区各项目实际完成投资支出比例

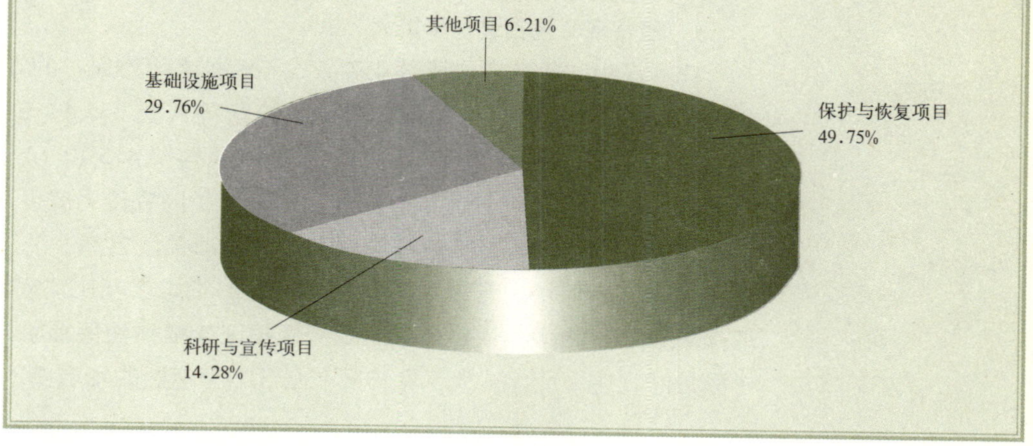

（二）工程建设情况

2010年，40个样本保护区工程主要建设内容：保护与恢复设施建设方面，新建保护站11处，土建面积1183.8平方米；野生动物救护站1处，土建面积200平方米；栖息地改良4196公顷，珍稀植物苗圃0.2公顷，人工洞穴2处，生物防火林带76千米，防火隔离带36.6千米，围栏59.4千米，防火瞭望塔4座，界碑160个，界桩3032个，标牌226个，巡护步道149.7千米，围堰2000公顷，管护码头2个，防护林（草）带10千米。在科研与宣教方面，新建生态定位监测站1处，土建面积20平方米；气象观测站6处，土建面积694平方米；水文水质监测站2处，土建面积100平方米；关键物种监测点7处，土建面积2080平方米，固定样地221个，固定样线387千米，科研用房280平方米，宣教用房990平方米。在基础设施建设方面，新建管理局（分局、所）用房980平方米。四川卧龙自然保护区因地震灾害进行了电网建设、各类站点的受损房屋和森林防火设施修缮等重建工作。

三　工程建设的社会、经济和生态效益情况

保护区工程的实施在改善当地生态环境，带动当地社会就业，增加当地人民收入，提高当地人们的生活水平，改善他们的生活质量等方面发挥了重要作用，特别是保护区生态旅游业的开展，带动了当地旅游服务业、旅游产品加工、林副产品深加工等建设，推动了当地经济的发展，工程实施所带来的社会效益、生态效益和经济效益进一步显现。

（一）社会效益

保护区工程建设，增强了当地政府和人民群众的保护意识，带动社会就业和收

入的持续增长，提高了社区居民的生活水平，社会效益进一步显现。

1．宣传教育范围进一步扩大

样本保护区通过发展旅游业等方式不断扩大生态保护的宣传教育范围。2010 年，40 个样本保护区共接待教学、参观、旅游等人员 645.89 万人次，比 2009 年增加 14.44 万人次，涨幅 2.29%。其中，旅游实际接待 415.10 万人次，占当年接待宣教总人数的 64.27%。保护区调查问卷显示，保护区宣传力度也在不断加大，社会效益不断提高。如为进一步唤醒全社会关注环境、关注自然、关注生态建设的意识，内蒙古鄂尔多斯保护区管理局编印《半日花》杂志，利用“6.25”世界环保日，与旗环保局开展生物多样性宣传，举办了保护区珍稀植物摄影展，制作了专题片，加大了保护区宣传力度，扩大了保护区在全区乃至全国的知名度。

2．带动就业能力进一步提升

2010 年，40 个样本保护区通过工程建设、发展相关产业等共为社会提供了 50 561 个就业机会，比 2009 年增加 6530 人，增长 14.83%；比 2000 年增加 37 278 人，增长 280.64%。其中，保护区工程实施提供就业岗位 9899 个，占带动社会就业总量的 19.58%；保护区创收项目提供就业岗位 12 366 个，占带动社会就业总量的 24.46%；依托保护区在社会上从事各种经济活动的有 28 296 人，占带动社会就业总量的 55.96%。保护区工程的实施有效带动了社会就业，工程的社会效益明显（图 5-2）。

图5-2 样本保护区带动社会就业情况

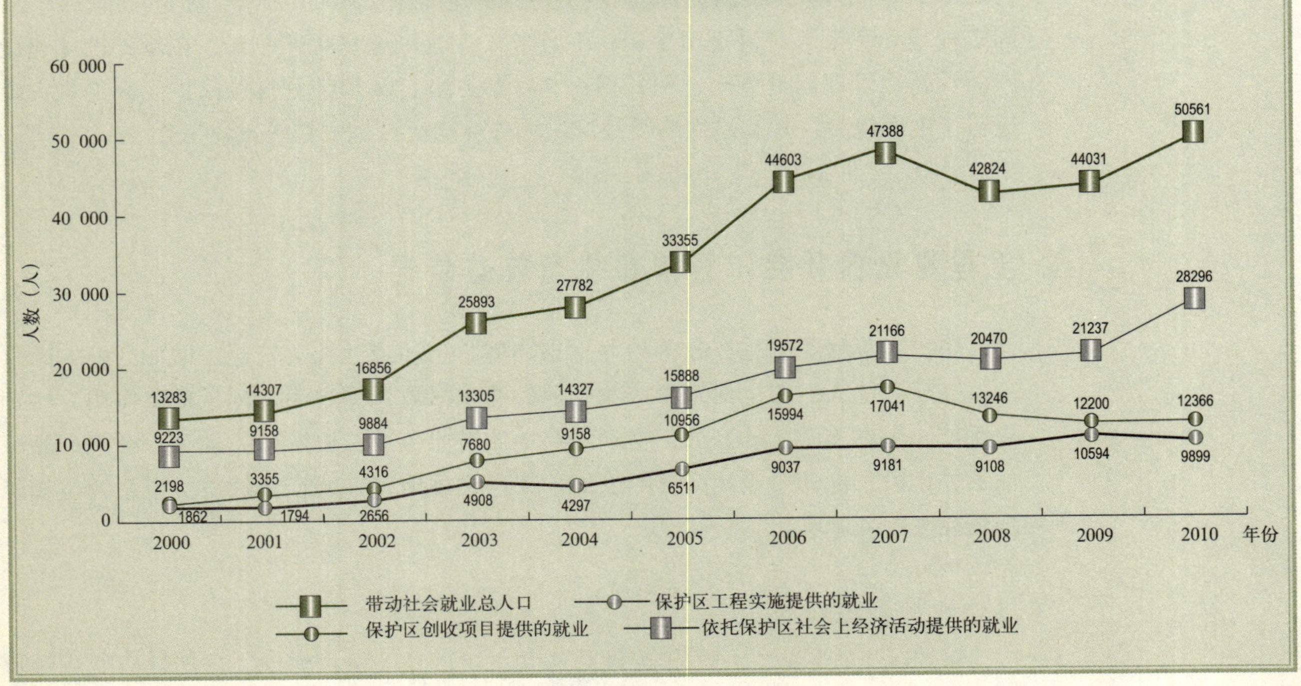

图5-3 样本保护区提供就业领域结构

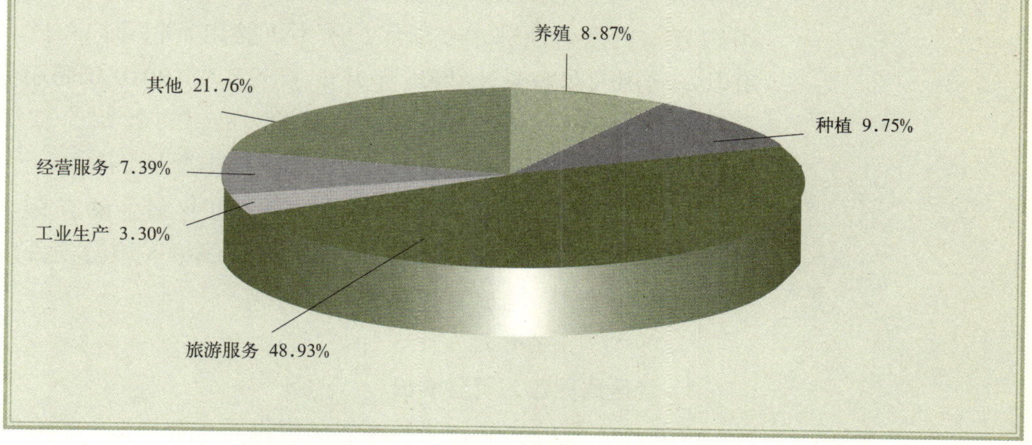

图5-4 样本村居民依托保护区就业结构

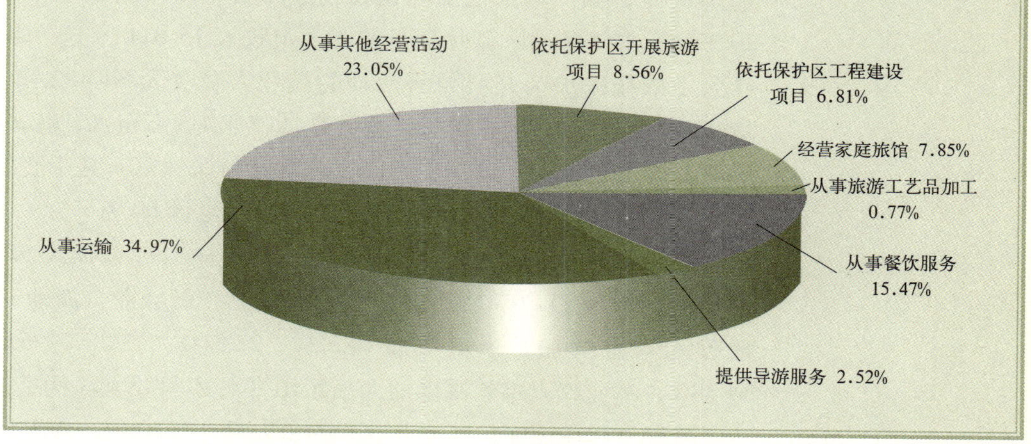

按就业人员从事的经济活动领域分，2010 年，从事养殖的有 4488 人，从事种植的有 4930 人，从事旅游服务的有 24 738 人，从事工业生产的有 1667 人，从事经营服务的有 3737 人，从事其他领域工作的有 11 001 人（图 5-3）。与 2009 年相比，除从事养殖活动人数减少 950 人外，其余领域就业的人数均有增加，其中，旅游服务领域就业人数增加 4817 人，经营服务领域就业人数增加 1118 人。

从样本村依托保护区就业情况看，2010 年，70 个样本村依托保护区就业人数 3295 人，比 2009 年增加 5.24%。其中，依托保护区工程建设项目、从事旅游工艺品加工、从事导游服务、从事运输和从事其他经营活动的人数分别比 2009 年增加 20.29%、122.22%、3.74%、17.42%、8.59%，依托保护区开展旅游项目、餐饮服务的人数分别比 2009 年减少 9.98%、2.95%，依托保护区开办家庭旅馆 225 户，与 2009 年相比，增加了 77 户，样本村农户依托保护区就业结构如图 5-4 所示。

从生态公益林补偿促进就业角度看，2010 年，40 个样本保护区中有 28 个获得了生态公益林补偿资金，资金共计 8252.61 万元，聘用管护人员 2614 人。与 2009

年相比，获得生态公益林补偿资金的保护区数量增加了1个，补偿资金总额增长1830.49万元，聘用管护人员减少121人。聘用管护人员数量减少的主要原因是：2010年，内蒙古西鄂尔多斯保护区不再聘用兼职管护人员，改为聘用专职人员。所以，聘用人员数量比2009年减少了397人（2010年聘用专职人员18人），同时人均管护工资涨幅近1倍。扣除该保护区后，其余27个获得公益林补偿资金的样本保护区共聘用管护人员2596人，比2009年增加276人。

农户问卷调查显示，700农户中依托保护区就业的有91户，其中，区内36户，区外55户。主要参与保护区内建设项目、保护区旅游项目、经营家庭旅馆、餐饮服务、从事运输、为旅客提供导游服务等。

3. 社区居民收入明显增长

保护区工程的实施，为社区居民提供了就业机会，群众收入增加。2010年，40个样本保护区带动社会就业人员获得收入共计59 393.47万元，与2009年相比，增加32.57%。其中，依托工程建设就业人员获得收入9300.05万元，比2009年增加20.92%；依托保护区创收项目就业人员收入15 611万元，比2009年增加25.15%；社会上依托保护区开展经济活动的就业人员收入34 482.42万元，比2009年增加39.97%。如江西井冈山保护区累计带动就业1.5万余人，收入6160余万元；陕西太白山开展生态旅游，进一步带动了该地区村民致富，其中直接参与生态旅游主要是背工、导游、参与旅游服务等项目，年收入总计60万元左右。

从样本村收入情况看，2010年，70个样本村总收入57 681.78万元，与2009年相比，增加11.30%。其中，农业、林业、畜牧业、渔业、工业、外出打工、其他收入均有增加，分别增加10.22%、22.31%、12.38%、6.60%、19.71%、9.00%、14.38%，林业收入增长幅度最大，2010年样本村收入结构见图5-5。

从样本村依托保护区就业获得的收入看，2010年，样本村总收入6474.44万元，

图5-5 样本村收入结构

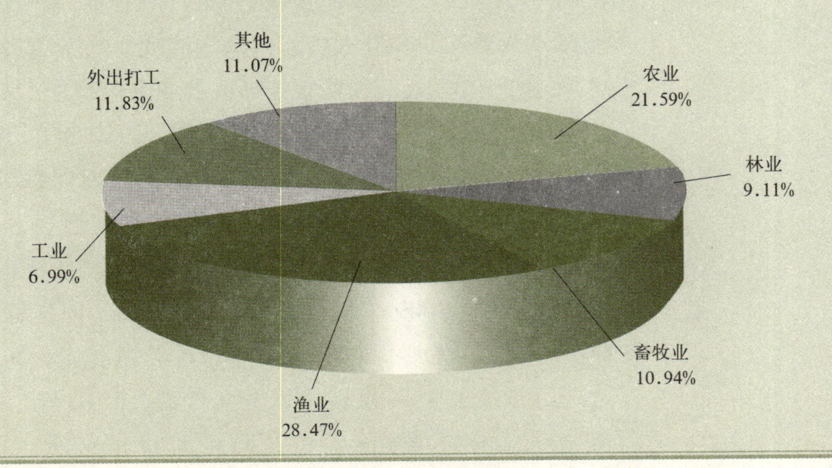

比2009年增加36.74%。其中，区内村依托保护区获得的收入是3043.6万元，比2009年增加540.11万元，增幅为21.57%。该项收入占区内村总收入的10.35%，比2009年增加0.85个百分点；区外村依托保护区获得的收入是3430.8万元，比2009年增加1199.55万元，增幅为53.76%。该项收入占区外村总收入的12.13%，比2009年增加3.38个百分点。以上数据表明，保护区工程建设对带动保护区周边群众就业、增加收入起到了重要的作用。

从样本村农民人均纯收入情况看，2010年，70个样本村农民人均纯收入4283.34元，比2009年增加524.30元，增长13.95%。其中，31个区内村农民人均纯收入4325.74元，比2009年增加584.19元，增长15.61%；39个区外村农民人均纯收入4249.63元，比2009年增长476.69元，增长12.63%。区内村农民人均纯收入增幅高于区外村2.98个百分点。区内村与区外村农民人均纯收入差距由2009年的31.39元扩大到2010年的76.12元。2010年，70个样本村农民人均纯收入虽然比2009年有所增加，但与2010年全国农民人均纯收入5919元标准相比，相差1635.66元。

农户调查问卷显示，有49.43%的农户反映家庭支出后还有节余，19.57%的农户反映家庭入不敷出，31.00%的农户反映家庭收支基本平衡。

在农户调查问卷中，与2009年相比，有80%以上的农户反映收入增加，生活水平有所提高。主要原因有：一是外出务工工资增加。常年务工和季节性务工人数和天数的增加，农户通过公益生态林管护、灾后重建等工作也增加了收入。二是农作物和饲养牲畜的价格上涨，逐步实施农牧业集约化经营，如鸡、羊肉、羊绒的市场比去年好，绿化苗木、橡胶、八角、甘蔗、木薯、稻谷、茶叶、毛竹、食用菌、香菇、葡萄等销售良好，价格上涨。三是自主经营增加收入。部分农户自主经商，在不耽误农活的同时，多元化经营，如，有些农户在保护区周边销售家电，商品种类不断增多，收入也随之增加。四是服务业收入增加。一些农户反映通过给其他家庭提供安装、加工等，服务费用提高；一些农户经营出租车，运输收入增加。经营旅馆、餐馆、农家乐的农户，随着游客的增加，收入也提高了。五是补贴增加。部分农户反映国家政策对耕地的补贴增加，公益林补偿增加，低保标准有所提高。国家出台的各种惠农政策使他们得到了更多的补助，生活水平提高了。

另外，有7.9%农户反映收入减少，主要原因有：一是种植、养殖易受自然灾害的影响，收入缺乏持续性。如养蚕收入减少，水灾导致养虾、打渔收入减少，草场面积小导致羊群养殖收入减少等。广西大瑶山部分农户反映主要经济支柱八角不结果。二是林副产品生产减少。如井冈山保护区部分农户反映造林、育林和林产品的采集加工减少，影响到他们的收入。三是某些地区因为基础设施正在修缮，如修路，影响了旅游，导致旅游业收入减少。四是家庭原因，家人有病，劳动力缺乏。

4. 脱贫有新进展

从样本村贫困户数情况看，2010年，70个样本村有贫困户数3292户，比2009

年减少 105 户，减少 3.09%。贫困户比重下降了 0.79%。其中，区内村贫困户数比例上升了 0.86 个百分点，区外村贫困户数比例下降了 1.57 个百分点。按照国家统计局公布的 2009 年农村贫困标准为 1196 元，2010 年农村贫困标准为 1274 元，对样本村的贫困户数做了调查。

保护区调查问卷显示，样本保护区内贫困户数和人口较 2000 年明显减少。扣除 8 个区内没有贫困人口和 5 个没有对区内贫困人口进行准确统计的样本保护区后，在其余 27 个样本保护区中，2010 年保护区内共有贫困户 7308 户，占区内总户数的 12.10%，贫困人口 28 239 人，占区内总人口的 11.52%。与 2000 年相比，贫困户减少 7004 户，贫困户比例降低 10.07 个百分点，贫困人口减少 20 097 人，贫困人口比例降低 6.73 个百分点。

5. 外出务工增大于减

农户问卷调查结果显示，2010 年，有 699 家农户就“是否有外出打工人员”做出回答，有 44.92% 的样本农户反映家中有外出务工人员，外出务工共为 563 人，占农户总人数的 18.28%，其中常年务工有 380 人，季节性务工有 183 人。区内户外出务工有 177 人，占区内户总人数的 18.57%；区外户外出务工 386 人，占区外户总人数的 18.15%。

有 152 个农户回答了“常年务工天数”。常年外出务工天数累计 78 306 天，人均务工天数为 282 天；有 110 个农户回答了“季节性务工天数”，季节性务工天数累计 17 030 天，人均务工天数为 116 天。

有 223 户回答了“常年务工人数变化”问题：与 2009 年相比，有 42 户反映常年外出务工人数增加，主要原因有：一是外出务工工资比在家务农收入高；二是土地少，有闲置劳动力；三是家庭经济困难，生活压力较大；四是子女毕业找不到工作，暂时外出务工。有 10 户反映常年外出务工人数减少，主要原因是：家里没有多余劳动力；家人有病，需要照顾；经营运输业、管理树苗等。有 171 户反映外出务工人数不变。

有 136 户回答了“季节性务工人员外出务工天数变化”情况。与 2009 年相比，有 46 户反映季节性外出务工天数增加，主要原因是：外出务工收入和机会增加；农闲时就近外出务工；当地建房、经济建设比较多；生活困难，为了增加收入需要外出务工。有 26 户反映季节性外出务工天数减少，主要原因是：自主经营为主，家里庄稼离不开。有 64 户反映季节性外出务工天数不变。

6. 对地方经济起到了一定的带动作用

从带动社会投资看，保护区问卷调查结果显示，样本保护区的生态旅游项目有效带动了社会投资，促了当地经济发展。在 20 个开展了生态旅游项目且提供了有效统计数据的样本保护区中，保护区生态旅游项目累计投资 76 108 万元，累计带动社会投资 172 737.9 万元，带动社会投资额是保护区投资额的 2.27 倍。如广西大瑶山保护区生态旅游投入 50 万元，带动社会投资 10 225 万元；吉林向海保护区生态旅游投入 2000 万元，带动社会投资 43 000 万元等。

样本保护区调查问卷显示，有 95% 样本保护区反映保护区工程建设对当地经济发展起到了一定的推动作用。如宁夏六盘山保护区开展生态旅游，带动了当地服务业快速发展。2000 年，保护区所在泾源县城和隆德县域只有 5 家较大的宾馆，最大客容量 600 人；2010 年，泾源县城、隆德县城已有大小旅游服务宾馆 103 家，客容量已达 12 360 人；贵州梵净山保护区自 2008 年开展生态旅游以来，黑湾河片区的房价由 2000 年的 350 元 / 平方米涨到 2009 年的 2200 元 / 平方米；甘肃尕海则岔保护区 2010 年保护区投入资金 600 万元，新增就业 40 人，地方税收增加 30 万元。

7. 对社区居民带来多方面积极影响

保护区工程建设对社区居民带来了许多积极影响。700 份农户调查问卷显示，有 392 户反映保护区建设对他们家庭的生产生活带来了影响，其中，306 户反映影响是有利的。积极影响是多方面的，主要体现在，一是改善了当地生态环境。农户反映自然灾害逐年减少，风沙减少，水土流失得到改善，雨水增多，山清水秀；二是给当地村民提供致富技术。保护区工作人员定期上门宣传农林致富知识，帮助当地农户经营绿化苗木，组织技能培训等；三是提供了就业机会，增加了收入。保护区的建设项目、保护区生态旅游的开展等，为农户提供了就业机会，增加了家庭收入，带动了当地服务业的发展；四是改善了农户生活生产条件。农民反映交通、通讯条件与以前相比发生了很大的变化，保护区帮助修建道路、桥梁和引水管道、打造水井等，方便了村民的生产生活。

（二）生态效益

保护区工程的实施，促进区内生物多样性得到有效保护，生态状况得到进一步改善。

1. 保护区内野生动植物种类有所增加

在野生动物方面，2010 年，40 个样本保护区共有主要保护野生动物 655 种，其中，国家一级保护野生动物 75 种，列入国家 15 大重点保护野生动物 69 种。与 2009 年相比，样本保护区内的野生动物种类有所增加。保护区调查问卷显示，2010 年，共有 7 个样本保护区新发现野生动物 14 种，种群累计 700 余头（只）。具体有：黑龙江南瓮河保护区发现田鸫 12 只；江苏大丰麋鹿保护区发现东方白鹳 6 只、鹗 8 只、黑脸琵鹭 25 只、瘤鼻天鹅 3 只；江西井冈山保护区发现海南虎斑鳽 3 只、东方角鸮 50 只；山东黄河三角洲保护区发现遗鸥 550 只、卷羽鹈鹕 23 只；甘肃尕海则岔保护区发现黑额山噪鹛 10 只；广东湛江红树林保护区发现黑（短脚）鹎 35 只、中华白海豚（尚无数量统计）、中国鲎（尚无数量统计）；广西大瑶山保护区发现鼋 1 种（尚无数量统计）。

在野生植物方面，2010 年，40 个样本保护区共有主要保护野生植物 763 种，其中，国家一级重点保护野生植物 32 种，列入国家 15 大重点保护野生植物 520 种。与 2009 年相比，样本保护区野生植物物种类有所增加。保护区调查问卷显示，2010 年，共有 4 个样本保护区新发现野生植物 12 种，种群累计近 7000 株。具体有：四川攀枝花苏铁保护区发现云南梧桐 200 株、香果树 100 株、一把伞兰星 50 株、头蕊兰 30 株；贵州梵净山保护区发现梵净山韭 1000 株、梵净山铠兰 500 株；广东湛江红树林保护区发现翼柄阔苞菊 5000 株；江西井冈山保护区发现大沙锥、马铁菊头蝠、广东西番莲、皱叶黄杨、丛花山矾等 5 种（尚无数量统计）。

2. 野生动植物种群规模扩大，栖息环境稳定

在野生动植物种群规模方面，2010 年，部分样本保护区通过资源调查发现，区内物种种群规模发生了积极变化。如青海青海湖保护区，2010 年开展了野生动植物自然资源综合调查，国家一级重点保护动物普氏原羚种群 14 个，个体 696 只，较 2009 年增长了 16%。

保护区问卷调查显示，共有 18 个样本保护区设置了固定样线，累计 2489.8 千米，对固定样线的调查结果表明，与往年相比，2010 年，样本保护区内野生动植物的生长、繁育及分布情况稳定，种群数量呈增长趋势，动物的活动迹象增加。如江西井冈山保护区通过固定样线监测到的国家一级重点保护鸟类黄腹角雉和白颈长尾雉的种群数量由 2002 年 200 余只和 370 余只分别增加为 2010 年的 680 余只和 420 余只；国家二级保护鸟类白鹇和水鹿的种群数量由 2002 年 1600 余只与 40 余头分别增加为 2010 年的 1800 余只和 50 余头。山东黄河三角洲保护区通过固定样线监测到的鸟类数量由 2000 年的 400 余万只增加至目前的 600 余万只。其中，东方白鹳的种群繁育变化最为明显，2002 年以前，黄河三角洲地区没有东方白鹳的繁殖记录，2003 年有 1 对开始在此繁殖，至 2010 年已有 23 对繁殖成功，共孵化雏鸟 65 只。

在物种栖息环境方面，通过保护区问卷调查了解，共有 30 个样本保护区设置了 1125 个固定样地，其监测表明，与往年相比，2010 年，样本保护区内野生动植物群落总体类型和栖息地环境基本稳定，物种分布区域扩大，林木蓄积量增长，生态系统结构更趋合理。

3. 野生动物繁育放归和野生植物驯化栽培取得积极进展

保护区问卷调查结果显示，截至 2010 年年底，共有 8 个样本保护区开展了野生动物的人工繁育，共繁育大熊猫、滇金丝猴、麋鹿等国家重点保护野生动物 13 种，累计 1639 头（只）。其中，有 4 个样本保护区进行了人工驯养繁殖野生动物的野外放归实验，共放归大熊猫、蜥蜴、麋鹿、丹顶鹤、白枕鹤等重点保护野生动物 5 种，累计放归 61 头（只），目前存活 162 头（只）（存活数量包括物种在野外的自然繁殖）。另外，在开展人工驯养繁殖野生动物工作的同时，还有 4 个样本保护区进行了野外救护野生动物或引进动物的放归实验。自 2004 年以来，共有 3 个样本保护区放归救护的野生动物 12 种，共 400 余头（只），存活 390 余头（只）；有 1 个样本保护区放归引进的野生动物 1 种，共 7 头，存活 7 头。

在人工驯化栽培珍稀野生植物方面，已有 10 个样本保护区开展了针对濒危野生植物的人工驯化栽培工作，共计驯化栽培珙桐、红豆杉、钟萼木、银杏、金钱柳、篦子三尖杉等珍稀野生植物 33 种，累计 60 余万株。

4．保存丰富的经济物种资源

保护区问卷调查结果显示，保护区工程的实施有效地保护了区内丰富的经济物种资源，为人类的合理开发利用奠定了基础。如江西井冈山保护区内蕴藏有 40 余种木本粮食植物，900 多种药用植物，180 多种芳香植物，200 余种饲料植物，103 种油料植物，以及 69 种“三有”动物物种、71 种鸟类和 14 种昆虫，目前，保护区依托丰富的物种资源，发展了特种动物养殖、药材种植等产业，经济产值达 1500 余万元。

5．林地面积和林分质量稳中有升

2010 年，40 个样本保护区林业用地面积 2 579 076.26 公顷。其中，有林地面积 1 222 133.85 公顷。扣除甘肃白水江保护区（2010 年甘肃白水江保护区土地面积进行了调整，林业用地面积比 2009 年减少 22 352.2 公顷，有林地面积减少 9455.3 公顷），其余 39 个样本保护区的林业用地面积 2 409 233.76 公顷，比 2009 年增加 105 公顷。有林地面积 1 097 554.45 公顷，与 2009 年相比，有 5 个保护区有林地面积增加，共增加了 2686.6 公顷。

2010 年，40 个样本保护区活立木蓄积量 14 189.03 万立方米，森林蓄积量 13 795.75 万立方米。甘肃白水江保护区根据 2010 年最新二类调查数据，活立木蓄积量 1583.7 万立方米，森林蓄积量 1581 万立方米，与 2009 年不具可比性，因此，扣除甘肃白水江保护区，其余 39 个样本保护区活立木蓄积量 12 605.33 万立方米，比 2009 年增加 145.78 万立方米。其中，森林蓄积量 12 214.75 万立方米，比 2009 年增加 149.64 万立方米。单位面积森林蓄积量比 2009 年增加 1.09 立方米 / 公顷。

6．保护区生态环境

2010 年，样本保护区各项生态环境指标进一步改善。从候鸟数量看，与 2009 年相比，样本保护区内候鸟累计数量增加 21 930 只，累计停留时间增加到 108 天。从降水量看，扣除 4 个无法准确提供年降水量数据的样本保护区，其余 36 个样本保护区累计年降水总量 41 821 毫米，比 2009 年增长 3752.70 毫米，平均每个样本保护区年降水量 1161.69 毫米，同比增长 104.24 毫米。从沙尘暴日数看，扣除 27 个没有发生沙尘暴或无法提供统计数据的样本保护区，其余 13 个样本保护区累计沙尘暴日数 164 天，比 2009 年减少 30 天，平均每个保护区 12.62 天，比 2009 年减少 2.31 天。但从大风日数看，扣除 15 个没有发生大风或没有提供统计数据的样本保护区，其余 25 个样本保护区累计大风日数 641 天，比 2009 年增加 5 天，平均每个保护区 25.64 天，比 2009 年增加 2.08 天。

从湿地保护情况看，2010 年，40 个样本保护区累计共有湿地 950 449.88 公顷，占样本保护区总面积的 21.83%，其中，湿地恢复面积 20 822 公顷，湿地退化面积 14 510.2 公顷。与 2009 年相比，湿地面积增加 7899.2 公顷，其中，湿地恢复增加 15 650 公顷，湿地退化面积增加 3460 公顷。其中，有 2 个样本保护区反映建设的围堰、拦水坝等设施起到积极作用。甘肃尕海保护区 2010 年通过 GPS 和卫星遥感监测到湿地面积增加了，保护区内有湿地面积 57 845.9 公顷，比 2009 年增加了 14 669.9 公顷，原因是由于 2009 年建设的围堰和拦水坝起到了作用。湖南莽山保护区 2010 年有湿地面积 409.3 公顷，比 2009 年的 180 公顷，增加了 229.3 公顷。原因是，由于 2010 年保护区内修建大坝，蓄水后形成了湿地（湖泊类型人工湿地），区内湖泊与河流湿地的总面积为目前的 409.3 公顷。其中 180 公顷是河流湿地，229.3 公顷是大坝蓄水后形成的湖泊湿地。

外来物种方面，2010 年，有 9 个样本保护区有外来物种入侵，入侵物种有 77 种，入侵面积 2081.20 公顷。与 2009 年相比，发生外来物种入侵样本保护区个数减少 1 个，入侵物种减少了 11 种，入侵面积增加了 551.90 公顷。

保护区问卷调查显示，保护区工程建设有效改善了空气、水等资源质量，提升了地区形象。如内蒙古西鄂尔多斯保护区反映 2010 年年降水量约 335.1 毫米，比 2009 年多近 70 毫米；大风日数 8 天，比 2009 年少 15 天；沙暴天数 6 天，比 2009 年少 9 天；云南南滚河保护区通过开展工程建设，加大管理力度，有效保护了大片原始森林，发挥着巨大的水源涵养、水土保持、净化空气等多种功能，保护区有大小河流 60 多条，年均产水量 30 亿立方米左右，大部分流入下游的缅甸国的萨尔温江，具有重要的国际生态环境保护示范意义等。

7. 灾害情况

保护区调查问卷显示，2010 年，40 个样本保护区中有 16 个反映分别遭受到洪灾、旱灾、森林病虫害、鼠害、冰雪灾害、台风、泥石流、塌方等自然灾害侵袭。其中，有 12 个保护区提供了受灾情况数据，受灾面积 39 486.6 公顷，占其土地总面积的 4.94%，因灾造成的经济损失 11 787.2 万元。与周边地区相比，16 个受灾的保护区中，从受灾次数看，有 9 个反映遭受灾害次数少，有 5 个反映一样，有 2 个反映多；从灾害程度看，有 12 个反映灾害程度轻，有 3 个反映灾害程度重，有 1 个反映灾害程度一样。由此可见，受保护区内完好的森林植被与生态系统在水土保持、涵养水源等方面发挥的调节作用和区内特殊的地缘地貌对部分自然灾害带来压力的缓解作用等因素影响，保护区灾害发生次数少，受灾程度较轻，遭受自然灾害影响相对较小。

样本村受灾情况，2010 年，70 个样本村共发生旱灾、洪涝、病虫害及其他灾害 71 起，受灾面积达到 17 201.00 公顷，其中旱灾受害面积占 72.86%，病虫害受害面积占总受灾面积的23.75%。与2009年相比，灾害次数减少11起，受灾面积减少36.92%，受灾程度减轻。旱灾、洪涝、病虫害、其他灾害发生次数都减少，旱灾受灾面积增加107.49%，洪涝、病虫害、其他灾害受灾面积分别减少38.42%、35.08%、96.79%。70个样本村水土流失面积1694.3公顷，土地沙化面积2894公顷，比2009年分别减少169.9公顷和8609公顷，年扬沙天数306天，比2009年减少17天。平均每个村不足5天。上述数据表明，样本村生态状况有了进一步改善。

从发生灾害样本村个数来看，2010年，发生旱灾的样本村有16个，占70个样本村的22.86%，比2009年减少了1/9；发生洪涝灾害的样本村有10个，占70个样本村的14.29%，比2009年减少9.09个百分点；发生病虫害的样本村有15个，占70个样本村的21.43%，与2009年相比没有变化；发生其他灾害的样本村有8个，占70个样本村的11.43%，比2009年减少20%。样本村各类灾害发生频率分布（表5-4）。

表5-4　2009年与2010年样本村发生各类灾害及频率情况

次

灾害类型	发生年份	发生灾害的村数				
		合计	其中：1次	2次	3次	4次及以上
旱　灾	2009	18	13	4	1	0
	2010	16	10	5	1	0
洪涝灾害	2009	11	6	4	0	1
	2010	10	8	1	0	1
病虫害	2009	15	5	10	0	0
	2010	15	11	1	2	1
其他灾害	2009	10	7	2	0	1
	2010	8	6	2	0	0

（三）经济效益

样本保护区创收项目投资与产值同步增长，各项目呈多元化协调发展趋势，产业结构更趋合理。

1. 创收项目总投资增幅较大

2010年，40个样本保护区创收项目投资总额61 788.1万元。与2009年相比，增长17 991.2万元，涨幅41.08%。其中，吉林长白山保护区创收项目投资额40 010万元，占40个样本保护区投资总额的64.75%。扣除吉林长白山保护区后，其余39个样本保护区创收项目投资额21 778.1万元，比2009年增长13 021.2万元，增幅148.7%。其中，安徽天马、贵州梵净山、宁夏六盘山加大旅游产业（景点、宾馆等）建设投入，创收项目投资额增长显著，3个保护区共增加投资11 515.2万元，占39个样本保护区增加投资额的88.43%。

2. 创收项目投资方向集中

从投资去向看，投资主要集中在第三产业。2010年，40个样本保护区创收项

图5-6 样本保护区创收资金来源结构

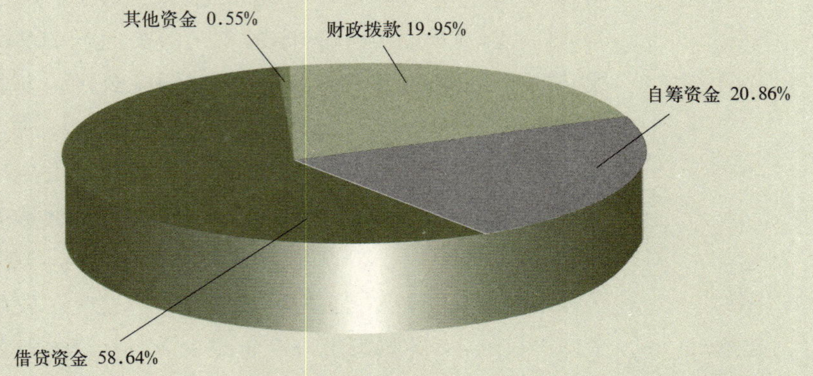

图5-7 样本保护区各创收项目投资来源占总投资的比例变化

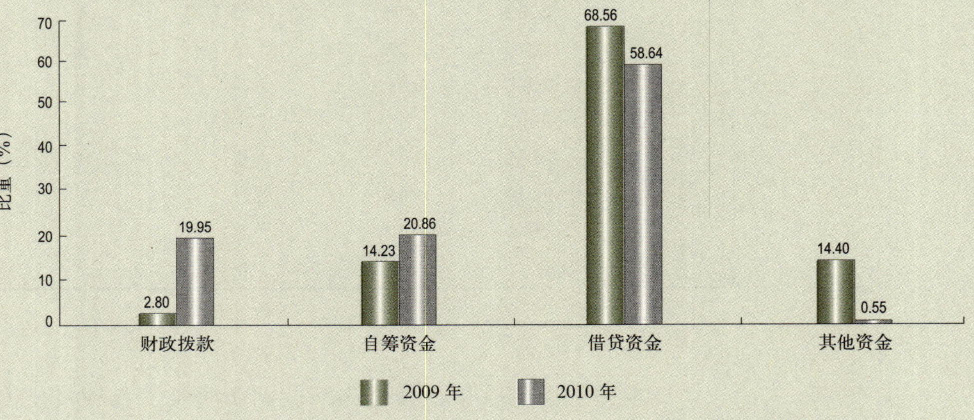

图5-8 样本保护区各产业产值比例结构

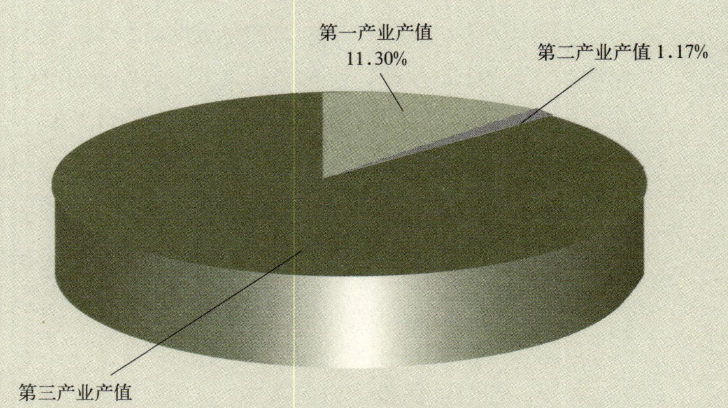

目投资第一产业 1573.2 万元，第二产业 273.9 万元，第三产业 59 941.0 万元。其中，第三产业投资所占比重为 97.01%。

从分项目看，2010 年，40 个样本保护区种植项目投资 304.4 万元，养殖项目投资 1170.4 万元，旅游服务项目投资 58 873.3 万元，工业生产项目投资 310.0 万元，经营服务项目投资 983.9 万元，其他创收项目投资 146.1 万元。其中，旅游服务项目投资占全部保护区创收项目总投资的 95.28%，占第三产业总投资的 98.22%。与 2009 年相比，养殖项目、旅游服务项目和其他创收项目投资所占比重分别减少 0.21、0.49 和 1.78 个百分点；种植、工业生产和经营服务项目投资所占比重分别增加 1.35、0.43 和 0.70 个百分点。

3．创收项目投资来源情况

按照资金来源分，2010 年，40 个样本保护区创收项目投资总额中，财政拨款 12 328.6 万元，自筹资金 12 888.3 万元，借贷资金 36 230.0 万元，其他资金 341.2 万元。样本保护区创收项目投资来源结构见图 5-6。与 2009 年相比，财政拨款增加 11 101.6 万元，自筹资金增加 6654.6 万元，借贷资金增加 6202 万元，其他资金减少 5967 万元。其中，财政拨款增加额占增加总资金额的 61.71%。各来源投资占总投资的比例变化情况见图 5-7。

4．创收项目产值增长

2010 年，样本保护区创收项目总产值 59 641.8 万元，比 2009 年增长 35.91%。其中，第一产业产值 6741.1 万元，第二产业产值 695 万元，第三产业产值 52 205.7 万元。第三产业产值占总产值的 87.53%。与 2009 年相比，第一产业产值和第二产业产值在总产值中所占比重有所提高，分别提高了 2.98 和 0.77 个百分点，第三产业产值降低 3.75 个百分点。各产业产值比例结构（图 5-8）。

第一产业产值 6741.1 万元，比 2009 年增长 84.51%。其中，食用菌、竹笋和山野菜的种植产值 1330.0 万元，茶叶及其他饮料作物种植产值 1075.8 万元，中药材种植产值 670.00 万元，林产品采集产值 359.0 万元，花卉种植产值 73.0 万元，其他项目产值 3233.3 万元。与 2009 年相比，食用菌、竹笋和山野菜的种植产值占第一产业产值比重提高 14.45 个百分点，茶叶及其他饮料作物种植产值提高 14.12 个百分点，中药材种植产值提高 6.74 个百分点，林产品采集产值提高 2.75 个百分点，花卉种植产值降低 0.89 个百分点，其他项目产值降低 13.36 个百分点。各项目产值所占第一产值比例结构（图 5-9）。

第二产业产值 695 万元，比 2009 年增长 304.07%。其中，天然植物雕刻工艺品制造 65 万元，占 9.35%，树皮、芦苇画类工艺品制造 20 万元，占 2.88%，其他项目 610 万元，占 87.77%。

第三产业产值 52 205.7 万元，比 2009 年增长 30.33%。其中，旅游饭店项目产值 24 931.4 万元，占 47.76%，其他如旅游门票、商铺出租、观光索道、导游、运

图5-9 第一产业中各项目产值比例结构

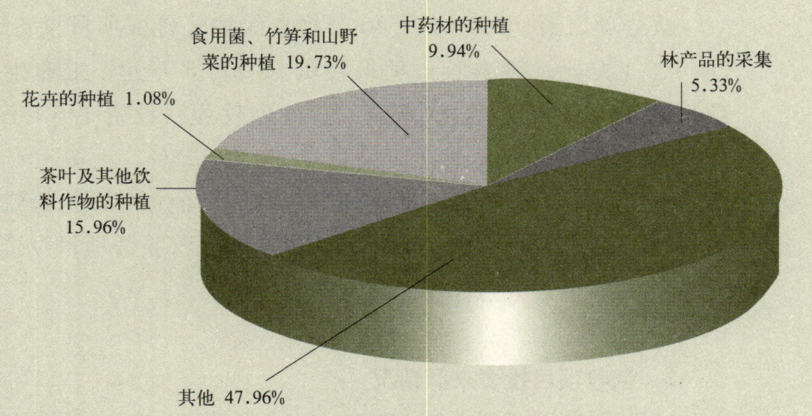

图5-10 样本保护区各领域产值比例结构

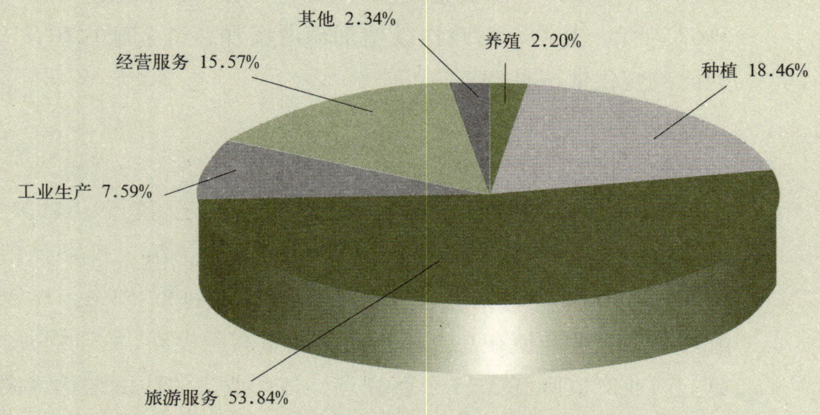

输、绿化等产值 27 274.3 万元，占 52.24%。与 2009 年相比，旅游饭店项目产值增收 6564.5 万元，增幅 35.74%，其他项目产值增收 5584.2 万元，增幅 25.75%。旅游饭店项目产值在第三产业中所占比重同比增加 1.90 个百分点。

从创收各领域看，2010 年，40 个样本保护区养殖项目产值 1351.1 万元，种植项目产值 3567.4 万元，旅游服务项目产值 44 500.9 万元，工业生产项目产值 2817.2 万元，经营服务项目产值 6040 万元，其他项目 1365.2 万元。旅游服务项目产值占总产值的 74.61%，其中，旅游门票收入 19 992 万元，占总收入的 33.52%，比 2009 年增加 4130.5 万元，增幅 26.04%。各领域产值比例结构见图 5-10。旅游与经营服务项目依然是创收收入的主要来源。

保护区调查问卷显示，山东黄河三角洲生态旅游区 2010 年接待游客 14.64 万人次，同比增长 11.8%，直接收入同比增长 20% 以上；宁夏六盘山保护区通过开展生态旅游带动了当地服务业快速发展，旅游服务收入约占当地总收入的 18% 以上；江西井冈山保护区的社区居民开展农家乐等旅游服务，从业人员 400 余人，年产值达 1600 万元。

总之，2010 年监测结果表明：保护区工程实施所带的社会、生态和经济效益进一步显现。从社会效益方面来看，宣传教育范围扩大，进一步提高了全社会保护资源、保护环境的责任意识，带动就业能力进一步提升，社区居民收入明显增长，提高了当地居民的生活水平，带动了当地旅游服务业等相关行业的发展，为当地经济发展创造了良好的生态环境，工程的实施对当地的经济发展起到了一定的推动作用；从生态效益来看，野生动植物种类有所增加，种群规模扩大，栖息环境稳定，野生动物放归和野生动植物驯化栽培取得积极进展，保存了丰富的经济物种资源，林地面积和林分质量稳中有升，区域生态环境进一步改善，区内资源得到有效保护。从经济效益看，样本保护区创收项目投资与产值同步增长，财政资金占保护区创收投资比例大幅提高，创收项目投资方向比较集中，主要用于第三产业，保护区创收收入一定程度上弥补了保护区经费不足的问题，为保护区能力建设、管理水平的提高奠定了基础。

四　保护区科研和管理能力进一步增强

随着科研与管理工作建设的进一步加强，近年来，样本保护区的科研水平、资源管护力度和防灾减灾能力不断提高。

（一）科研监测有所加强

保护区研究队伍继续壮大，到位经费明显增加。2010 年，40 个样本保护区共有科研人员 920 人，比 2009 年增加 20 人。完成和在研科研项目 124 项，比 2009 年增加 12 项。新取得科研成果 50 项，比 2009 年少 3 项。科研经费达 1513.3 万元，实际到位 1418.7 万元，资金到位率 93.75%，与 2009 年相比，科研经费总额虽然减少了 3.53%，但由于资金到位率提高了 47.22 个百分点，实际投入经费大幅度增加。实践中涌现出科研工作成绩较为突出的保护区。如山西省历山自然保护区先后与山西大学、山西省生物多样性保护协会、山西省林业科学研究院等院校科研单位合作开展了一批科研项目，取得初步成果，尤其是 2010 年合作用“红外线自拍机”调查大型兽类，成功拍摄到了金钱豹 6 只、原麝 1 只、猕猴 24 只，还有野猪、狍子、獾、草兔、岩松鼠等兽类和勺鸡、环颈雉、红嘴蓝鹊、珠颈斑鸠等鸟类。云南南滚河保护区先后开展了“印支虎拯救保护、亚洲象监测、三棱资源调查和三棱拯救保护”等 4 项科研监测项目。

通过保护区工程实施，保护区科研能力不断加强，对进一步搞清区内自然情况、摸清资源本底状况，为保护好各类资源打下了坚实基础。

图5-11 样本保护区中案件发生比例结构

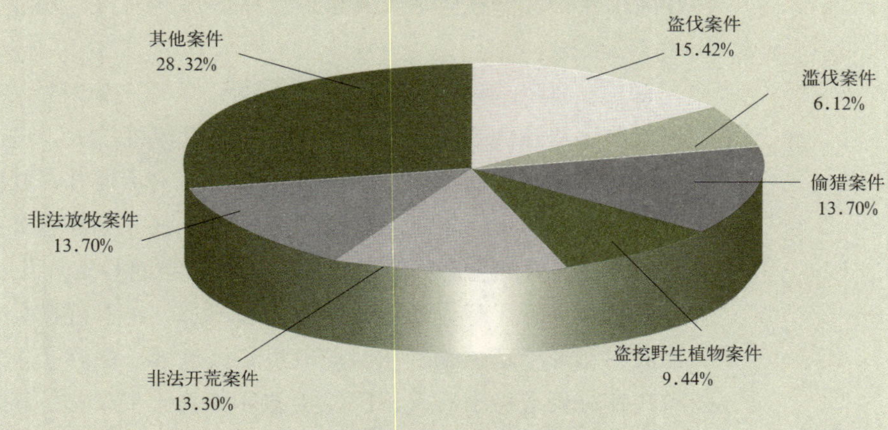

（二）管护能力明显提高

样本保护区管护能力进一步提高。一是巡护范围进一步扩大，巡护能力进一步增强。2010 年，40 个样本保护区共有巡护人员 10 807 人，比 2009 年减少 1424 人。完成巡护工作量 618.12 万千米，比 2009 年增加 112 867 千米，其中，日常巡护工作量 489.87 万千米，稽查巡护工作量 128.25 万千米。人年均日常巡护工作量 453.29 千米，比 2009 年提高了 17.65%。二是制止非法活动和清除火灾隐患能力进一步加强。2010 年，40 个样本保护区共制止非法进入保护区 7362 人次，比 2009 年多制止 741 人次；清除非法进入保护区人员 4344 人次，比 2009 年少 148 人次；清除非法狩猎工具 1124 套（铗），比 2009 年多清除 177 套（铗）；消除火灾隐患 700 起，比 2009 年多清除 394 起。三是执法与处罚力度不断加大，区内资源得到有效保护。2010 年，40 个样本保护区共发生各类违法案件 752 起，比 2009 年减少 24 起，降低 3.09%；全年共查处案件 729 起，查处率比 2009 年提高了 1.06 个百分点；处罚违法人员 622 人次，收缴林木 90.7 立方米，收缴野生动物及其产品 882 只（头、张），收缴野生植物 641 株，查处非法开荒面积 100.46 公顷，与 2009 年相比均有所下降。2010 年样本保护区发生各类案件比例结构见图 5-11。

（三）防灾减灾成效明显

2010 年，样本保护区除森林病虫害面积有增加外，其他森林灾害均明显减轻。40 个样本保护区共发生森林火灾 7 起，比 2009 年减少 2 起，火灾受害森林面积 3.75 公顷，比 2009 年减少 1797.26 公顷；森林鼠害发生面积 4069.30 公顷，比 2009 年减少 3050.70 公顷，防治面积 44 880.80 公顷，比 2009 年减少 4446.20 公顷；凝冻、水灾等其他灾害发生面积 283.00 公顷，比 2009 年减少 18 574.00 公顷，防治面积 43 435.00 公顷，比 2009 年减少 10 979.00 公顷。森林病虫害面积 27 639.80 公顷，防治面积 111 335.57 公顷，森林病虫害发生面积比 2009 年增加 33.81%，防治面积也大幅增加，比2009年增加34.58%。

五 保护区工程建设和管理中存在的主要问题

保护区工程各项目建设稳步推进，工程规划中的近期目标已基本实现。但从工程监测及各样本保护区反映的情况看，存在着一些有待解决的问题。

（一）工程投资不足，投资标准偏低

保护区调查问卷显示，工程实施以来，保护区基础设施建设有了很大加强，有17个保护区反映工程投资基本满足了保护区基本职能需要；有23个保护区反映工程建设内容还不能满足保护区管理的需要。一是基础设施有待加强。保护区道路、交通和通讯工具、保护设施和装备、附属设施、疫源疫病监测基础设施、引水工程、管理站、森林防火基础设施和保护区管理局房屋建设等仍需加强。二是监测能力建设急待加强。气象监测、生态环境监测、生物监测、森林病虫害监测等方面建设、野生动植物的繁殖驯化放生监测等系统工程建设十分薄弱。三是保护区工程投资标准偏低。由于保护区大多位于边远山区，工程造价成本高于一般地区，建设项目难以高标准完成。四是保护投入不足。生态效益补偿、野生动物肇事赔偿、保护区社区共管共建方面的投入太少。

此外，由于缺乏资金渠道，对濒危物种需采取的专项拯救保护措施严重滞后，基本设施难以满足拯救保护要求的情况十分普遍。

（二）工程建设管理有待完善，工程建设水平有待提高

保护区调查问卷显示，一是基础设施建设还不够完善。一些保护区道路交通条件仍较差，管理站房屋破旧、保护设施设备不足，科研与监测设施不足；二是资金投入缺口较大。加上近年来原材料和人工费用上涨，原来签订的许多招标合同已无法如期建设。三是工程投入项目不完整。许多项目没有平整场地、挡土墙等附属工程投入。四是在资金管理上存在工程资金不到位或到位不及时的问题，影响工程进度。材料、人工等费用与规划审批时高出很多。五是地方配套资金难兑现。不能及时到位或不能足额到位情况更严重，影响了工程项目的实施。六是在工程设计管理上，保护区工程项目建设规划设计与相关部门缺乏沟通协调；项目建设过程变更设计存在一定的随意性。

（三）土地权属不清仍未根本解决，土地管理力度仍需加大

从保护区调查问卷反映的情况看，保护区管理中相关制度不健全的问题依然突出。由于制度缺失，以及在设计保护区工程项目建设规划时与国土、建设、环保等相关部门缺乏有效协调沟通，导致工程建设中如集体土地使用权纠纷和“一地两证”

等问题仍然存在，这给保护区管理工作带来了极大困难。

（四）科技人员严重不足，科研水平有待提高

保护区调查问卷显示，保护区科研能力和队伍建设仍然是今后工程建设中需要解决的重点问题。从各样本保护区反映情况看，目前，还面临着从事科学研究的专业人员数量不足、素质偏低的问题。这一问题导致在日常工作中针对一些珍贵物种的保护与利用技术研究没有突破或无法开展，部分保护区由于缺乏科研监测，甚至对本区的资源本底情况没有准确了解。这已严重影响了保护区管理工作的开展。

（五）野生动物肇事补偿仍不到位，保护区与社区关系仍较紧张

2010 年，有 31 个样本村不同程度受到重点保护野生动物和一般野生动物活动的损害，农作物受害面积 3892.33 公顷，造成经济损失 661.95 万元，只有 6 个样本村得到 0.27 万～9.75 万元不等的补偿。在受到重点野生动物活动损害的 14 个样本村中，农作物受害面积 1720.53 公顷，损失 243.74 万元，仅有 2 个村获得 3.97 万元的补偿。在受到一般野生动物活动损害的 28 个样本村中，农作物受害面积 2171.8 公顷，损失 418.21 万元，仅有 4 个村获得共 18.25 万元补偿。由此可见，野生动物肇事补偿问题仍然没有得到解决，保护区与区内和周边村的关系难以融洽。

六　加强保护区工程建设和管理的对策

保护区调查问卷显示，自然保护区的保护对象仍然受到人为活动干扰和自然灾害的威胁。为保证保护区工程二期建设的顺利进行，有效消除保护对象面临的各类外部威胁，结合工程一期建设的经验，提出如下对策建议：

（一）加大工程投资力度，增加工程项目内容，提高工程投资标准

在工程建设中，进一步加大工程投资力度，增加气象监测、生态环境监测、生物监测、森林病虫害监测、疫源疫病监测、野外巡护监测、森林防火监测等科研监测设施和站点的资金投入，尤其应加强保护区周边管护站、哨卡等一线站点建设，继续夯实硬件基础。同时，要加大自然保护区科学保护、有效管理、提高水平方面的投入，加大对保护区科研、宣教、培训和信息化建设的投入；增加保护区工程建设项目内容，如社区共建、生态旅游、栖息地恢复、濒危物种专项拯救保护基础设施建设；适当提高工程项目投资标准，确保如期高标准完成建设项目。

（二）加强工程建设管理，提高工程建设水平

一是工程投资要充分考虑工程建设的实际需求，做到“因区制宜”，即投资要与保护区实际面积、所在区域以及管理难易程度相联系，尽可能适应各类保护区的

建设要求。二是安排地方配套资金要考虑各地财力，对困难地区适当调减配套比例，减轻建设单位和地方政府的压力。三是设立专门的生态补偿制度，提供专项补偿资金，优先解决自然保护区保护与发展的矛盾。四是推动机关效能建设，加强工作沟通，提升行政审批效率。同时，对工程资金的落实与使用情况，要加大检查、监督力度。防止挪用挤占项目经费，确保专款专用。

（三）不断健全保护区管理制度，着重解决区内土地使用权矛盾

在保护区工程建设中，要进一步加强管理制度建设，坚持做到依法治区。同时，要加强领导，注意与各有关部门的沟通协调。要着重解决保护区内土地权属矛盾问题，在明晰产权和土地类型的基础上落实所有权人权益，积极探索以租赁、赎买、置换等方式解决保护区对区内林地和资源的管理权问题。

（四）继续加强科研能力建设

一是要进一步加大扶持力度，增加资金投入，尤其是对水文、气象、地质等事关保护区环境的科研项目，以及保护区资源本底调查项目的经费支持；二是为加强科研工作，多出成果，建议增强科研监测仪器设备配备；三是进一步充实研究队伍，提高人员素质，在不断提高人员工资福利的同时，加强培训和交流，有效增强保护区科研岗位对高素质人才的吸引力。

（五）加大野生动物肇事损失补偿力度

当地政府要按照《中华人民共和国野生动物保护法》第十四条的规定，对因保护国家和地方重点保护野生动物造成的农作物或者其他损失给予补偿。要尽快出台相应的规章，确保野生动物肇事补偿落实到位，对一般野生动物造成的农作物损失及人畜伤亡也要纳入补偿范围，保障村民的合法利益不因野生动植物保护而受到侵害，以调动村民支持、理解和参与野生动植物保护的积极性。对财政困难的地方，中央和省级财政应当加大财政转移支付力度给予支持。

（主要执笔人：李磊、余涛、夏郁芳）

6

2011

调查员报告

天然林资源保护工程调查报告——甘肃省康南林业总场

康南林业总场地处秦岭山脉西端南麓，陕西、甘肃、四川3省交界地带的康县境内，属长江中上游地区。它是甘肃省十大重点林区之一，是国家天然林资源保护工程重点实施区域，也是长江中上游重要的水源涵养林区和陇南地区重要的绿色屏障，生态区位非常重要。

（一）基本情况

康南林业总场是陇南市属国有林业总场，下辖阳坝、清河、豆坝、长坝等4个林场，涉及康县28个乡镇范围内的国有林区。林场行政区土地总面积108.03万亩，有林地面积58.00万亩，森林覆盖率95.27%。2010年末全场总人口1500人，在岗职工190人，离退休人员106人，落实政策及抚恤人员35人，下岗待安置职工330人。

1998年9月以前，康南林业总场始终坚持以“以营林为基础，普遍护林，大力造林，采育结合，永续利用”的经营方针，投入了大量的人力、物力、财力，大规模地开展植树造林活动，改善了康南林区的生态环境。实施天然林资源保护工程后，康南林业总场坚持以生态效益优先，生态效益、经济效益和社会效益相统一的林业发展方针，全面停止了对天然林的采伐，原有的木材综合加工生产全部停止，其他相关产业大部分也停业，将工作重点转向了以天然林资源保护、封山育林为主的生态公益林建设项目。增加了森林资源总量，确保了森林资源的安全。

由于长期以来国家对林业建设投入有限，另有林区退休职工逐年增加等原因，使林区面临的矛盾和问题日益突出，面临的困难更加严重。天保工程实施后，康南林业总场全面停采，以木材销售为主的收入来源随着林业建设方向的调整而切断，依附于木材生产为主的相关产业也丧失了经营能力，林区的多种经营、种植业、养殖业等后续产业的发展还比较滞后，造成林区的社会经济效益不高，林业职工的收入低下，社会矛盾和家庭矛盾都非常突出。林区的基础设施建设经过多年的努力，生产生活条件虽有所改善，但仍有相当数量的林场存在吃水困难等问题，造成林区职工和当地村民就医、出行非常不便，子女上学和就业问题难以解决。

（二）天保工程一期主要政策执行情况

天保工程实施以后，康南林业总场全面停止了天然林的商品性采伐，加大了森林资源保护力度，大力开展生态公益林建设，调整、优化林业经济结构，维护林区社会稳定，取得了显著成绩。

1．森林管护

康南林业总场把保护森林资源、维护生态安全作为全场工作的重中之重，加强领导、明确责任。在重点管护区，实行场主要领导负总责，班子领导分片负责，天保办作为监管部门，林场作为直接管护责任单位，护林员作为直接责任人的管护工作机制，对森林资源保护实行目标管理，按管护单位划定责任区，总场每年都与4个直接管护林场及护林员签订《康南林业总场天保工程森林资源管护责任状》及《康南林业总场天然林资源保护工程森林管护合同书》。

通过签订责任状，把林场69.30万亩重点管护区的森林资源管护责任真正落实到人员、林班、山头和地块。2010年，参与森林管护的林业职工111人，当年人均管护补助收入15 855.86元。在十年的天保工程期间，全场没有发生大的乱砍滥伐事件，林场实现了37年无森林火灾。

2．人员分流安置

天保工程启动后，康南林业总场在册职工人数并没有明显减少。截至2010年底，林场全部在册职工520人，其中在岗职工190人，下岗待安置职工330人。在岗职工工资年人均1.5万元，离退休人员养老金年达2.7万元，在岗工资水平与当地相比偏低。林业公安干警平稳过渡。

在岗职工中，政社性人员51人，参与森林管护111人，从事公益林建设28人（图6-1）。天保工程一期期间，林场累计一次性安置2人。

3．资金到位与投入情况

林场2000～2010年天保经费总投资为4024.40万元，其中：国债资金投入804.00万元，财政专项资金3220.40万元。截至2010年底，已完成投资4024.40万元（包括基本建设和财政专项资金）。

2010年，林场完成投资432.00万元。其中，基本建设资金支出147.00万元，

图6-1 康南林业总场在岗职工构成

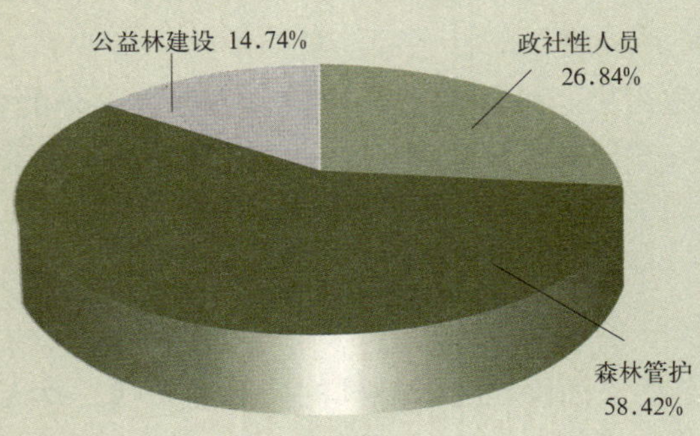

图6-2 康南林业总场财政专项资金支出结构

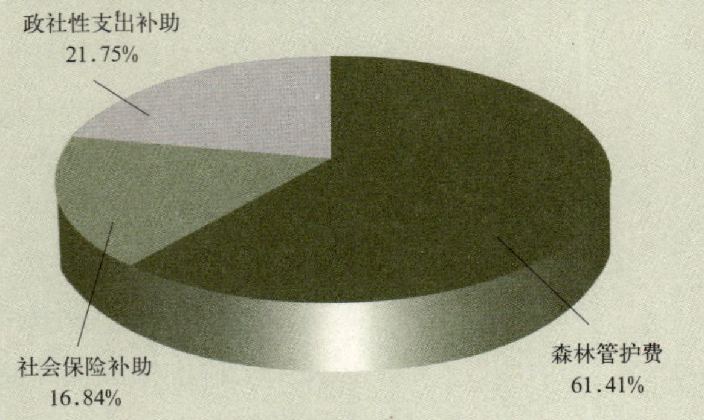

全部用于封山育林；财政专项资金支出285.00万元，主要用于森林管护费和政社性支出补助（图6-2）。

4．公益林建设

按照甘肃省公益林建设的总体规划，林场早部署、早安排、突出重点，真抓实干，全面完成了公益林建设封山育林任务。2010年我场完成天保封山育林15 000亩，完成中幼龄林抚育试点10 000亩。全面完成了上级下达的营林生产任务。

自天保工程实施以来，康南林业总场通过封山育林，森林资源得到了自然恢复。2000～2010年封育任务8.41万亩，实际完成8.41万亩，完成率100%。经过10年不懈的努力，截至2010年底，林区的森林覆盖率已达到95.27%，森林活立木蓄积量达647万立方米（根据1990年森林资源二类调查数据测算，增加了124万立方米），森林覆盖率和森林蓄积量分别增加了5%和36%，林分质量不断提高，生态环境进一步改善。

（三）天保工程政策在康南林业总场面临的主要问题

1．天保工程资金投入与管理方面存在的主要问题

天保工程专项资金按人头拨款额度较低，且资金分配不平衡。康南总场现有直接管护人员111人，自1999年以来，森林管护费用按人头计算拨款历来比政社性人员偏低，致使康南林业总场累计超支418万元。

2．改善林区职工收入方面存在的主要问题

（1）职工社会保障存在的问题

一是由于1998年停止采伐后，林场无经济来源，职工收入低，造成康南林业总场职工投保基数低于社会工资的60%；二是因企业转产后，大部分下岗职工工资发放没有保障，致使下岗职工及一次性安置职工出现断保、漏保的现象；三是康南林业总场拖欠部分养老、失业保险，主要原因是林场没有专项经费及其他经济收入

而造成；四是天保工程一期期间退休职工因没有专项经费而无法进入社保。

（2）社会保障资金缺口较大

2010年国家“四险”补助资金缺口达60万元，而且随着社会工资水平的逐年提高，资金缺口还会逐年增大；截至2010年，10年累计缺口达420多万元。遗属生活困难，补助费缺口70万元；养老金统筹外缺口无资金来源。

（3）林区道路、通讯设施落后

目前，林区护林道路是20世纪六七十年代以前修建的采伐便道，给护林巡逻、森林火灾扑救等造成很大的困难；加上林区山高林密，管护范围广，仍有大部分区域为通讯盲区。

（4）职工住房问题

林区现有危房面积37 101平方米，目前共1366人，328户住的仍然是20世纪60年代修建的砖瓦结构或板块结构的危房。

（5）饮用水困难

林区职工目前的饮用水为井水和河水混用，每逢雨季，河水浑浊，根本无法饮用，无法确保林区职工饮用水安全。

（6）森林管护站点等基础设施设备落后，护林交通工具严重缺乏

康南林业总场天保工程区总面积69.3万亩，28个基层管护林站至今仍使用20世纪60年代修建的简易砖瓦房或租用乡镇、农场的简陋房舍，工作环境极差；由于管护面积大，点多线长，而各林场未配备交通工具，用于护林巡逻的交通、通讯工具相当缺乏。天保工程专项资金又没有这方面的开支，严重影响天保工程区的森林管护成效。

（7）林业基础设施建设滞后

办公设施和软硬件建设亟待加强，部分护林站和苗圃基础差，设备、装备不足，林区通讯设备老化，防火道路、桥梁得不到必要的改造和维护，防火基础设施还比较薄弱，综合防控能力不强。

（8）资源林政管理难度增大

地方社会主义新农村建设、水电开发和灾后重建等工程，对森林资源管护和林地管理造成很大压力，资源林政管理难度增大。

灾后重建和危旧房改造工作开展不平衡，4个林场没有列入灾后重建，危旧房改造建设资金严重不足，尤其是危旧房改造项目建设中的拆迁费、拆迁过渡性安置费及配套设施投资等资金缺口很大。

（四）对康南总场实施天保工程二期的政策建议

2011 年是“十二五”规划的第一年，同时也是天保工程二期的启动年，我们将以党的十七大和十七届四中全会精神为指导，坚持以科学发展观统领工作全局，突出发展现代林业这一主题，围绕体制改革、灾后重建、棚户区改造、天保工程、产业开发这几件大事，着力推进体制改革和机制创新，着力加快灾后重建、棚户区改造和解决民生问题，着力加强森林资源保护，着力加强内部管理和项目建设，促进林区经济工作又好又快发展。重点抓好以下几个方面的工作。

1．集中精力，继续扎实推进天保工程二期建设

一是做好天保工程二期方案的跟踪衔接；二是加强生态公益林建设，抓好造林工作；三是继续抓好林业有害生物的监测防控工作；四是强化森林资源保护管理，加强林业法律法规的宣传教育，全面落实管护责任制，坚持依法治林，切实加强林地管理，严格征占用林地审核，严厉打击一切破坏森林资源犯罪活动，全力维护林区社会治安稳定。同时，全力抓好森林防火工作，贯彻落实好“预防为主、积极消灭”的森林防火方针，采取各种有效措施，积极开展森林火灾隐患排查，强化野外用火管理，加强森林防火物资、交通、通讯设备等基础建设，始终做到思想不松懈，领导不松手，工作不松劲，措施不松动，采取超常规措施，力争不发生森林火灾；五是完善社会保障，贯彻落实职工最低生活保障和基本养老、医疗、失业、工伤、生育等社会保险方面的政策规定，加大工作落实力度，保障职工基本医疗需求。加大城镇居民基本医疗保险宣传力度，提高居民参保率。继续努力争取公益性岗位，积极争取并落实好国家各项惠民政策，解决下岗失业人员的实际困难，消除各种隐患，减少不安定因素，保持林区大局稳定；六是按照“慎用钱”的要求，强化资金的管理、使用，专款专用，切实把天保资金管理好、使用好；七是抓好安全生产工作。

2．大力发展森林旅游业工作

通过各种渠道招商引资，完善森沁宾馆和清河山庄的配套设施，积极开发南沟风景区，打造一流森林旅游业。

3．集思广益，有序开展产业开发工作

稳步推进阳坝茶厂的管理模式的转变，加快豆坝林场山野菜加工开发建设步伐；充分利用林区资源和区位优势积极开展招商引资，大力发展林业多种经营，主要发展林产加工业、森林旅游及服务业等，逐步推进林业产业的经济发展。

4. 关心职工切身利益，解决好民生问题

要认真贯彻以人为本的理念，继续把关注民生、着力改善民生作为一切工作的出发点和落脚点，时刻把职工群众的冷暖放在心上，切实解决事关林区职工切身利益的工资、医疗、住房、教育、交通、用电、饮水等问题，想方设法增加职工收入，改善职工群众的工作和生活条件，多为职工想事、谋事、干事，做好再就业和职工稳定工作，为职工排扰解难，努力把职工的切身利益维护好。加强协作，搞好地方政府关系，为林区发展和天保事业营造宽松的社会环境。

（主要执笔人：甘肃省康南林业总场 何武梅）

退耕还林工程调查报告——山西省平陆县

本次调查由调查员按要求深入同级国土、统计、水利、农业、畜牧、财政等部门，查阅文件数据资料，询问相关部门工程技术人员，认真开展。对监测样本村随机抽取的10户退耕农户，采取了分户走访调查与参加座谈会讨论相结合的方式。

（一）监测县概况

1．自然地理及气候条件

平陆县位于山西省最南端，年均降水量为594.1毫米，年平均气温为14.1℃。行政区面积1173.5平方千米，下辖6镇4乡1区，229个行政村。全县耕地面积2.60万公顷，林业用地面积4.47万公顷，森林覆盖率达32.07%，森林资源丰富，10万亩油松林成为一道绿色的风景。

2．社会经济状况

平陆县虽然被国务院确定为国家级贫困县，但“十一五”期间，县域经济和社会各项事业长足发展。2010年全县国内生产总值达20亿元，工业增加值6.4亿元，农林牧渔业总产值10.5亿元。粮食总产量96 634吨，较2009年增长21.47%，主要是小麦、玉米等。干鲜果品总产量114 295吨，较2009年增长21.03%，主要是苹果、桃、柿等。财政总收入1.7亿元，农民人均纯收入3249元，较2009年增长12%。

3．退耕还林工程状况

平陆县退耕还林自2000年开始试点，2002年全面启动以来，累计完成退耕还林任务 1.73 万公顷。其中退耕地造林 0.53 万公顷，配套荒山荒地造林 1.17 万公顷，封山育林 0.03 万公顷。退耕还林工程涉及 10 个乡镇，221 个行政村。有 13 000 多个农户收益于该项惠农政策。

（二）监测结果

1．工程进展顺利，政策落实到位

至 2010 年末，平陆县已全面完成上级下达的退耕地还林任务 0.53 万公顷。其中生态林 0.44 万公顷，主要栽植刺槐、柏树、元宝枫等；经济林 0.09 万公顷，主要栽植花椒、核桃、柿等；配套荒山造林 1.17 万公顷，主要栽植刺槐、柏树等耐旱树种。整个退耕还林工作年初有安排指导，年终有核查评比。

通过对监测点乡镇、村、农户调查走访，县乡均对验收合格的造林面积，及时、足额兑现了退耕还林一期补助和巩固成果延长期补助的粮食折资及现金补助。监测县、乡、村把退耕还林政策兑现作为政务、村务公开的主要内容。县、乡林业站自查验收资料齐全，政策兑现《分户明细表》、《钱粮兑现本》、《农户验收卡》完备。

2．退耕还林对社会经济效益影响

平陆县退耕还林工程实施中兑现中央资金 2010 年 878 万元、2009 年 1237.9 万元，直接为农民带来收益。退耕后部分富余劳动力由原先的粗放经营转向精耕细作，或从传统农作物生产转向林业生产。与退耕前相比，全县粮食、干鲜果品总产量都有提高，说明退耕没有影响到全县粮食、经济林果生产。监测村干部群众非常拥护退耕还林政策，充分认识到陡坡地耕种对生态环境的破坏。国家相继出台的系列退耕和巩固政策也保障了退耕地暂时没有收益的农户利益。监测县巩固成果中央专项资金两年来共投入 50 万元，培训退耕农民 1750 人，提高了农民科技与就业技能。这表现为，部分富余劳动力外出打工，范围从出县到出省，持续时间由季节性到常年性，工作性质由最初的出卖体力到搞专业技术。还有部分农户转向工副业发展。农民生计由原来的依赖农业向多样性发展，收入明显提高，逐步富裕。以监测点西牛村为例，全村 218 户，三年来有 5 户农户富裕后举家外迁，在城里买房居住，大部分农民家有存款，生活殷实。

3．退耕还林生态效益显著

退耕还林工程、天然林资源保护工程的实施，明显改善了本地生态环境，有效地遏制了水土流失，减轻了洪涝灾害。近几年来，扬沙和浮尘天气没有了，山更绿了，天更蓝了，生态条件变好了。

（三）对退耕还林工程政策建议

1．提高工程造林补助标准

退耕还林工程建设投资提高后亩均 200 元，而本地 1 亩保栽保浇保活林地的成本约需 1200 元，大部分还要靠自筹资金发展。由于平陆县属国家级贫困县，地方财政困难，无力安排工程项目的配套资金，影响到造林质量。建议上级部门根据实际情况加大退耕亩均造林投资。

2．重视后续产业发展，加大农民科技技能培训

继续巩固退耕还林后农民后续产业发展规划，提供优惠政策，支持工程区配套产业发展，如提供小额信贷，低息信贷，为后续产业发展提供金融支持。加强农户的专业技能培训，为后续产业发展提供人才技术保障。加大新技术引进推广力度，为后续产业发展提供科技支撑。

3．增加退耕后续各项经费，落实管护责任

一是退耕陡坡地土壤贫瘠，灌溉困难，尚未产生经济效益。建议国家加强水电等基础设施建设，为农民进一步林业产业投资提供设施保障。二是部分农户重造轻管，重国家补助收入，轻退耕地投入。退耕后常年外出打工，林地中耕、除草、施肥等营林抚育措施跟不上。建议国家将后期管护费用纳入规划，林业部门实行专人分片包干统一管护，落实管护责任。三是工程实施十年来，随着成林面积的增加，防火工作量也大大增加。建议增加后续防火经费，搞好森林防火队伍建设，配制观察及扑救设备，确保退耕还林建设成果。

（主要执笔人：山西省平陆县林业局　吴秀英）

退耕还林工程调查报告——内蒙古自治区固阳县

固阳县位于内蒙古中西部，阴山北麓，属以农为主的农牧结合区。固阳县从2000年开始实施退耕还林工程，截至2010年共退耕还林1.07万公顷，荒山还林2.81万公顷，封山育林0.20万公顷。监测数据表明，退耕还林工程的实施,不仅在很大程度上改善了固阳县的生态环境，而且也改变了人们对植树造林的思想观念，使广大人民群众认识到了生态建设的重要性。该工程的实施在生态建设方面以及社会经济效益等方面都发挥着积极的作用，但也存在着一些新的变化和问题。

（一）工程进展及政策落实情况

随着《国务院关于完善退耕还林政策的通知》国发 [2007]25 号文件的下发及国家开展的退耕还林工程阶段验收，固阳县退耕还林工作重点开始从大规模造林转向森林经营，加强补植补造和森林抚育管护，把加强森林经营、提高森林综合效益作为巩固退耕还林成果与解决退耕农户长远生计相结合的着力点，促进生态与经济的协调发展。

1. 退耕还林工程进展情况

固阳县累计退耕地造林 1.07 万公顷，2010 年原有补助期满退耕地还林面积 0.68 万公顷，占总退耕面积的 63.3%，通过了国家林业局组织的阶段验收。随着退耕还林工程退耕地任务的调减，固阳县的荒山荒坡造林面积和封山育林任务在增加，

2010 年固阳县实施并完成了 0.07 万公顷荒山荒坡封山育林任务，结合巩固退耕还林成果补植补造任务，对全县 2000 ～ 2005 年退耕还林工程进行补植补造及抚育，补植补造面积 0.30 万公顷。

2．退耕还林工程政策执行情况

随着工程的逐年开展，退耕还林工程的各项政策都宣传到位，且执行做到了公开透明。每年的退耕地检查验收结果都进行张榜公布，粮款兑现公示行政村达到了 100%。从 2008 年开始有第一轮补助期满的面积，开始享受国家的延长补助，目前已有 0.68 万公顷退耕地第一轮补助到期，国家已下拨 918 万元延长补助资金，固阳县也已及时足额的通过财政一卡通将补助发放到退耕农户手中。

（二）存在的困难及问题

1．干旱及病虫害问题

由于固阳县地处黄河流域干旱半干旱地区，年降水量仅有 300 毫米左右，而且从 2005 ～ 2008 年连年干旱，2010 年全年降水量仅有 312.6 毫米，导致大部分林木生长减缓，树势弱，发生了病虫害，小班地块保存率下降，补植补造任务逐年加大，巩固退耕成果面临困难。

2．抚育问题

固阳县的退耕地全部属生态林，除国家的补助外无其他的经济收入，导致退耕农户不愿投入更多的资金进行林地的抚育和管理，加剧了退耕地成活保存率的下降。

3．树种配置问题

固阳县 1.07 万公顷的退耕地造林面积中有 0.90 万公顷的沙棘林，目前已全部成林，但由于工程实施起初的规划缺少科学性，导致雌雄植株比例不合理，有好多地块中只有雄株，无法发挥经济效益。

4．后续产业问题

随着退耕还林补助的减少，退耕后续产业的发展迫在眉睫，如何开展后续产业，引进相应的企业，增加退耕农户的收入，降低退耕农户对国家补助的依赖，是退耕还林工程实现“稳得住、不反弹”的关键。

（三）对策与建议

（1）固阳县自然条件恶劣，降雨稀少、干旱是影响造林成活率和保存率的关键因子。加大补植补造力度是成果巩固的重要手段，但补植补造最大的困难是资金不足，建议国家加大补植补造的任务及每亩的投资标准。

（2）进一步加强抚育和管护工作。“三分造，七分管”，要加大对退耕地的抚育和管护的投入。退耕地由退耕户自行管理，但目前许多退耕户已外出，加上退耕地较分散、管护成本较高等原因，造成退耕地无人抚育和管护，建议国家加大对退耕地抚育及病虫害防治经费的投入，由林业部门聘请专人进行抚育及管理。

（3）由于固阳县林业后续产业发展滞后，需要大力发展林业后续产业，建议在编制和申报退耕还林成果总体规划时，将资金重点向林业产业建设上倾斜。

（4）固阳县目前已纳入国家重点公益林补偿范围的面积有 1.26 万公顷，但不包括退耕还林工程，建议国家把退耕还林工程纳入重点生态公益林补偿范围，使工程真正发挥生态效益，确保巩固退耕还林成果。

（主要执笔人：内蒙古自治区固阳县林业局　张彩霞）

退耕还林工程调查报告——安徽省东至县

东至县位于安徽省西南边陲，长江中游南岸，分别与江西省的彭泽、波阳、浮梁三县接壤。全县共辖15个乡镇，3个国有林场和1个国有苗圃，250个行政村。全县国土总面积489.2万亩，其中林业用地302.6万亩，耕地46.6万亩，水面44.8万亩，素有“七山一水一分田，一分道路和庄园”之称，是全省乃至全国重点山区县。

（一）工程完成情况

全县自2002年至2010年末，累计完成退耕还林工程任务17.9万亩，其中退耕地造林7.1万亩（生态林65 954.17亩，经济林5045.83亩），荒山荒地配套造林7.6万亩（生态林66 298.8亩，经济林9701.2亩），封山育林3.2万亩。根据2010年开展的自查来看，全县退耕还林工程共涉及15乡镇，216个行政村，28 411户农户，实际完成退耕还林工程面积17.9万亩，计划任务完成率100%。在完成面积中，合格面积17.9万亩，合格面积率100%。

（二）检查验收情况

东至县退耕还林成果巩固情况，除各年度接受安徽省退耕办常规检查外，2009、2010年，组织开展了对全县2002～2005年度到期的退耕还林工程进行复查，验收结果如下：

（1）2002 年生态林面积 36 529.7 亩；2004 年经济林面积 240.6 亩；2005 年经济林面积 45.5 亩全部合格，面积合格率达 100%，上报合格面积准确率达 100%。

（2）对东至县近几年实施退耕还林工程的分析评价：通过几年退耕还林工程项目的实施，较好地完成了国家下达的退耕还林工程建设任务，质量总体较好，各项指标达到了退耕还林工程要求。

（三）工程初步成效

1. 增加了农民收入

退耕还林工程的实施，标志着国家对生态环境建设的高度重视进入了实质性运作阶段。同时，也预示着国家在发展社会公益事业的同时充分考虑兼顾农民利益。据统计，仅退耕还林这一块，截至 2010 年底，全县已兑现粮食补助 10 987 万元，兑现现金补助 1046 万元。使全县 216 个行政村 28 411 户农户得到受益。从 2002 年起至 2010 年全县累计得到国家退耕还林补助达到 1.3 亿余元。

2. 改善了生态环境

退耕还林地多设计在水库后梢、河流源头及两岸生态环境脆弱地区。随着大面积的坡耕地披上绿装，减轻了耕作时化肥、农药对土壤的侵蚀。创造了人与生态和谐，社会经济可持续发展的良好环境。在全县实施的 17.9 万亩退耕还林面积中，生态林面积达到了 16.4 万亩。据测算，17.9 万亩的退耕还林工程项目就可增加蓄水能力 288 万立方米，控制水土流失面积达 40 万亩。东至县的退耕还林，重点布局在坡度 25° 以上的坡耕地 2.3 万亩，16° ～ 25° 的坡耕地 3.8 万亩，6° ～ 15° 的坡耕地 8 万亩，重点安排在坡耕地坡度在 15° 以上较为集中地点及水土流失严重的地方。为此，坡耕地的还林，大面积荒山的绿化，减少了水土流失对农业生产生活条件的影响。

3. 促进了农村产业结构的调整

通过实施退耕还林工程，改变了长期以来广种薄收的传统耕种习惯，有效地调整了不合理的土地利用结构。各地在开展退耕还林后，把生态建设与产业开发结合起来，大力发展特色经济林、生态旅游、药材培植、优势茶叶、贡菊等产业，使以种植业为主的农业生产向林果种植业以及二、三产业过渡，促进了农村产业结构的调整和农村劳动力的转移。截至 2010 年，全县共营造茶叶面积 4.45 万亩，果木林 1.12 万亩，贡菊 1100 亩，其他经济林 3200 亩。

（四）主要做法

东至县自 2002 年被国家列入退耕还林工程建设以来，在县委、县政府的正确领导和上级主管部门的大力支持下，全县有关部门积极配合、通力协作，广大干群踊跃参与、认真实施，全县退耕还林工程建设整体进展顺利，成效明显，得到了安徽省人大、安徽省政协、国家退耕办领导和省、市林业部门的充分肯定。我们的主要做法是：

1．建立健全强有力的组织领导机构，切实加强领导，落实责任制

东至县的退耕还林工作，从一开始就受到县委、县政府的高度重视，把退耕还林作为一项政治任务来抓，成立了以县委书记任组长，县长任第一副组长，相关部门为成员的高规格林业重点工程建设领导小组。领导小组下设专门办公室，明确了各自责任，退耕还林任务目标落实到各乡镇，县委书记亲自做动员报告，进行再部署再落实，要求做到“六个到位”，即任务分解到位，作业设计到位，领导力量到位，责任落实到位，质量管理到位，机制激活到位，把退耕还林工程真正建设成“质量上乘、效益最优、管理一流、群众满意、领导放心”的德政工程、民心工程。县长与各乡镇签订了《东至县林业重点工程建设责任书》，实行目标管理责任制，明确党政主要负责人为第一责任人，把工程建设任务落实到各级领导的肩上。几年间，县政府给予大量的人力、物力、财力支持，财政、粮食、农行等部门为退耕还林政策兑现付出了艰辛的劳动，各乡镇党委、政府对退耕还林实施，作出了艰苦的努力。正因为有如此强有力的组织保障机构，使全县退耕还林工程顺利实施有了根本的保障。

2．采取有效措施，提高退耕还林工程建设质量

（1）把好兑现政策关。为贯彻国家林业局“严管林、慎用钱、质为先”的指示精神，保证退耕还林政策的合理兑现，东至县切实做到了“两个坚持”，一是坚持检查验收制度，在检查验收合格基础上兑现政策，造林实施期限内不合格的延期兑现；二是坚持公示制度，对所有享受政策农户在每次检查验收后公示，如有异议则需调查核实后决定是否兑现，对弄虚作假者一律取消兑现指标。几年来东至县兑现工作基本上顺利，没有出现大的失误。

（2）依靠科技支撑，提高工程科技含量。退耕还林是一项技术性很强的工作，为保证项目按国家的要求顺利实施，在技术培训、规划设计、工程实施等方面，东至县林业局给予各乡、镇技术指导，解决技术难题，建立了数据库和图库的信息管理系统，为整个工程管理提供了便利。

（3）注重工程档案信息管理。东至县分技术档案、工作档案、文秘档案、财务档案以及群众来信来访档案分别归档，使整个退耕还林工程管理保持系统性和完整性，促进了上下信息勾通和各项工作的顺利开展。

（五）存在的问题

尽管东至县为实施好退耕还林工程采取了一系列行之有效的措施，做了大量艰苦和繁重的工作，达到了预期目标，但退耕还林仍然存在着一些突出的问题，随着项目的逐年推进，这些问题解决不好将给我们带来越来越大的工作压力。

1. 边退耕边开垦现象时有发生

一些退耕农户一边享受国家政策补助，治理水土流失，一边又在破坏生态，造成新的水土流失，给退耕还林工程实施成效带来了负面影响。

2. 技术力量不足，工作人员素质不能适应工程实施要求

我们需花费不少的时间和精力甚至财力去纠正补过，已达到上级主管部门的要求。

3. 地界土地争议较多

由于退耕还林工程牵涉到利益问题，使潜伏在农村中的深层矛盾突显出来，尤其是农村土地使用权的归属问题，户与户、户与村、村与村的纠纷频繁出现。林地纠纷使退耕还林工程受到损失，虽然损失的比重目前不大，但对长久的退耕还林工程实效将产生严重影响。

另外，少数退耕地块抚育管理不到位，指导监督也不到位，影响了造林质量。

（主要执笔人：安徽省东至县林业局 王菊芳）

退耕还林工程调查报告——贵州省普定县

退耕还林工程是一项为保障国土生态安全所做的投资最大、涉及面最广的生态建设和民生工程。普定县从2000年启动以来，共完成工程造林1.02万公顷，其中陡坡耕地退耕还林0.57万公顷（原有补助面积1611.87公顷，延长期补助面积3659.50公顷，补助到期398.13公顷），荒山造林0.35万公顷，封山育林业0.11万公顷。

（一）主要问题

工程实施以来，在上级政府和主管部门的领导下，在广大林农和务林人员的共同努力下，工程建设管理水平不断得到提高，工程区水土流失得到有效控制，生态环境得到较大改善。但也存在一些问题。

1. 2.67公顷延长期补助无法兑现

到 2010 年，普定县 0.57 万公顷退耕地中，原有补助面积 1611.87 公顷，延长期补助面积 3659.50 公顷，补助到期 398.13 公顷。但上级下达普定县兑现任务时，延长期补助面积为 3656.83 公顷，补助到期 398.13 公顷。这样就有 2.67 公顷延长期补助面积无法兑现。

2. 旱灾受损严重

普定县自 2009 年 10 月以来，遭遇的干旱已经长达 5 个多月，出现降雨偏少，气温偏高的状况，降雨量仅达到76.5mm，比常年偏少近九成，2010年2月10日气温近30℃，超过历史同期水平，部分地方人畜饮水出现困难，给作物的生长带来了严重影响，林业工程受到了不同程度的损害。

据统计，旱灾和森林火灾造成全县有林地受灾面积0.44万公顷，造成经济损失9795.00万元。其中：退耕还林工程0.36万公顷，全部为成片损失面积；旱灾致全县新造林未成林地受灾面积0.10万公顷，其中：退耕还林工程配套荒山荒地造林面积0.75万公顷，造成经济损失1540.00万元；旱灾致全县封山育林受灾面积0.20万公顷，其中：退耕还林工程配套荒山荒地造林面积中有0.06万公顷，造成经济损失3000.00万元。

3. 退耕农户增收难的问题依然突出

一是受多年来气候异常影响，普定县所种经济林2009年以前大量落花落果，几近绝收。2010年虽有一些收成，但由于化肥、农药、人工工资等价格上长，扣除生产成本，纯收入不多；二是还林农户大部分只重造轻管，重国家补助收入，轻退耕投入，中耕、除草、施肥等营林抚育措施跟不上，造成产出低下；三是补助标准偏低。受粮价上涨影响，10年前的补助标准买不到同量的粮食，补助缩水40%～50%；四是延长期补助到期面积的增加，退耕农户直接收入减少；五是部分还林地区因退耕树种单一，生长缓慢，效益严重滞后，加上基础条件较差，致使林农增收渠道单一，收入增长慢，生活保障低。

（二）对策与建议

1. 核实面积，兑现所欠补助

上级部门请认真核实普定县上报面积，尽快兑现普定县2.67公顷的延期补助，消除不安定因素，创建和谐林区。

2. 全力做好灾后重建工作

认真贯彻落实贵州省委、贵州省政府和县委、县政府的有关灾后重建文件精神，按照制定的灾后重建方案，采取有力措施，做到人员组织到位、措施到位、工作落实到位。具体做法如下：一是狠抓救灾资金、物资落实；二是抽调人员，认真做好病虫害防治工作，针对不同地区、不同树种、不同墒情，做好技术服务工作；三是加大投入，认真做好支农资金筹措工作。积极发挥农村信贷、支农资金及小额信贷的作用缓解农民对林业生产投入困难的实际问题。同时，争取更多的资金投入农业基础设施建设，更好地为受灾群众做好服务工作。

3. 做好后续工作，确保群众生计

一是国家应尽快出台现金补助标准与粮食价格联动机制，综合参考粮食最低收购价格、市场年度价格和预期价格走势等因素，形成补助标准与粮食价格互动的机

制，巩固退耕成果。二是帮助还林农户做好修剪、施肥、病虫害防治等技术培训，提高管理水平，增加退耕地收益。三是继续实施好以坡改梯工程、“三小”工程和农村水利工程为主的农田基本建设，加强农村水、电、路等基础设施建设，确保农户现有田土稳产高产。四是大力发展农村沼气池、节柴灶，降低农村木材消耗，确保已取得的生态建设成果，稳得住、不反弹。五是严格实行封山禁牧、舍饲圈养等措施，禁止人畜上山破坏，确保退耕还林造林成果。六是加大恶劣生态环境地区的生态移民力度，对移民后的地区严格实行造封管相结合，确保使生态恶化趋势得到扭转和恢复。通过采取上述措施，妥善安排好农民的长远生计，统筹考虑和解决好农民的吃饭、烧柴和增收问题，走生态改善、农民增收双赢之路。

（主要执笔人：贵州省普定县林业局　何仕燕、张显松）

退耕还林工程调查报告——陕西省彬县

彬县地处黄土高原塬梁沟壑区，地貌独特，气候宜人。境内盛产的柿子、大觐枣久负盛名，彬县先后被评为“中国果菜无公害十强县”、“中国柿子无公害科技创新示范县”，素有“果乡”的美誉。

彬县退耕还林工程起始于1999年底，退耕地造林总面积10.3万亩，其中柿子林地9万亩左右，目前，挂果面积近7万亩左右，为了全面掌握2010年退耕地产出效益情况，我们进行了一些调查，现将有关情况报告如下。

（一）柿子资源及后续产业现状

彬县是山区旱作农业县，农业产量低而不稳，全县沟坡地30余万亩，占到总面积的17%。20世纪末，县委、县政府把发展柿子生产作为实施退耕还林工程的重要内容，动员广大干部群众，充分利用沟坡地带，历时3年，建成9万亩柿子园，加上原有4万亩老柿子园，使全县柿子面积达到13万亩，年均产量6万吨。柿子主要畅销在新疆、内蒙古、黑龙江、辽宁、甘肃、宁夏等地市场，深受当地广大消费者青睐。柿子产业成为继苹果之后，群众致富的又一支柱产业。

近年来，彬县县委、县政府为了发展柿子产业，开发柿子新产品，增加农民收入，出台了一系列优惠政策，连续3年举办柿子节，宣传彬县，建了6个柿子产品加工厂和生产线，改变了传统加工模式，延伸了柿子产业链，使全县鲜柿加工量提高到1万吨左右。

（二）退耕地产出情况

2010 年柿子鲜果销售价格较往年偏低，平均为 0.70 元 / 千克，亩产量平均为 660 千克 / 亩，产值为 462 元 / 亩，退耕地总产值为 3234 万元，占全县干杂果总产值的 46.2%，占全县林业总产值 23.7%，占全县农业总产值的 1.8%。

（三）退耕地经营存在问题及分析

1．柿子园（退耕地）产出效益依然不高

2010 年，柿子幼园每亩均产量 660 千克，产值约为 462 元 / 亩，加上退耕补助 160 元 / 亩，总收入为 582 元 / 亩，每亩纯收入为 347 元 / 亩。全县 3.62 万退耕户，平均每户退耕 2.48 亩，纯收入 860.56 元 / 户，172.1 元 / 人，占全县农民人均纯收入的 3.36%。在家庭及人均收入中所占份额不大。

2．资金缺乏，生产投入严重不足

据调查，经营 1 亩苹果园需要 200 个工作日，投入化肥 300 元、农药 200 元；经营 1 亩柿子园需要 80 个工作日，投入化肥 160 元，农药 80 元，群众少投入 260 元。究其原因：一是柿子每年的经济效益不如苹果，群众经营投入积极性不高；二是受传统经营管理思想的影响，多数农民认为柿子是“铁果园”，无需管理，于是不修剪、不拉枝、不施肥、不打药、不浇水，任其自然生长，资金投入大大减少，远远不能满足生产实际需要；三是柿子不耐储存，销售渠道窄，市场需求量与苹果相比小许多，加之又无新的加工渠道和新产品研发，为此，群众经营投入不足；四是随着新村庄建设和移民搬迁，群众逐渐迁居到平坦地带，完成了由大山向塬面的过渡，距离柿子种植的山沟越来越远，柿子生产已由原先在家门变得路途遥远，耕作不便。同时，由于农村青壮劳动力大多外出务工，农村劳动力成本大幅提高，在柿子销售价格不高的情况下，影响了群众投入的积极性。

3．基础设施简陋，远远不能满足实际需求

一是柿子园道路建设落后。彬县柿子树几乎全部栽植在沟坡地带，园地附近交通不便，坡陡路窄，不利于机械进入柿园耕作，群众人工劳作为主的现状依然未改。加之，各村主干道路设计路面仅 4 米左右，不利于大型运输车辆直接进入装货，客商收购只能采用小型农用车转运至道路较宽处进行二次装车，增加了客商收购成本，依据市场销售规律，客商自然压低收购价格，弥补投入部分。由此可见基础设施建设落后，也是制约产业发展的又一个主要因素。二是加工设施落后。在柿饼加工中，群众依然采用传统的手工削皮、芦席晾晒、自然风干、露天上霜等方法，没有任何防尘、隔虫、速烤设施，致使产品卫生指标不达标，销售价值低。

4．经营管理不到位，技术人员配备不足，不能满足生产需要

一是柿树经营管理技术宣传培训力度不够，农民技术人员对柿树经营管理技术掌握不够。虽然县委、县政府近几年投入大量资金，组织林业局、果业局、农牧局、科技局等部门积极开展农民培训，掌握农业开发实用技术，年培训农民技术员6000人次，但对于3.62万户的柿子经营户，这只是杯水车薪，需要5年多才能每户培训1人次，远远不能满足实际需要。二是林业基层单位专业技术人员配备不足，特别是经济林专业人员更少，在新技术掌握、运用等方面还需要不断地学习和培训，以满足生产实际需求。

（四）加强退耕还林后续产业建设的几点建议

1．加强组织领导

产业要发展，领导是关键。为了有效促进彬县柿子产业发展，优化产业结构，增加农民收入，应成立由县长任组长，主管县委副书记或副县长任副组长，县委农工部、宣传部、林业、工业、财政、水利、农牧、科技、交通运输、广播电影电视局等部门为成员单位的柿子产业发展领导小组。领导小组下设办公室，抽调专职人员，配齐技术人员，专门负责柿子生产。

2．强化技术服务

要把科技进步作为产业发展成败的关键环节来抓，加大投入力度，建立健全技术服务及推广体系，建设一支专业化的技术队伍，为全县柿子生产提供强有力的技术保障。要积极与大专院校、科研机构进行联系与协作，聘请省市专家作为技术顾问，不断引进、培育、研究、试验、示范、推广新品种、新技术，建立健全以示范、试验、推广为中心的技术服务体系，以嫁接、修剪、土肥水管理、病虫害防治为重点，为柿子生产管理工作培养一批懂技术、会管理的农民技术队伍，不断提升柿子产业的科技含量和发展水平。

3．加强基础设施建设和管护

要坚持建养并重的原则，建立健全管养机制，坚持资金投入以政府为主，养护以市场运作为主，做到政府出钱，农民出力，逐步修建、扩宽柿子园生产路，进一步解决群众耕作难问题；同时，逐步完善现有通村公路错车道、路肩培土或硬化、安全措施等附属设施，确保生产实际需求。

4．努力推进组织化经营

集约化经营及食品安全生产的门槛提高，致使一家一户小作坊生产模式已经无法适应市场竞争和需求，只有提高生产的组织化程度，才能适应市场的发展。一是实行土地流转经营。在自愿的基础上，可以将彬县处在山沟里的原属一家一户所有的柿子树及集体所有的柿子园承包给善于经营、有能力经营者，不仅有利于实现规

模化生产和经营，还能有效降低生产成本。二是建立专业合作组织。在群众生产方便、热情较高的地方，应积极组织和引导广大果民，进行户间联合，组建专门经济合作组织，把分散的农户联合起来，组成农业经济合作组织。进行规模生产，培育产品优势，寻找和开发市场，以经济组织形式应对复杂、多变、激烈竞争的市场，按照合作组织的统一要求，统一施肥，统一喷药，统一采摘，统一销售，破解过去一家一户产量低、销售难的问题。

5. 加大对加工产业的支持力度

随着彬县柿子挂果面积逐年快速增长、产量不断攀升，大幅度提高果品进行深加工水平已成当务之急。润扬公司柿饼加工生产线的建成，填补了彬县柿子加工业的空白。当前，应继续强化政策支持，扶持企业提高加工量，扩大生产规模，发展柿坠、柿干、柿脯、柿汁、柿子果酱等深加工产品，支持企业积极与中国农业科技大学及西北农林科技大学合作，不断探索开发新产品，迅速做大做强产业。加大招商引资力度，吸引客商投资，开发系列产品，增加产品附加值，努力形成生产、加工、销售一体化发展格局。

（主要执笔人：陕西省彬县林业局　魏长安）

退耕还林工程调查报告——甘肃省泾川县

泾川县2010年退耕还林社会经济效益监测工作，通过查阅县乡村统计年报资料，走访县统计、农业、水保、能源、气象等有关部门，深入村组农户等方式完成。入户调查中，监测人员与农户交朋友、拉家常、给农户赠送果树修剪工具、书籍，举办果农技术培训班等，深得农户的信任。通过细致询问、逐步启发、认真调查、逐项核算，取得了准确、详实的第一手资料。经分析、对比及相应的校正，全面完成了2010年的调查任务。现将2010年的调查情况分析如下。

（一）退耕还林工程的实施助推了特色产业的发展

退耕还林工程营造的生态林已全部成林。这些生态林在近十年来泾川县林业各项工程造林中，面积最大、质量最高、生态效益最明显。其中，经济林已进入挂果期，特别是栽植的苹果园已进入丰产期，成为农民收入的主要来源。特别是飞云乡坡头村，山地全部退耕，塬地全部栽植苹果，2010 年果品收入 118.8 万元，户均 2855 元，人均 709 元。果品产业的发展得益于退耕还林工程的实施，解放了劳动力，使农民集中人力、财力、物力投资特色产业发展。

（二）退耕还林成果巩固项目的实施提升了农村生活水平

以太阳灶、沼气池、节能灶为主的节能项目给农民带了生活的极大方便，解决了群众生活上的燃料不足问题，巩固了造林绿化成果，进山砍材的村民越来越少，护林爱林的风尚越来越浓。

（三）林权抵押贷款激活了森林不动资产

结合林改工作，不论是退耕地发放的林权证还是林改后发放的林权证，在林权抵押贷款上为群众开拓了创业融资的新路子，特别是退耕还林地，相对面积大，林分质量好，发展潜力大，评估价值高，贷款金额也较多。

（四）林业经济合作组织建设有力保护了退耕还林成果

通过林业经济合作组织，增强了退耕还林工程的管护、防火工作，弥补了一家一户在防火、管护上的不足。林下养殖、树种改优、林下种植也在退耕还林地块逐步推广，后续产业逐渐发展，退耕还林成果进一步得到巩固。

（五）农民生活水平有显著提高

通过入户调查发现，退耕户日常生活用品购买力增大，特别是文化生活中的开支比例逐渐增加。同时，农村劳动力得到进一步解放农民外出务工的机率更多，这全得益于退耕还林工程实施后农村劳动力的全面解放。

（六）农民想退耕要退耕的心情依然高涨

泾川县还有 1/3 的山地需要退耕，群众建议在“十二五”期间每年再下达一定量的退耕指标，确保此项工程持续实施。

（七）退耕还林后续产业项目在林业行业中的份额不足

退耕还林后续产业项目内容多、涉及面广，但在林业行业中实施的项目少，所占的比例份额小，能让群众直接受益的项目更少。群众认为退耕还林后续产业项目实施林业行业的作用发挥不大，不像能源、水土保持、农业等部门实施的项目让群众直接受益，林业在退耕还林后续产业项目实施中的地位被人为地弱化。

（八）退耕还林粮款兑现工作给林业基层部门的压力加大

由于原享受兑现和延长期享受兑现梯次进行，兑现工作量加大，各年度的检查验收量加，档案资料工作十分繁重，但没有一定量的经费作支撑，林业行业的负担逐年增加。

（主要执笔人：甘肃省泾川县林业局　史小锋）

退耕还林工程调查报告——甘肃省会宁县

会宁县位于甘肃省中部，白银市南端。境内资源贫乏，生态环境十分脆弱，干旱少雨，年均降水量仅为300多毫米，而蒸发量高达1800毫米，水土流失严重。十年九旱，是对会宁县自然条件总的概述。自1999年率先实施退耕还林工程试点以来，取得了显著的生态效益、经济效益和社会效益。工程覆盖全县28个乡镇、3个国有林场、289个行政村、89 538户农民30余万群众直接受益。

（一）社会经济情况

2010年底，全县总人口58.28万人，其中农业人口55万人，占总人口的94.37%。总流域面积6439平方千米，实有耕地面积30.45万公顷（统计耕地面积15.08万公顷，土地详查耕地面积20.08万公顷），农民人均近0.67公顷，目前还有25°以上的陡坡地14.94万公顷；2010年地方财政收入3183万元，比2009年增长20.97%；全县地区生产总值比2009年增长16.9个百分点，第一产业比2009年增长17.38个百分点，第二产业比2009年增长23.54个百分点，第三产业比2009年增长11.78个百分点；农村居民人均纯收入2655元。

（二）工程进展情况

截至2010年底，全县共完成退耕还林工程6.88万公顷，其中退耕地还林2.86万公顷，还草1.12万公顷，荒山造林2.67万公顷，封山育林0.23万公顷。全县已实施的退耕还林工程，得到国家总投资 13.306 亿元。其中：种苗费补助资金 0.5339 亿元；第一轮应兑现粮款补助资金 6.7895 亿元；第二轮延长期应兑现补助资金 5.9826 亿元，其中生活费和管护费补助资金 3.3652 亿元，巩固成果接续产业补助资金 2.6174 亿元。截至 2010 年底，享受原补助面积 20 623.64 公顷，享受延长期补助面积 7454.31 公顷，延长期补助到期面积 11 731.10 公顷（其中还草 11 213.28 公顷）。

2010 年，省、市下达会宁县退耕还林工程荒山造林 333.50 公顷，封山育林 266.80 公顷，巩固退耕还林成果专项规划 2010 年度补植补造任务 1393.30 公顷，后续产业经济林改造建设任务 113.39 公顷，下达苹果基地建设任务 4.54 公顷 。2010 年底，已全面完成了各项任务，任务完成率 100%。

（三）取得的成效

1. 生态效益

通过多年的退耕还林工程建设，生态环境明显改善。项目区林草植被得到快速恢复，水土流失得到有效遏制，荒漠化土地得到有效治理，大风、扬尘、冰雹、干热风等自然灾害明显减少，良好的区域小气候正在形成。与 1998 年相比，全县净增退耕还林还草面积 6.88 万公顷，比新中国成立以来 50 年的造林面积总和还要多。林草覆盖率净增 10 个百分点。工程实施期是历史上森林覆盖率增幅最大、增长最快的时期。全县长期超载运行的生态系统得到休养生息。

2. 经济效益

退耕还林工程的实施使退耕农户直接受益。全县已实施的退耕还林工程第一个兑现周期粮款补助资金总额为 6.79 亿元，可使全县农民人均累计增收 1234.5 元；第二个兑现周期补助资金为 3.37 亿元，可使全县农民人均累计增收 612.7 元。

3. 社会效益

一是退耕还林工程的实施解放了农村劳动力，带动了劳务输出。目前全县年劳务输出达 12 万人次，总收入 3 亿多元。二是增加了农民收入。道口的监测农户，是家家种草，户户养牛。会宁县的“欧窝现象”（新庄乡巩昌村欧窝社村民欧伟，退耕还林 3.2 公顷，养殖牛、羊年纯收入达到 3.8 万元；巩昌社村民何宗辉退耕还林 2.4 公顷，还草 0.31 公顷，养殖牛、羊年纯收入 5 万元）、“新添模式”（退耕、劳务输出、种草、养殖多渠道增收）、“土门劳务输出”（退出耕地、强壮劳力外出打工）、“南部仁用杏经济”（太平联坪仁用杏基地、会师南咀鲜食杏基地）等已成为工程实施后农民增收的典型。三是依托退耕还林工程建设，工程区着力发展特色林果、种苗花卉、舍饲圈养、森林旅游等产业，拓宽了致富门路，加快了小康社会建设进程。

（四）存在的问题

通过对农户的调查，发现还存在以下问题。

1．补植补造任务仍然艰巨

干旱等自然灾害对造林和苗木成活、保存影响很大。会宁县中北部大范围旱象严重，土壤墒情很差，部分荒山造林和补植补造苗木成活率很低；2010 年春天的风暴和低温冻害使部分立地条件较差的退耕地和所有荒山造林全部受灾，降低了成活率、保存率和合格率，对苗木成活成林影响很大，需反复补植补造才能达到国家验收标准。

2．退耕地缺少经营管理

退耕地树种选择上生态效益明显，经济效益欠缺，广大退耕农户的后期管理积极性不高；部分工程质量不高，限制了预期收益的空间，不利于形成农村经济支柱，难以满足农民对退耕还林的效益需求，同时也从一定程度上影响了他们加强退耕还林管理的积极性；后期管理不善，影响了树苗的正常生长，林副产品产出低，退耕农户的现实收益较少；补助政策期满后，退耕农户收益保证不了，势必会影响退耕还林成果的巩固。

3．荒山造林任务艰巨

部分乡镇重退耕、轻荒山的思想严重。荒山造林工程质量差，苗木成活保存率低。存在返耕、复耕、林粮间作问题。

4．巩固退耕还林成果，没有与农户完全衔接

道口村是甘肃省上帮扶对象，又是少数民族村，在政策上有许多倾斜，早在 2000 年，省上就对该村舍饲圈养给予帮扶，无条件提供种牛一头；农村能源建设方面，在 2008 年以前就有沼气池 220 口；新农村建设方面，2007 ~ 2009 年，共修梯田 253.46 公顷；巩固退耕还林成果方面，只有在 2008 年安排该村 50 台太阳灶。这两年没有安排任务。该村还有基本口粮田达不到国家标准的农户，沼气池农户也只知道用于煮饭，不知还有其他用途，有些农户缺少技术指导，只有把沼气池闲置。在经营林地方面，也缺少技术指导，农户表示退耕地仍需补植补造和品种改良。

5．退耕地补助标准偏低

近年来，国家取消了农业税，逐步提高了粮食最低收购价格，并不断提高农民种粮的补贴标准，但对退耕农户的补助标准仍按 2004 年的补助标准执行，而且延长政策补助期限后对退耕农户的资金补助标准减少了近一半，加之现在粮食价格已经大幅上涨，退耕农户所领取到的补助资金已经大大缩水，退耕农户多数感觉到应得利益受到了损害，少数人甚至出现了毁林重新种粮的苗头。

6．退耕还林土地面积仍有空间

近年来，会宁县在退耕还林方面积累了许多造林经验，取得了明显的综合效益。目前仍有 25° 以上的陡坡耕地 14.94 万公顷，需继续退耕还林的大于 25° 的陡坡耕

地 4.86 万公顷，自然生态环境还很脆弱，生态恶化的趋势没有得到根本遏制。加大生态环境建设，巩固造林成果，仍是实现经济社会又好又快发展的长远大计。

（五）建 议

1．建议提高革命老区和贫困干旱山区荒山造林、封山育林、退耕还林政策补助标准

会宁县荒山荒地和适封面积主要集中在中北部山区，造林难度较大，不宜开展机播和人工直播造林，只有通过人工植苗造林的方式才能确保造林成效。由于近年物价上涨，苗木费、人工费、管护费用等也随之上涨，加之由于生态林密度大，造成管理、抚育费用也较高。国家现在给予荒山造林 1800 ~ 3000 元 / 公顷、封山育林 1050 元 / 公顷的补助资金明显偏少，因此，建议将荒山造林补助费用的标准提高为 6000 ~ 9000 元 / 公顷，将封山育林补助费用的标准提高为 4500 ~ 7500 元 / 公顷。建议国家综合考虑粮食市场总体价格水平、物价上涨、国家增加对农民种粮补贴、取消农业税等因素，将会宁县退耕还林直补资金提高到每年 3900 元 / 公顷。

2．建议国家加大对会宁退耕还林后续产业建设投入力度

退耕地产出不能形成替代生计、后续产业发展缓慢、政府对后续产业扶持不够、当地市场空间小，以及经济林的品种等问题，都是制约退耕还林成果的主要因素。会宁县将从规划布局、生产栽培、原料生产、加工增值、产品营销等方面进行统一规划，如南部突出仁用杏、沙棘，北部突出苹果、文冠果、枣基地建设等，以尽快形成具有更大规模、建设规范、质量优良、效益显著的林业产业基地和产业体系。

3．建议国家增列退耕还林项目后续管理专项费用，巩固工程建设成果

随着退耕还林工程树木的逐年生长，中幼龄林抚育、有害生物防治、森林防火等后续管理工作任务量大、投资大，国家对退耕还林工程没配备有专项中幼龄林抚育、有害生物防治、森林防火资金，如果发生险情，单靠一家一户的力量难以应对大面积的森林火灾，病虫害。只有靠国家增列林业生态后续管理专项费用，严格工程管理，才能保证工程建设成效，巩固好建设成果。

4．建议国家在延长退耕还林粮款兑现政策的补助期限的同时，加大退耕还林配套项目建设

如生态移民、农村能源、道路建设、舍饲养殖等，在有条件的地方重点配套建设上水浇灌工程、道路项目等，促进新造林木早点郁闭成林，发挥防护效益，方便群众对林分的经营管理。

（主要执笔人：甘肃省会宁县林业局　韩红林）

京津风沙源治理工程调查报告——内蒙古自治区达茂旗

达茂旗位于内蒙古自治区中段北部，是内蒙古自治区23个牧业旗和19个边境旗之一，总土地面积17 410平方千米，总人口11 43万人。达茂旗属中温带半干旱大陆性气候，年均降水量256.6毫米，年蒸发量2200 ～2800毫米。全旗耕地面积73 689公顷，牧草地面积131 667公顷，林业用地面积445 204.1公顷，有林地面积3007.1公顷，森林覆盖率10.8%。

（一）工程建设及监测情况

自 2000 年启动京津风沙源治理工程以来，截至 2010 年底达茂旗共完成沙源治理工程林业生态建设面积 173.2 万亩，其中：人工造林 21 万亩，模拟飞播造林 17.7 万亩，退耕还林 51.5 万亩（退耕地造林 22 万亩，宜林荒山荒地造林及封山育林 29.5 万亩），封山育林 69.8 万亩，农田防护林建设 0.7 万亩，人工种草 10 万亩，采种基地建设 2.5 万亩，共计林业投资 3.5 亿元，其中退耕农民钱粮补助累计发放 2.3 亿元。

2010 年是达茂旗京津工程监测的第 8 年，继续采用定点跟踪监测方法收集相关数据。县级监测数据是组织人员到相关部门查阅、收集数据，户级监测数据是通过电话、走访两种形式对行政村、自然村相关人员、农户问询。同时，对调查数据进行分析整理，录入计算机，实行电子档案管理。

（二）工程建设成效

1．生态效益

全旗新增灌木林地86.3万亩，未成林造林地6.42万亩。2007年全旗森林资源二类调查发现经过沙源治理，围封禁牧全旗新增150万亩天然灌木林地，全旗的森林覆盖率上升到10.8%。通过围封禁牧，天然草原草群盖度由2000年的13%上升到了2008年的28%，草群平均高度由9.6厘米上升到了14.4厘米，产草量每亩增加了36.9千克，增幅50%。大风日数减少39天，降水量增加3.6毫米，增强抵制自然灾害的能力。

2．经济效益

退耕还林这项建国以来国家投资最大，持续时间最长，老百姓得到实惠最多的项目，惠及达茂旗百镇41个村委16 600个农户，全旗累计退耕还林22万亩，发放粮食生活补贴2.3亿元，退耕农民生活得到基本保障，同时也进一步调整当地的产业结构，大量的劳动力外出务工。2010年外出人员1.32万人，收入近2亿元。农牧民人均纯收入由2000年的1967元上升到2010年的7300元。

3．社会效益

京津风沙源治理工程的实施，既解决了一部分农牧民的就业问题，也为农户牲畜舍饲圈养提供了饲料基础，农户的观念发生了很大变化，更重长远效益，更自觉保护生态建设成果，更加爱惜自然环境。同时，项目实施还促进了畜牧业生产经营方式的转变和牧区产业结构的调整，逐步改变传统粗放的自由放牧方式，实现畜牧业现代集约化经营，为今后全面推广划区轮牧，实现舍饲、半舍饲奠定了坚实的物资保障，对于促进生态文明建设、维护边疆少数民族地区的稳定发展有重要意义。

（三）存在的问题与建议

1．人工造林等项目补助偏低

达茂旗自然条件恶劣，多年来降水量少，十年九旱，造林成活难度很大，治理和保护任务繁重。工程实施十年来，林业、畜牧、水利共完成治理面积732.2万亩，还有1500万亩急需治理，而这1500万亩大部分属于沙化、退化严重地块，治理难度越来越大，治理成本越来越高，目前人工造林等项目投资补助标准偏低。后期补植、浇水、防火和管护没有资金保证，且退耕农户长期生计问题得不到保障，退耕地产出很少，个别地方存在复耕意向。

2．扩大禁牧补贴范围

靠天吃饭严重制约农民生活水平的提高。现有耕地产量不稳，养殖业在农户总收入中占很大的比例，达茂旗禁牧补贴逐年增加，但这部分资金全部投向牧民，农民的舍饲圈养没有饲料保障，偷牧现象屡禁不止，造成管护难度大。建议将农民纳入禁牧补贴范围，牲畜饲料有保障，禁牧与偷牧这对矛盾便会迎刃而解。

3. 巩固退耕还林成果投资向水利项目倾斜

达茂旗年均降水量 255 毫米，年均蒸发量 2750 毫米，十年九旱，年年春旱。缺水严重制约农牧民生活水平的提高。通过打井配套、建低压管道、膜下滴灌等方式提高耕地单位面积产量，建议巩固退耕还林成果投资适当向水利项目倾斜。

4. 工程造林纳入公益林补偿范围

由于达茂旗是一个牧业旗县，长期以来，由于干旱、过牧导致 40% 牧草地存在不同程度的风蚀沙化、退化。针对这种情况达茂旗封山育林项目主要安排在北部牧区，累计完成 79.8 万亩。通过几年的实践，封山育林项目区比非项目区的林草植被盖度提高了 15 个百分点。为巩固工程建设成效，建议通过利益驱动，将工程造林纳入国家公益林补偿范围，激发农牧民管护积极性。

5. 农业补贴明朗化

通过几年调查，国家在粮食直补、良种补贴、综合直补的投资逐年增加，但落实到每个农户的钱款增加幅度不大。补贴的透明度不够，建议农业补贴也象退耕还林那样，具体每亩或每人补多少钱明确一下，做到家喻户晓。使农民得到真正的实惠。

6. 增加后续产业启动经费

国家应在工程年度计划安排时，适当增加工程后续产业扶持项目，对工程区绿色环境生态型产业项目予以重点支持，给予前期工作与项目启动基本建设经费。

（主要执笔人：内蒙古自治区达茂旗林业局　孙富、冯艳、李丽）

京津风沙源治理工程调查报告——内蒙古自治区巴林左旗

巴林左旗位于赤峰市北部,距赤峰270千米，距北京700千米，总人口36万人，总土地面积6644平方千米，共6个镇3个苏木，是个以农业为主、畜牧业为辅的旗县。2010年，城镇居民人均可支配收入10 830元，农牧民人均纯收入4787元，属于较贫困地区。

（一）工程开展情况

2000 年，巴林左旗被列为国家京津风沙源治理工程及退耕还林工程试点。截至 2010 年，累计完成京津风沙源治理工程及退耕还林（还草）工程任务 6133.3 公顷，其中京津风沙源人工造林 800 公顷，封山（沙）育林 5333.3 公顷。

（二）工程社会经济效益监测工作开展情况

2003 年，巴林左旗被确定为国家京津风沙源治理工程社会经济效益固定监测点。根据监测工作方案，巴林左旗选取了 12 户农户家庭作为连续固定跟踪监测样本农户，经过 9 年连续跟踪监测调查，取得了大量、翔实的第一手县、户两级资料。数据调查方法及数据来源如下：

户级调查：主要方法就是深入群众，入户调查。对文化较高的被调查户可由他自己填写调查表，对文化较低的农户由我一边询问一边填写。基础数据收集完成后，一般不予改动，发现明显的错误将其挑出来，统一记载，待审完后电话询问核实，然后该改的改，不该改的不改。

县级表填报情况：县表填报就是查资料的过程，资料越全，数据越准，可以说巴林左旗的县表每一个数据都能找到一个明确的出处。资料主要是统计年鉴，因其是官方数字，而且具有连续性；资源年报是填报监测数据的另一主要依靠资料，主要用于县表中关于资源销长的数据，如有林地面积、森林蓄积等；林业局向统计局的报表中能查到一些不易查到的数据，如干鲜果产量、山野菜产量等；水利局、气象局、环保局和市场实地调查也是填报县表数据的辅助渠道。

（三）存在的问题

近 10 年来，国家特别重视生态建设，林业作为生态建设的主体，更是被列入重中之重。以巴林左旗为例，从 2001 年开始，累计建设重点工程近 200 万亩，投入了大量的资金，也实实在在的收到了效果。但随着工程建设的深入，一些问题也暴露出来，归纳起来有如下几方面。

1. 工程建设不断深入，但保护工作滞后

无论是户表，还是调查问卷，普遍反映的一个问题就是，项目区牲畜破坏严重，深层次上讲就是林业和牧业有矛盾，就巴林左旗目前的情况看，牧业的发展水平，还没达到禁牧舍饲的水平，一个是饲草种植面积小，产量低，另外就是棚圈等牧业基础设施也达不到条件。不禁牧舍饲，就必须得自由放牧，破坏林业建设成果也就在所难免，多年来，林业和牧业就在这种矛盾中，此消彼涨，甚至有的镇村出现造林不见林的现象。

2. 工程投资巨大，但直接兑现林农的很少

目前，只有退耕还林所有钱粮待遇是直接兑现给林农的，其他项目无论是封山育林、人工造林等都是层层划拨资金，或者是中间环节太多，造成不同程度的资金流失。使林业建设投入打了折扣。

3. 工程项目建设不少，但精品意识不强

各级政府往往追求工程干了多少亩数，忽视了干的怎么样的问题，总是抱着只要验收合格就行的思想，甚至还弄虚作假，制造了不少“豆腐渣”工程。

4. 个别工程规划设计缺乏合理性

由于很多原因，缺乏对工程设计人员的重视，不尊重科学，领导让咋干就咋干，群众让咋设计就咋设计，缺少科学的调查、论证，最后造成工程建设质量上不去，生态效益和经济效益、社会效益很难协调，造成有生态效益的，没经济效益，有经济效益的缺少生态效益等问题。

（四）政策建议

针对上述问题，结合工作实际，提出如下建议。

（1）客观分析现实，加强管护。客观分析现实，实际上就是面对现实，认真解决好林业、牧业矛盾，目前的现实就是，政府喊着要全面禁牧，但实际上根本就没禁住，但是如果真禁住了，那就扼杀了牧业，所以建议进行分地区禁牧。分地区禁牧就是专禁项目区，要真正的禁住。其他地块可以放牧。这样既给了牧业发展的机会，又保护了工程项目。

（2）减少资金划拨中间环节。项目资金最好直接划拨给林农，使有限的资金用到刀刃上。

（3）制定政策，提高领导们的精品意识，建设一块成功一块，并成为一块精品。

（4）提高工程设计人员的权威性，减少对工程设计工作的行政干预。另外要将工程设计的成败和设计者的切身利益挂钩，设计失误的要跟踪追究责任。

（主要执笔人：内蒙古自治区巴林左旗林业局　鲍云鹤）

京津风沙源治理工程调查报告——内蒙古自治区乌兰察布市察右后旗

察右后旗位于内蒙古自治区中部，是一个以蒙古族为主体，汉族占多数，农牧插花，民族杂居的半农半牧旗，全旗总土地面积3910平方千米，辖7个乡（苏木）镇，总人口21.95万人。气候属中温带半干旱大陆性季风气候，光资源丰富，热量不足，多风少雨，寒冷干旱，土壤贫瘠。

（一）工程进展及监测工作开展情况

2000年，察右后旗开始实施国家京津风沙源治理工程，截至2010年底，累计完成京津风沙源治理工程80.95万亩，其中人工造林35.45万亩，封山育林35.9万亩，飞播造林9.6万亩。在工程建设中，坚持集中连片、规模治理的原则，实施跨区工程建设布局，防风固沙林、水土保持林和农田防护林相结合，取得了良好的工程建设效果。

2003年，察右后旗被确定为国家“京津风沙源治理工程社会经济效益”固定监测点。根据监测方案，我们在全旗3乡镇（苏木）13个村选取固定监测农户15户连续跟踪监测，其中，12户为退耕还林工程户，3户为非工程户。每年县（旗）级调查数据主要来源于旗统计局，部分数据来源于气象局、扶贫办、农牧业局、社保局、林业局、财政局等单位统计资料，户级监测数据是调查员深入农户家庭逐户调查获得的。

（二）工程建设成效

经过10年来工程建设治理，全旗林地面积明显增加，森林覆盖率由2000年前的4.74%提高到2010年的24.82%，生态环境明显改善，有效地控制了风蚀沙化面积，减缓了项目区的土地荒漠化程度，特别是近年来，大风日数和沙尘日数由以前的 30 ~ 40 天减少到 10 ~ 20 天。同时，工程建设产出的牧草为全旗发展奶牛、肉羊养殖提供了充足的饲草资源，全旗牲畜饲养量由 2000 年的 40 多万头只发展到 2010 年的 65 万头只，人均纯收入由 2000 年的 1830 元增长到 2010 年的 4630 元，工程实施促进了农村产业结构的调整，改变了农村牧区落后的生产、生活方式，改善了农村牧区的人居环境和生产环境。

（三）存在的主要问题及建议

一是持续干旱和严重的虫害，使工程成果受灾面积不断扩大，树草成活率、保存率下降。自 2004 年以来，遭遇到罕见的持续不断的 6 年多干旱少雨年份和连续 3 年的虫害，使树草的成活、保存受到致命打击，有部分胸径 6 ~ 7 厘米的乔木枯死，只有柠条保存尚好，造林种草受灾面积占总治理面积近一半。

二是随着工程的不断实施，立地条件越来越差，工程越来越难做，需要的投入越来越多，在治理效果上难以形成集中连片的规模效应。

三是畜草矛盾突出，传统畜牧业经营方式难以转变，生态工程区放牧现象时有发生，给生态治理成果保护带来巨大压力，是造林种草保存率差、生物量小的一项重要原因。“农民要票子，国家要被子”的现实矛盾难以很好解决。因禁牧问题，干群关系紧张。

四是群众自觉保护生态意识差。自觉参与生态建设和保护的积极性不高，致使“谁造谁有、谁建谁管”的政策难以落实。原因是察右后旗的自然、气候、立地条件决定多数只能营造生态林，不能营造经济林或用材林，林业自身无法给农牧民带来直接的经济效益。

五是由于缺乏项目支撑，林草产业开发滞后，饲草加工转化率不高，导致林草资源、特别是大面积的柠条资源极大浪费，当前开发利用柠条资源，是走舍饲畜牧业之路，保护生态环境的关键问题。

六是工程建设补助标准低，投工投劳落实差，地方配套困难。工程建设多年来一直不变的投资补助标准，在“两工”取消之后，无偿用工难以落实，工程建设完全依靠有偿用工，加之在工程不断推进、立地条件越来越差的情况下，致使工程设计建设标准不高，治理模式简单，品种单一，治理效果短期内见不到明显成效。

（四）农户疑问

通过和农牧民的问卷交谈，农牧民提出一些问题：

1. 补助标准的问题

近年物价上涨，粮食价格也上涨，当年实施退耕还林时是按每亩地 100 千克粮食给补助。2004 年开始按当时的粮食价格 0.7 元 /500 克折算成现金给予补助，现在还在按 0.7 元 /500 克折算现金补助。现在的每亩 140 元补助按现在粮食价格折算成粮食，远远低于 100 千克。这实际上是降低了退耕还林的补助标准，损害了退耕户的利益，影响了退耕户的收入。

2．牧区退耕的问题

牧区牧民家家都有饲料基地，用于种植粮食作物和饲草料，近年也有种植经济作物的。部分牧区的牧民在当年实施退耕还林工程时认识不到位，没有退耕。2004年以来，连续数年全旗旱灾，饲料地收入甚少，同时又见到实施退耕还林的好处，提出要实施退耕还林工程。

3．补助发放的问题

近年，为减少中间环节，从国家到地方要求以一卡通的方式发放补助。发放中，银行部门为了自己的利益，延缓发放，致使一些退耕户不能及时领取补助。

4．复垦的问题

一些退耕户存在复垦的想法。他们认为，物价在上涨，补助标准不涨，第二轮减为一半，同时近年大户、公司纷纷租种农民的耕地，搞集中规模设施农业，加之察右后旗退耕地种植的是以柠条为主的生态林，退耕地的几乎没有效益。种种因素，退耕户认为，如果年景好的活，他们要复垦退耕地，租给别人种或者自己种植农作物。

5．退耕户建议

一是补助标准应随着物价而上调；二是二轮补助标准不应减半；三是国家投资加大巩固退耕还林力度，着力改善退耕户的生产条件；四是进行树种的改造，提高退耕地的效益，增加退耕户的收入。

（主要执笔人：内蒙古自治区察右后旗林业局　赵德旺、李静、吴彦君）

京津风沙源治理工程调查报告——内蒙古自治区阿鲁科尔沁旗

阿鲁科尔沁旗是一个以牧业为主、蒙古族为主体的牧业旗，历史上曾是水草丰盛生态环境优美的地方。然而，由于人口逐年增加、气候干旱、长期超载过牧和过度开垦等自然和人为因素，阿鲁科尔沁旗森林草原生态环境日益恶化，人与自然的矛盾日益突出。近年来，旗委旗政府抓住国家实施六大林业重点工程的发展机遇，坚持生态立旗的发展战略，率领农牧民采取务实有效的措施，加快治理步伐，扩大治理规模，初步遏制了全旗生态环境总体恶化的趋势，基本实现草畜平、衡生态优美、山川秀丽的喜人景象。

（一）基本情况

阿鲁科尔沁旗位于内蒙古自治区中东部，赤峰市东北部，地处大兴安岭南段山地东麓，是大兴安岭中山山地向科尔沁沙地过渡带，是西辽河中上游最重要水源涵养区之一。境内所辖 5 个牧区苏木镇、6 个农区乡镇和 1 个办事处，总土地面积 2064 万亩，林业用地面积 909.5 万亩，森林覆盖率达到 32.8%，人口 29.9 万人，是一个以蒙古族为主体，汉族居多数的少数民族地区。

（二）工程建设情况

2000 年，阿鲁科尔沁旗被列入国家京津风沙源治理工程区，同年启动实施国家京津风沙源治理工程及退耕还林工程试点。截至 2010 年，累计完成京津风沙源治理工程及退耕还林(还草)工程任务 233.72 万亩，其中，京津风沙源人工造林 51.75 万亩，封山（沙）育林 79.77 万亩，飞播造林 20.00 万亩，退耕地造林 38.70 万亩，荒山荒地造林 33.10 万亩。以封代造 10.40 万亩，国家级重点公益林面积达到了 438.80 万亩。

（三）工程监测情况

2004 年阿鲁科尔沁旗以工程面积、投资额之大被列入全国林业重点工程社会经济效益监测旗县之一。为了能够客观地反映阿鲁科尔沁旗林业重点生态建设工程在改善当地生态环境，促进国民经济与社会发展中发挥的重要作用及成效，我们落实监测户时选出具有代表性的 10 个农户和 10 个牧户作为我们的监测对象，其中连续跟踪调查户 10 户，2009 年新增调查户 10 户。监测农户中有 12 户参加了退耕还林工程，总退耕面积 187.9 亩，年得补助金 27 710 元，16 户参加了京津沙源治理工程，总面积 669.9 亩，4 户没有参加任何工程项目。通过连续几年的监测数据，我们可以看到天山口镇的 10 户监测户的家庭年收入保持比较稳定的增长趋势，赛罕塔拉苏木的 1010 户监测户家庭收入虽有增加，但年度间变化幅度较大，表明牧户每年的收入变化幅度很大，对生态环境的依赖性比农民相对多。同时，我们不能仅看到农牧民收入的增长，忽视农牧民生活支出大幅增加的变化趋势。近两年物价快速上涨，部分农牧民反应实际收入比前几年有所减少。

（四）工程建设的主要成效

1．生态环境得到明显改善

通过 10 年的工程建设，新增有林地面积 233.717 万亩，森林活立木总蓄积由 2000 年的 312.7 万立方米增加到现在的 587.6 万立方米，森林覆盖率由 2000 年的 22.4 %增加到 32.8 %。根据全国 1994 年第一次和 2004 年第三次（2004 年以后还没有全国性荒漠化和沙化土地监测结果）荒漠化和沙化土地监测结果表明，1994 年阿鲁科尔沁旗沙化土地面积 848.3 万亩，占全旗总面积的 41.1%。到 2004 年，10 年间，阿鲁科尔沁旗沙化土地面积减少 248.57 万亩，平均每年减少 24.8 万亩。森林资源的增加使水源涵养能力、水土保持和防风固沙作用将明显提高，土地沙化、生物多样性遭破坏均得到根本扭转，生态环境大为改善。

2．社会效益

生态环境的明显改善，极大地促进农牧业生产的发展，减轻多种自然灾害的危害，保证粮食生产稳产高产，加快农牧民脱贫致富的步伐。同时，林草资源的增多为相关的高效林业产品的加工业带来新的机遇，给农牧民提供了在当地短期或阶段性就业的机会。防沙治沙建设机制的研究与逐步推广应用，可以极大地调动社会各界参加防沙治沙工作的积极性，形成全社会都来关注治沙事业、参与治沙事业的良好局面，为林业生态建设与社会经济的可持续发展注入了新的活力。

3．经济效益

截至2010年，阿鲁科尔沁旗新增有林地面积233.72万亩，其中退耕地造林面积达38.70万亩，累积粮食补助和生活补助资金总达45 561.47万元。国家级重点公益林森林生态效益补偿面积达438.8万亩，累计森林生态效益补偿资金12 767.53万元。2000～2010年全旗粮食产量14.02万吨增长到27.02万吨，年末存栏牲畜头数102.2万头（只）增长到159.7万头（只），农牧民人均年收入1085元增长到4730元。国家林业重点工程的投入逐年增大，全旗生态环境得到改善，沙化、退化草牧场和农田得到有效保护，粮食和牧草产量稳步提高，林产品收入增多，有力地促进了农牧民增收和农村牧区经济发展。

（五）存在的主要问题及建议

1．管理费用不足

根据上级有关文件要求，工程项目管理费由地方财政匹配，由于阿鲁科尔沁旗属区级贫困县，财政收入低，项目管理费自筹困难。建议：国家提高造林投资的同时投资中设管理管护费用。

2．林牧矛盾还没有完全解决

阿鲁科尔沁旗是一个以牧业为主的旗县之一，林业用地和牧业用地界线不清，导致项目落实和管护困难。建议：国家应该在牧区的林业项目区给予适当的禁牧补贴。

3．重特大自然灾害频频发生

特别是干旱持续多年，造林成活率、保存率受到严重影响，造林后期管理没有保障。建议：国家应当提高投资力度，提高后期管理保障。

4．国家造林投资不变

但造林难度逐年增大，造林成本逐年提高，这对与加快发展的生态建设不相适应。建议：国家应当适时提高造林投资。

（主要执笔人：内蒙古自治区阿鲁科尔沁旗林业局　孟和、达布希拉图、其其格）

野生动植物保护及自然保护区建设工程调查报告——山西省历山国家级自然保护区

为了客观反映山西历山国家级自然保护区工程建设的进展情况，了解工程建设中存在的问题，评估工程效益，2010年，我们组织技术、资源、财务、公安等相关人员，通过实地踏查，走访群众、查阅资历山国家级自然保护区管理等形式，对历山国家级自然保护区管理局野生动植物保护及自然保护区建设工程进行了综合调查。调查结果显示，自然保护区的基础设施建设不断完善，管护、科研、防火三支队伍人员结构合理，素质不断提高，保护管理更趋科学化、法制化，生态环境明显改善，野生动植物种群数量稳步增长，森林覆盖率大大提高，工程建设效益显著。

（一）保护区基本情况

山西历山国家级自然保护区位于山西省南部，中条山脉东段，地处运城、晋城、临汾3个地市的垣曲、翼城、阳城、沁水四县毗邻地界。1983年经山西省人民政府[83]晋政函37号文件批准成立，1988年5月经国务院国发[1988]30号文件批准升为国家级自然保护区，是以保护暖温带森林植被和勺鸡、猕猴、大鲵等珍稀野生动物为主的森林和野生动物类型的自然保护区。自然保护区地理条件独特，生物资源丰富，素有“山西省动植物资源宝库”的美称。区内生物资源极其丰富，据调查，种子植物133科1002种，国家一级重点保护植物4种，二级重点保护植物6种；鸟类17目49科286种，兽类7目17科48种，两栖类2目5科11种，爬行类3目7科24种。

本区珍稀野生动物较多，属于国家一级重点保护动物的有黑鹳、金雕、大鸨、金钱豹、原麝5种；国家二级重点保护动物有勺鸡、苍鹰、大鲵等29种。保护区总面积24 200公顷，其中核心区面积7541.5公顷，缓冲区面积2722.0公顷，实验区面积13 936.5公顷。建区以来，在保护暖温带森林生态系统和珍稀濒危动植物方面发挥了重要作用，1998年被批准加入“中国生物圈保护网络”。

山西历山国家级自然保护区管理局为副县级事业单位，编制50人，现在编人员50人。保护区内涉及5个乡镇19个行政村。

（二）工程进展情况

工程实施以来，历山保护区积极贯彻执行国家的有关方针、政策，在资源保护、科学研究、宣传教育、基础设施建设和社区共管方面做了大量工作，为保护区今后的发展奠定了良好的基础。

历山保护区工程一期共投资256.4万元，其中原国家林业部下拨130万元，地方配套126.4万元。按照优先保证工作，保证生活的原则，工程一期先后完成了大河、下川、李圪塔、三里腰4个保护站的建设，完成了保护区局址旧房的改造，维修改造了区内部分道路，修建了一座标志门，购置了必要的灭火机具。工程二期国债投资499万元，地方配套488万元。保护区完成了机关科研综合楼、局址附属用房和后河、云蒙、历山等保护站的建设，界桩界碑的埋设，动物救护中心的建设。工程三期国债投资710万元，地方配套177万元。保护区完成了垣曲访问者中心、宣教馆的建设、大河管护站的新建和局址附属用房、部分管护站的维修改造，野外宣传点的建设，气象观测站、水文水质监测站的建设。为保护区的管理、保护、科研等的开展提供了必要条件，促进了保护事业的发展。

（三）工程建设成效

1．加强联防，保护网络初步构建

保护区工程建设进一步完善了管理局—保护站—保护点和管理局、乡镇、村“三级联防”保护网络。签订了联防公约，三市四县相应部门做到保护宣传纵到底横到边、相应制度同制定共落实、联防协作多合作不推托、护林巡山把入口控火源、执法督查依法规合情理，构建起了森林资源保护网络，资源保护由单一化保护向区域化、网络化、全民化发展，形成了区域一体化态势，实现了保护区域的无缝对接，确保了森林资源安全。取得了建区以来未发生森林火灾的好成绩。另外，国家重点保护动物如金钱豹、勺鸡、猕猴、大鲵等的种群数量明显增长，如猕猴由建区时的4群300余只增加至目前的6群700余只；森林覆盖率大大增加，由建区时的80.9%增长至目前的85.7%。

2．狠抓产业，职工收入稳步增长

按照“长期抓种苗，长远抓旅游，长久抓经营”的发展思路，工程实施以来，我们狠抓产业发展，形成了以“旅游业”为龙头，种苗业、林下资源采收业、服务业全面发展的产业格局。职工收入稳步提升，在职职工年平均收入从2006年的1.3万元，增长到2010年的2.8万元；离退休职工平均年收入从2006年的1.2万元，增长到2010年的2.5万元。

3．注重合作，科学研究再上台阶

历山国家级自然保护区先后与山西大学、山西省生物多样性保护协会、山西省林业科学研究院等院校科研单位合作开展了一批科研项目，取得初步成果。承担国家级课题《红翅悬壁雀的生态调查》，省级课题《中条山猕猴的调查》、《人工诱导杨桦次生林群落演替》、《终伐木标号实验》、《勺鸡生境与不同林相密度相关性的研究》、《山西省湿地鸟调查》，本单位课题《历山保护区的雉类研究》、《历山鸟类资源的现状与变迁》等130多个。出版《山西兽类》、《山西两栖爬行类》和《山西鸟类》3本专著，在《动物学杂志》、《野生动物》、《四川动物》等杂志上发表论文150余篇，逐步搞清了区内自然环境、自然资源的本底状况，为科学保护和合理利用自然资源提供了可靠的科学依据。尤其是2010年，与山西大学、省生物多样性保护协会、省自然保护区管理站合作开展“红外线自拍机”法调查大型兽类，成功拍摄到了金钱豹6只、原麝1只、猕猴24只，此外还有野猪、狍子、獾、草兔、岩松鼠等兽类和勺鸡、环颈雉、红嘴蓝鹊、珠颈斑鸠等鸟类。

4．以人为本，基础设施明显改善

为切实改善职工办公、生活条件，累计投资600余万元，新建大河保护站房屋200多平方米，维修改造后河、三里腰、历山、李圪塔保护站房屋600多平方米；新建垣曲宣教馆、访问者中心800平方米，维修改造和内部装修局机关接待楼2000多平方米，建成了设施齐全，干净整洁的“历山宾馆”。同时为每个管护站购置了办公桌椅、档案柜、沙发、电脑、电视、床等办公和生活设施，设立了职工灶房、餐厅、浴室，为管护人员配备了摩托车、GPS巡检器、充电器、电池、工作服、球鞋、雨衣、水壶等必要的巡护工具和巡护用品，增加了通讯费和燃油补助。保护区整体形象和职工精神面貌焕然一新。

5．注重宣教，公众意识大大提高

历山国家级自然保护区作为山西省的“青少年教育基地”、“爱国主义教育基地”和“生物多样性教育基地”，被山西农业大学、山西大学、山西师范大学等10所大专院校作为科研教学基地。每年平均接待来自山西省内外的社会公众及科研单位与大中专院校师生1.2万人次前来保护区参观、考察和实习，为提高社会公众自然保护意识起到了积极的作用。

（四）监测工作的主要做法

一是历山国家级自然保护区管理局把野生动植物保护与自然保护区建设工程效益监测工作作为全年的一项重要工作进行统筹安排和部署；二是为做好监测工作，对监测涉及到的区外村、区内村，聘任下川管护站站长、李圪塔管护站站长、下川村村长、次滩村村长为兼职监测员；三是从人员、资金、时间上予以保障，保证了监测人员固定，监测资金到位，监测时间充裕；四是监测数据填好后，组织资源、技术、财务、管护站等相关科室人员进行数据核实，确保数据准确无误。

（五）监测工作中存在的问题及建议

一是村级调查表。由于村民外出打工、流动性大等原因，造成监测数据收集难度大；二是野生动物数量。由于没有足够的人力、物力和财力，不可能每年都组织专项调查，只能保证国家重点保护动物数量清楚，大多数野生动物数量不清楚；三是监测资金相对不足，建议国家林业局经济研究发展中心多组织监测员进行技术培训，对监测工作给予资金上的支持。

（主要执笔人：山西省历山国家级自然保护区管理局　王建军、史荣耀）

野生动植物保护及自然保护区建设工程调查报告——陕西省太白山国家级自然保护区

为了全面客观地反映陕西太白山国家级自然保护区工程建设情况，评估工程实施所产生的社会、生态和经济效益，了解工程建设中存在的问题，为国家制定政策，加强管理提供依据，2011年2～4月，陕西太白山国家级自然保护区管理局组织科技人员进村组、串农户、跑县乡，通过走访座谈、现场调查、交流座谈、翻阅资料等形式，从保护区基础设施建设、主要保护物种变化、动植物资源状况、工程综合效益等方面进行了监测。调查监测结果显示，工程建设成效良好，通过工程建设，保护区基础设施方面得到完善和加强，生物多样性得到有效保护，种群数量增加，社会效益逐渐显现。

（一）保护区基本情况

陕西太白山国家级自然保护区成立于1965年，是陕西省成立的第一个自然保护区，1986年7月经国务院批准晋升为国家级自然保护区，1995年加入世界人与生物圈保护区网络。太白山国家级自然保护区地处秦岭中段，主峰拔仙台海拔3767.2米，是我国大陆东半壁的最高名山。太白山既是我国长江、黄河两大水系的分水岭，也是我国南北气候的分界线。保护区总面积56 325公顷。

太白山国家级自然保护区生物多样性丰富，植被垂直带谱十分明显，北坡自下而上分为干杂果林带、栎类林带、桦木林带、针叶林带、高山灌丛草甸带5个垂直带谱。太白山国家级自然保护区有种子植物126科597属1783种；苔藓植物 62 科 142 属 325 种；蕨类植物 21 科 40 属 110 种。其中国家一级保护野生植物 4 种，二级保护野生植物 13 种。有兽类 72 种，鸟类 218 种，两栖类 10 种，爬行类 26 种，鱼类 8 种，昆虫类 1991 种，其中，国家一级保护野生动物 6 种，大熊猫为我国分布的最北界，科研价值极高，国家二级保护野生动物 28 种。太白山国家级自然保护区在海拔 3000 米以上的高山区保存着较为完整的第四纪冰川遗迹，是研究秦岭古气候、古生物、古土壤、古地理的“天然博物馆”。太白山国家级自然保护区内有记载的中草药材就达 800 余种，发源于太白山国家级自然保护区的河流多达 59 条，使其成为古城西安、关中城乡居民生活用水及工农业用水的重要水源涵养地。太白山国家级自然保护区因其地理位置独特，生物多样性丰富，使其成为众多科研院所进行科研、教学的理想场所。目前是西北农林科技大学、西北大学 10 余等大专院校教学实习基地，是陕西省生态文明的教育基地。

太白山国家级自然保护区的自然景观以其高、寒、险、奇、秀、雄、古、富饶为特色,关中八景之一的“太白积雪六月天”就在保护区内。保护区分布着独特的“太白明珠、拔仙绝顶、平安云海、斗母奇峰、桃川曲流、古枫幽径、红河丹崖、斜峪雄关”等太白山著名的八大景观,更有“十里不同天,一日历四季”的登山感受,还有以道、佛两教为主的寺庙建筑和古老众多的古神话传说、历代名人登太白山诗词、歌赋等古文化遗产，使太白山国家级自然保护区成为生态旅游的最佳场所。

（二）工程投资及建设情况

太白山国家级自然保护区分别于 1988 年、2001 年、2006 年先后实施了保护区一、二、三期建设工程，对保护区管理局址、基层保护站址、巡护哨卡、巡护道路、保护管理、科研监测、宣传教育等方面的基础设施进行了建设，三期工程建设国家累计投资 1641 万元，各期工程投资分别为 220 万元、845 万元、576 万元。各期工程均按建设项目规划如期完成，并全部通过陕西省林业厅组织的竣工验收。

通过实施保护区一、二、三期建设工程及其他工程项目，保护、科研、宣教、管理局址、保护站址等方面的基础设施具备一定规模，“管理局—保护站—巡护哨卡”三级管理体系已形成，保护管理体系日臻完善。一是先后建立了蒿坪、鹦鸽、黄柏塬、厚畛子、嘴头 5 个基层保护站，并建立了唐口、铁甲树、龙洞沟、红河谷、大爷海 5 个巡护哨卡以及下白云、小文公、平安寺 3 个防火瞭望台。二是在眉县首善镇建设了保护区管理局综合办公楼，在蒿坪保护站址上建起了动植物宣教标本楼，在小文公、大文公、大爷海、南天门等地，结合生态旅游的开展，建设了游客服务、接待中心。三是先后修建了沙坡—蒿坪，铁甲树—三合宫巡护道路，并对高山区巡护道路及生态旅游步道进行了整修。伴随着保护区基础设施的不断改善，管理制度、保护措施、巡护技能也日臻完善；科学研究、巡护监测水平及科技人员的整体素质不断提升，资源保护、林政执法、森林防火、社区共管、公众教育等方面的能力得到较快的提高。

（三）工程产生的效益情况

1. 生态效益

（1）有林地面积和林木蓄积量增加，森林覆盖率提高

2010 年，太白山保护区进行了二类资源调查。与 1989 年森林资源调查结果相比，太白山保护区森林资源动态变化总趋势是：林业用地、有林地面积增加，非林业用地面积减少，森林覆盖率由 1989 年的 80.7% 提高到 2010 年的 92.6%，增加了 11.9%，森林的水源涵养能力提高。以土地面积变化为例，详见表 1。

表1 陕西太白山保护区各类土地面积变化

公顷

年 度	总面积	林 地							非林地
		合计	有林地	疏林地	灌木林地	宜林地	无立木林地	辅助生产林地	合计
1989年	56803.00	49591.00	45847.00	634.00	1867.00	1243.00	0.00	0.00	7212.00
2010年	56325.00	56325.00	47832.60	182.80	4319.20	0.00	3988.20	2.20	0.00
增 减	-478.00	6734.00	1985.60	-451.20	2452.20	-1243.00	3988.20	2.20	-7212.00

1989 年调查全保护区活立木总蓄积量为 6 808 190 立方米，2010 年调查时全区活立木总蓄积量为 6 820 148 立方米，增加 11 958 立方米，增加了 0.18%；1989 年调查乔木林蓄积为 6 774 937 立方米，2010 年调查为 6 817 416 立方米，增加 42 479 立方米，增加了 0.63%（表 2）。

表2 陕西太白山保护区各类森林林木蓄积变化

立方米

年 度	活立木总蓄积	乔木林蓄积量	疏林地蓄积量	四旁树散生木
1989年	6808190	6774937	20300	12953
2010年	6820148	6817416	2732	0
增 减	11958	42479	-17568	-12953

通过工程的实施，保护区有林地面积增加，林分郁闭度提高，水源涵养能力增强，保护区整体森林防护效能得到了明显提高。

（2）生物种群数量增加，生态环境明显改善

太白山国家级自然保护区自成立后共进行了二次综合考察。1983 ~ 1984 年，第一次综合考察时，全区有种子植物 121 种 628 属 1550 余种；兽类有 6 目 22 科 55 种；鸟类有 13 目 37 科 192 种；森林昆虫有 19 目 99 科 1435 种；2005 ~ 2006 年，第二次综合考察时，全区有种子植物 126 种 597 属 1783 种；兽类有 7 目 25 科 72 种（亚种）；鸟类有 14 目 40 科 218 种（亚种）；森林昆虫有 22 目 161 科 1163 属 1991 种（亚种、变种和变型）。

两次综合考察的结果表明，通过保护区工程建设的实施，太白山国家级自然保护区生物种群数量增加，生态环境明显改善。尤其从 1993 年开始，保护区管理局

组织相关科技人员对区内大熊猫和竹林资源进行了3次较大范围的调查，竹林恢复效果显著，将我国大熊猫的分布向北水平推移了23千米，从而确定了太白山国家级自然保护区为我国大熊猫分布的最北界，极具科研价值。

国家一、二级重点保护野生动物如羚牛、金丝猴、锦鸡等种群数量明显增加。生境植被逐步改善趋好，过去森林中遗留的“天窗”逐步恢复并减少。

（3）保护区综合生态效能充分发挥，并得到社会各方的认可

随着工程建设项目的实施，太白山国家级自然保护区生态效能得到充分发挥，涵养水源，调节气候，减少水土流失，改善小气候等方面的生态效能得到充分发挥。据有关资料统计，每公顷森林每年可吸收二氧化碳2805千克，释放氧气2025千克，吸附尘埃9.75吨。按此标准，太白山国家级自然保护区52 151公顷的森林每年可吸收二氧化碳1463万千克，释放氧气1056万千克，吸附尘埃5.1万吨。秦岭林区1公顷森林每年可涵蓄降水1205立方米，太白山国家级自然保护区52 151公顷的森林每年可涵蓄降水628万立方米，相当修了一个中型水库。从2005起太白山国家级自然保护区管理局组织科研人员，通过对周边三县的气象部门、30个行政村极端天气和自然灾害的调查得知，社区村民普遍反映，沙尘暴、泥石流、水土流失、冰雹等极端天气逐年呈减少趋势，保护区的生态效能已得到社会各方认可。

2．社会效益

（1）宣传教育成效显著

从2000年以来，保护区通过发放各类宣传资料、图片；播放录像、电影；举办科普夏令营、中小学生知识竞赛；组织观看动植物标本馆、参观保护区科研成果等方式，做好对周边社区群众及社会各界人士的宣传教育。据统计，召开群众性座谈会60余次，发放各类宣传资料5万余份，张贴宣传图片2000张，举办科普知识夏令营9次，办黑板报163期，制作固定宣传牌65块，保护区动植物标本馆共计接待参观人员2万人次，接待教学实习师生1万人次，接待各种学术研究人员或团体36批次，召开或被邀参加国内外学术研讨会12次。通过宣传教育，提升了太白山国家级自然保护区的知名度，拓展了社会各界对自然保护事业的认知程度，提高了周边社区群众参与自然保护的自觉性。

（2）科技扶持效果显现

太白山国家级自然保护区管理局通过聘用相关专家教授给周边社区群众上科技知识课，编制印发各类科技资料，提供必要和少量的种苗、良种等方式，帮助社区群众发展生产，脱贫致富，进而减少社区群众对自然资源的直接依赖，达到自然保护与社区群众致富双赢的目的。如在眉县营头镇大理村，帮助村民发展毛栗嫁接板栗，到2010年板栗已达1200亩，户均板栗年收入达到8000元左右。在太白县黄柏塬地区，聘请养蜂专家对当地土蜂蜜进行改良，并在当地培养了一批养蜂土专家，2002年当地两个村仅有蜂箱300多箱，到2010年已发展到7000多箱，蜂蜜已成为当地农民一项支柱产业。在太白县唐口地区帮助村民大力发展高山蔬菜产业，保护

区聘请西北农林科技大学蔬菜方面的专家给村民上课，并到田间地头进行实际操作讲解，从思想观念的转变，到蔬菜品种的选择等方面对村民进行培训，截至2010年，太白县唐口一带的村民基本上以种植蔬菜为主，太白县“太白牌”高山蔬菜已成为陕西乃至全国蔬菜方面的知名品牌，更成为当地农民的主导产业。

3．经济效益

（1）生态旅游初见成效

太白山国家级自然保护区因独特的区位环境、丰富的动植物资源、深厚优秀的古文化遗产，使开展生态旅游具备了得天独厚的优势。1994年经国家林业部批准，在太白山国家级自然保护区划定生态旅游小区，面积2638公顷，占保护区总面积的4.6%。在区旅游线路上，利用世界自然基金会等国际、民间组织的资助，先后修建了环保公厕11处。随着工程建设的实施，保护区生态旅游走上健康、快速发展的轨道，生态旅游收入也由2000年不足1万元，到2010年实现收入80万元。

（2）生态旅游带动了周边社区群众的就业，增加了社区群众的收入

自然保护区开展生态旅游的最终目的是带动周边社区群众脱贫致富，为周边社区群众创造更多的就业机会，进而减少周边社区群众对自然资源的直接依赖程度，缓和与周边社区群众的对立情绪，逐步教育和吸引周边社区群众积极参与自然保护，实现自然保护事业发展与周边社区群众致富互利双赢的旅游发展模式。太白山国家级自然保护区具体做法：

一是建设工程优先让周边社区群众参与。在太白山国家级自然保护区生态旅游设施建设中，诸如生态旅游精品小道建设、游客接待中心建设等项目优先让周边社区群众参与，仅此带动就业村民累计达2000人。通过社区群众参与生态旅游工程建设，既增加了社区群众的收入，又增强社区群众参与生态旅游的积极性。

二是力争周边社区群众多方位、多渠道的参与生态旅游。近年来，随着生态旅游事业的不断发展壮大，来保护区的游客逐年增加。为此，保护区管理局率先在周边社区群众中先后聘请相关专家教授，对周边群众中进行背工、向导培训，培养社区群众参与生态旅游的能力。据统计，仅2010年，在保护区周边的周至县厚畛子镇，村民仅背工、向导收入就达20多万元。通过保护区牵线搭桥，介绍周边社区群众中，对动植物知识掌握较多的村民积极参与相关科研单位、大专院校的科考活动，既增加了村民的收入，又培养了一批当地的土专家，如保护区周边的眉县营头镇大理村白根录、董怀怀等，现在已是太白山地区较有名气的植物方面的土专家，其这方面的收入每年均在3万元以上。

三是引导、培育周边社区群众大力发展旅游服务产业。太白山保护区在发展生态旅游的同时，积极引导、培育周边社区群众大力发展旅游服务产业。近年来，配合当地政府，先后在厚畛子地区发展农家乐30余户，开展餐饮服务，自2008年以来，每户年均收入2万元以上，其中，有一户村民在保护区工作人员的指导下，建立起了自己的生态旅游网站，通过互联网的作用，开展生态旅游，2009年以来年收入达

10 万元以上。并积极鼓励有一技之长的村民，发展根雕、照像等相关产业发展。

（四）存在的问题

工程的实施，对改善保护区基础设施和办公生活条件，保护生物多样性，全面提升保护区综合生态功能，提高保护、科研、宣教、生态旅游水平，提高全社会自然保护意识，促进当地经济发展等方面发挥了重要的作用，但也存在着一些问题。

1. 地方配套资金不能落实

因陕西省地方财政较为困难，致使保护区工程一、二、三期的地方配套资金尚未落实。

2. 专项保护、科研经费缺乏

工程建设侧重了保护区基础设施、设备等“硬件”的建设，但在保护、科研、宣教等“软件”建设方面的资金投入明显不足，致使“软件”建设相对滞后，进而影响了保护区整体能力的进一步提高。

（五）建　议

建议国家林业局应该有计划、有组织地将全国具有代表性的国家级自然保护区，分期分批组织开展相互交流活动，以便取长补短，相互学习，相互借鉴，共同提高。

（主要执笔人：陕西省太白山国家级自然保护区管理局　何晓光）

7

2011

附 录

附 表

附表7-1　1997～2010年天保工程样本企业基本情况
附表7-2　1997～2010年天保工程样本企业木材产量与公益林建设情况
附表7-3　1997～2010年天保工程样本企业富余职工分流安置与养老保险情况
附表7-4　1997～2010年天保工程样本企业后续产业发展情况
附表7-5　1997～2010年天保工程样本企业资金管理情况
附表7-6　2010年天保工程样本企业森林抚育情况
附表7-7　1997～2010年天保工程样本县林业产业发展情况
附表7-8　1997～2010年天保工程样本县综合情况
附表7-9　1997～2010年天保工程样本县森林资源与生态状况
附表7-10　1997～2010年天保工程样本县工程进展情况
附表7-11　1998～2010年天保工程样本县工程投资情况
附表7-12　1998～2010年退耕还林工程样本县社会经济情况
附表7-13　1998～2010年退耕还林工程样本县生态治理与森林资源情况
附表7-14　1999～2010年退耕还林工程样本县工程实施情况
附表7-15　京津风沙源治理工程样本县（旗）综合情况
附表7-16　京津风沙源治理工程样本县（旗）森林资源和生态治理情况
附表7-17　京津风沙源治理工程样本县（旗）工程进展情况
附表7-18　京津风沙源治理工程样本县（旗）工程投资情况
附表7-19　2001～2010年野生动植物保护及自然保护区建设工程样本保护区投资情况
附表7-20　2001～2010年野生动植物保护及自然保护区建设工程样本保护区功能区划及土地权属情况
附表7-21　2001～2010年野生动植物保护及自然保护区建设工程样本保护区带动就业情况
附表7-22　2001～2010年野生动植物保护及自然保护区建设工程样本保护区带动社会就业人员收入情况

附表 7-1　1997 ~ 2010 年天保工程样本企业基本情况

指　标	单 位	有效样本（个）	1997	1998	1999	2000	2001	2002	2003	2004	2005	2006	2007	2008	2009	2010
企业经营区面积	公顷	35	15386824	15386824	15386824	15386525	15388157	15384496	15384496	15401280	15444397	15881321	15398017	14745408	14734385	14996122
企业经营区总人口	人	35	2832222	2879173	2861916	2855743	2852479	2831765	2884453	2964005	2996277	3037669	2909235	2938390	2852167	2734734
林业用地面积（跨地域租用经营的林地不计入）	公顷	35	10206564	10217267	10332645	10345840	10319417	10385595	10384885	10418013	10419587	10970304	10788541	10674711	10645023	11287063
森林面积	公顷	35	7710106	7974359	8044848	8545374	8552043	8616034	8804429	8863049	9023222.5	9094992	9056082	8611803	8589680	8419743
其中：天然林	公顷	35	7020490	7243698	7169688	7749636	7711639	7755486	7883500.5	7945526	8088245	8134679	8143992	7729074	7725026	7542072
森林蓄积	立方米	35	1042447689	924403900	901898385	929938506	944328815	948127478	963015930	975071307	982746531	994756365	998769648	958893140	970468564	981485073
其中：天然林	立方米	35	1005053593	887297671	862847190	898662171	908795812	912474429	923286099	933663076	937666248	946293829	947784461	909657903	916085180	928449015
在册职工人数	人	35	338936	322571	327061	324123	299957	255392	250962	238840	218397	221068	186606	171478	157450	158619
在岗职工人数	人	35	257040	219427	219240	199007	171404	149606	141351	139010	129764	122780	120965	115548	106141	110659

附表 7-2　1997 ~ 2010 年天保工程样本企业木材产量与公益林建设情况

指　标	单 位	有效样本（个）	1997	1998	1999	2000	2001	2002	2003	2004	2005	2006	2007	2008	2009	2010
本年实际木材产量	立方米	35	6242501	5072085	4273402	3470103	3247311	3160515	3032750	3059447	2891240	2910923	2835798	2941055	2924198	3117359
责任落实的管护面积	公顷	35	2509394	6351818	7910576	9702208	9774925	9796557	10679497	10618736	10731834	10750904	10823958	10624672	10926222	11300721
落实管护人员数量	人	35	4091	24941	33484	46995	45347	47783	49287	45240	46083	44259	44099	42089	43094	42349
当年实际人工造林面积	公顷	35	7492	45637	63103	46845	40582	32814	26343	26606	22685	10198	16885	22508	37019	22241
年末实有封山育林面积	公顷	35	42682	329005	630974	634899	565628	510047	418013	303923	310218	324549	339453	350991	367593	420998

附表 7-3　1997 ~ 2010 年天保工程样本企业富余职工分流安置与养老保险情况

指　标	单位	有效样本（个）	1997	1998	1999	2000	2001	2002	2003	2004	2005	2006	2007	2008	2009	2010
本年一次性安置职工人数	人	35	634	0	1335	4827	29753	24196	9413	7253	8815	20450	28070	15160	2830	703
年末在岗人员参加基本养老保险统筹的人数	人	35	217242	202362	194143	176713	155093	141258	138594	131173	123870	122246	114333	109338	101960	106096
年末下岗待安置人员参加保险人数	人	35	30231	41604	47649	53845	56479	42946	50095	42417	26342	23117	18176	15594	11552	10111
年末离开本单位仍保留劳动关系人数	人	35	91138	93987	97865	97529	99333	101303	105379	112022	121289	21973	34681	27285	12124	12507
年末按时足额享受基本养老金的离退休人数	人	35	92467	98568	105418	106772	107798	109851	110481	113725	120422	116249	130725	126994	142896	145258

附表 7-4　1997 ~ 2010 年天保工程样本企业后续产业发展情况

指　标	单位	有效样本（个）	1997	1998	1999	2000	2001	2002	2003	2004	2005	2006	2007	2008	2009	2010
企业总产值	万元	35	583077	573772	546480	511313	535043	574606	638028	696484	706982	767640	858385	964341	1115167	1289177
其中：第一产业	万元	35	110942	130907	143142	129004	143168	161762	269704	336227	361031	409483	494610	532341	533512	632320
第二产业	万元	35	402592	380831	335397	314113	312494	317704	244340	209937	190053	190897	198991	258650	346794	420435
第三产业	万元	35	69543	62033	67941	68196	79381	95140	123984	150319	155898	167260	164784	173349	234861	236423
企业增加值	万元	35	240532	226027	202950	172566	163562	169294	200377	227914	268629	316802	331917	363800	463068	608232
企业负债	万元	35	1143018	1105311	1086027	1089979	1133055	1144923	1141453	1170425	664167	586948	655257	417840	498864	586457
企业上缴利税	万元	35	58339	38987	60118	57815	57053	53536	43576	91803	39662	38622	40805	40231	40418	72910
锯材产量	立方米	35	268210	302395	222684	201009	167798	169811	233543	219363	157018	193935	207190	210301	244270	240085
人造板产量	立方米	35	129550	128973	125293	137901	163022	188539	182635	183439	165333	131895	213374	206758	288965	212320

附表 7-5　1997～2010 年天保工程样本企业资金管理情况

指　标	单 位	有效样本（个）	1997	1998	1999	2000	2001	2002	2003	2004	2005	2006	2007	2008	2009	2010
计划到位资金	万元	35	0.00	83539.75	148066.76	141361.73	163492.98	174279.11	127113.48	105417.96	94937.44	103861.70	123405.05	102658.33	155289.00	137465.00
当年实际到位资金	万元	35	0.00	53358.68	127044.74	126029.67	145650.01	148825.39	111541.09	98267.09	94116.02	93966.22	120862.05	178596.82	152435.00	134710.00
资金支出合计	万元	35	838.26	53745.55	115766.88	108051.41	148991.75	176511.19	118448.31	105326.51	105888.26	101708.51	128949.78	176936.89	155763.00	154041.00
其中：基本建设	万元	35	277.06	26312.49	43691.85	18965.97	22404.45	19127.06	14588.04	9735.65	13067.80	10265.06	8504.31	14623.78	16326.00	25160.00
财政专项	万元	35	561.20	26413.96	67892.53	88115.64	126069.30	157377.13	103793.57	95265.86	92295.46	89950.45	119476.47	160178.81	138712.00	128106.00
其他用途	万元	35	0.00	1019.10	4182.50	969.80	518.00	7.00	66.70	325.00	525.00	1493.00	969.00	2134.30	725.00	775.00

附表 7-6　2010 年天保工程样本企业森林抚育情况

指　标	单 位	有效样本（个）	2010
试点规划抚育面积	公顷	35	166348
试点完成抚育面积	公顷	35	141508
检查验收面积	公顷	35	118657
从事试点抚育人数	人	35	33279
财政专项支出	万元	35	561.20
其他用途	万元	35	0.00

附表 7-7　1997～2010 年天保工程样本县林业产业发展情况

指　标	单位	有效样本（个）	1997	1998	1999	2000	2001	2002	2003	2004	2005	2006	2007	2008	2000	2010
林业产业总产值	万元	39	227522.20	239199.50	270540.20	295572.00	265319.92	322943.71	472933.00	502691.70	561610.70	698037.40	741094.50	1130380.40	1210067.10	1500771.50
其中：第一产业	万元	39	204873.80	217420.00	243820.80	249853.70	239541.70	273627.70	407591.50	399992.40	400477.00	478832.70	520687.50	702374.50	772059.60	898788.00
第二产业	万元	39	18886.10	18016.10	23450.40	27304.30	17948.10	14680.30	14512.50	29196.80	53858.50	102721.50	118534.10	201662.90	247003.50	298906.50
第三产业	万元	39	3762.30	3763.40	3269.00	18414.00	7830.12	34635.71	50829.00	73502.50	107275.20	116483.20	101872.90	226343.00	191004.00	303077.00
其中：森林旅游业产值	万元	39	2247.00	2125.40	2995.40	3320.00	5335.12	16928.71	15785.60	24910.00	78289.00	91362.00	801761.20	165629.00	139743.50	211574.00

附表 7-8　1997~2010 年天保工程样本县综合情况

指　标	单　位	有效样本（个）	1997	1999	2000	2001	2002	2003	2004	2005	2006	2007	2008	2009	2010
行政区土地面积	万公顷	44	1734.39	1734.39	1734.39	1734.58	1734.54	1722.00	1723.79	1724.71	1732.30	1732.40	1732.50	1732.40	1728.57
工程区土地面积	万公顷	44	1536.06	1536.06	1536.06	1536.25	1536.21	1523.67	1523.87	1522.82	1528.32	1528.20	1652.40	1628.30	1624.46
年末总人口	万人	44	1575.92	1581.57	1584.69	1587.79	1591.04	1579.28	1591.95	1599.69	1611.52	1632.70	1647.00	1650.00	1660.14
其中：工程区	万人	44	1427.87	1435.52	1438.06	1441.38	1445.27	1434.15	1445.75	1454.35	1475.47	1492.80	1582.00	1579.40	1577.15
贫困人口数	万人	41	395.85	354.75	337.70	331.86	318.25	285.38	251.80	249.52	244.12	182.70	175.00	186.60	183.08
国内生产总值	万元	41	3666684.60	4110047.00	4399560.10	4854862.14	5426011.00	6007327.00	7117719.00	8417827.00	9999361.00	12367932.00	15109775.00	16747405.00	19967678.00
林业增加值	万元	41	63416.60	95013.40	102248.50	79421.00	98259.00	119185.30	127849.10	131293.80	191843.70	244401.30	399254.40	435163.90	460490.62
地方财政收入	万元	41	194565.90	218826.50	231273.60	240020.90	251311.80	289753.40	342190.50	436952.30	556757.00	858438.00	1138355.00	1341469.00	2038568.00
地方财政支出	万元	41	369847.60	448786.80	507507.60	666274.40	805823.40	883302.00	1067987.00	1371083.00	1802867.00	2355574.00	3214484.00	3752574.00	5518852.00
农林牧渔总产值	万元	41	2156592.30	2208621.90	2257740.50	2380125.00	2546553.80	2825243.80	3289400.90	3503493.00	3602954.51	3985119.70	5010387.70	5318452.60	6141528.07

附表 7-9　1997~2010 年天保工程样本县森林资源与生态状况

指　标	单　位	有效样本（个）	1997	1998	1999	2000	2001	2002	2003	2004	2005	2006	2007	2008	2009	2010
林业用地面积	万公顷	44	930.67	931.46	931.85	932.37	932.82	938.12	934.95	938.75	943.56	974.10	991.30	1017.10	1019.40	1020.60
天保工程区有林地面积	万公顷	44	518.95	539.03	540.29	540.66	542.75	544.29	540.18	531.21	541.95	577.80	582.64	587.71	591.19	594.73
其中：天然林	万公顷	44	418.58	437.34	426.94	425.74	421.80	426.87	420.53	419.73	426.80	445.58	456.71	461.85	462.84	462.95
人工林	万公顷	44	100.37	101.69	113.35	114.92	120.95	117.42	119.65	111.48	115.15	132.22	125.93	125.86	128.35	131.78
天保工程区森林蓄积量	万立方米	44	42745.90	42772.63	40502.42	41191.61	40539.16	40741.45	40992.62	42858.64	44751.79	46659.70	47271.63	48052.82	48929.64	48962.55
森林覆盖率	%	44	31.65	32.31	31.75	32.67	32.87	33.27	33.39	33.62	34.20	34.50	34.70	35.00	35.20	35.50
水土流失面积	万公顷	44	713.77	688.16	679.23	685.13	675.83	651.42	632.61	605.75	569.72	557.66	548.80	546.00	529.90	527.2 0

附表 7-10　1997～2010 年天保工程样本县工程进展情况

指　　标	单位	有效样本（个）	1997	1998	2000	2001	2002	2003	2004	2005	2006	2007	2008	2009	2010
规划管护面积	万公顷	43	–	195.64	519.00	595.80	609.00	609.40	608.70	604.20	659.90	668.30	681.60	681.60	695.56
实际管护面积	万公顷	43	–	172.80	520.00	618.80	632.50	620.10	619.90	2.00	692.50	715.40	777.00	782.20	755.95
计划人工造林面积	万公顷	44	–	3.49	2.40	9.30	6.60	2.30	4.10	1.20	1.70	0.80	2.30	1.60	3.09
实际人工造林面积	万公顷	44	–	3.56	2.40	9.20	6.90	2.60	4.00	1.20	1.70	0.80	2.30	1.60	3.07
计划飞播造林面积	万公顷	44	–	0.39	1.10	3.20	4.10	2.70	3.60	2.60	1.10	0.60	0.60	0.50	0.27
实际飞播造林面积	万公顷	44	–	0.39	1.40	3.30	4.10	2.70	2.90	1.70	0.70	0.40	0.60	0.30	0.27
计划封山育林面积	万公顷	44	–	5.87	11.0 0	14.90	6.70	6.00	6.10	6.00	8.70	3.80	6.20	5.70	5.84
本年封山育林面积	万公顷	44	–	6.13	5.90	12.80	5.60	5.90	6.10	6.50	9.10	3.70	6.20	5.70	5.14
累计一次性安置职工人数	人	44	–	–	894	1786	3991	4071	4158	4407	4819	5046	5080	5108	5108
年初富余人员数	人	44	4697	8922	11940	11609	10534	9437	9268	7785	5716	4542	3101	3431	3218
年末富余人员分流人数	人	44	–	4858	7060	8083	8781	7765	7787	5332	4748	3627	3417	3106	3071
年末参加基本养老保险社会统筹人数	人	44	5338	6380	10688	13764	14577	14596	15253	15042	14845	12345	12155	12987	13188

附表 7-11 1998～2010 天保工程样本县工程投资情况

指标	单位	有效样本（个）	1998	1999	2000	2001	2002	2003	2004	2005	2006	2007	2008	2009	2010
计划到位资金	万元	44	9128.60	17310.99	27708.13	36886.35	35546.32	33815.28	30928.30	41941.52	27696.99	31042.82	32765.53	32880.38	29626.26
实际到位资金	万元	44	7160.10	15033.40	23696.95	34324.29	35475.06	32654.35	26518.86	39641.72	25257.17	29038.43	30784.50	30761.20	28282.93
实际完成投资	万元	44	5415.50	11785.06	19316.50	30923.77	32261.07	32066.73	25479.25	37839.55	24148.64	28420.64	35733.51	34472.37	27461.53
其中：基本建设资金支出	万元	44	5292.90	7337.55	7157.43	10417.71	10087.69	13713.62	10104.25	16549.02	5538.82	6248.02	10186.06	9390.38	6545.11
其中：封山育林	万元	44	1032.60	2828.62	1988.30	3508.57	2852.31	4283.98	3583.38	3708.22	3315.48	3698.36	4635.25	4691.10	3507.60
飞播造林	万元	44	0.00	1.00	200.00	1931.20	1957.80	1689.10	1347.93	879.20	295.00	128.10	53.50	69.67	0.00
人工造林	万元	44	2806.30	3577.03	2268.33	3664.34	4284.28	5826.54	3000.00	8927.10	1171.97	2062.28	3835.10	3195.61	2443.08
种苗设施建设	万元	44	7.00	181.40	2094.00	534.70	538.80	97.90	195.70	161.00	160.57	4.40	45.00	47.00	154.71
森林防火设施建设	万元	44	24.00	101.22	72.00	215.20	263.60	809.70	448.60	695.50	49.00	97.28	19.00	106.00	75.11
科技支撑费用	万元	44	0.00	133.28	52.00	120.00	24.90	77.90	13.20	7.00	93.80	5.00	2.81	8.00	33.00
其他用途	万元	44	1423.00	515.00	482.80	443.70	166.00	928.50	1515.45	2171.00	453.00	252.60	1595.40	1273.00	331.61
其中：财政专项资金支出	万元	44	122.60	4447.51	12159.07	20506.06	22173.39	18353.11	15375.00	21290.53	18609.82	22172.62	25547.45	25081.99	20916.42
其中：森林管护费	万元	44	122.60	2098.61	9740.30	13109.98	13565.15	14141.90	11891.71	12879.39	12292.63	15078.43	15048.14	14943.49	15728.66
基本养老保险费补助	万元	44	0.00	118.20	966.39	3117.50	2266.17	2327.21	1884.50	1757.07	1902.17	2391.74	2312.87	2146.14	2097.00
政社性支出补助	万元	44	0.00	72.00	495.97	1362.90	1241.44	1485.50	1206.69	1411.87	1617.12	1442.92	1333.01	1320.40	1334.99
职工安置费	万元	44	0.00	2129.00	58.00	1926.40	4160.96	74.30	233.20	310.82	7.00	255.80	127.25	0.00	0.00
下岗职工生活保障费	万元	44	0.00	0.00	337.42	360.98	601.57	33.30	2.40	5.04	11.00	14.17	15.85	9.60	9.20
其他用途	万元	44	0.00	29.70	561.00	628.30	338.10	290.90	156.50	4926.34	2415.90	1787.72	5308.14	5309.90	487.90

附表 7-12　1998～2010 年退耕还林工程样本县社会经济情况

指　标	单　位	有效样本(个)	1998	1999	2000	2001	2002	2003	2004	2005	2006	2007	2008	2009	2010
行政区土地面积	平方千米	100	421725.85	421414.85	421414.85	421232.85	421423.05	421018.85	421094.85	420918.95	420712.42	420705.76	419880.00	419384.45	419292.26
耕地总面积	万公顷	100	539.69	536.68	528.11	522.16	510.96	483.73	482.39	477.23	478.24	489.81	496.36	515.03	522.86
其中：25° 以上陡坡耕地	万公顷	100	106.61	104.26	98.90	95.73	87.33	71.28	67.48	62.43	63.47	64.89	57.84	54.42	–
乡镇数	个	100	2377.00	2363.00	2339.00	2277.00	2227.00	2190.00	2139.00	2041.00	1948.00	1923.00	1911.00	1911.00	–
年末总人口	万人	100	4317.64	4335.44	4369.88	4379.44	4401.21	4415.26	4438.95	4428.95	4459.20	4490.33	4516.00	4521.08	4567.14
其中：乡村总人口	万人	100	3707.98	3715.37	3718.08	3717.73	3717.60	3713.28	3714.55	3711.06	3707.36	3707.36	3690.11	3691.64	3697.88
年末乡村从业人员	万人	100	1935.81	1961.47	1971.74	2019.86	2031.74	2042.16	2096.03	2071.57	2019.44	2038.92	2048.00	2007.26	2070.04
外出务工人员	万人	100	291.21	319.15	368.85	397.18	462.17	534.29	581.06	622.04	680.62	697.14	762.03	831.27	861.49
国内生产总值	亿元	100	1334.42	1426.07	1516.64	1616.37	1756.68	2013.42	2402.53	2910.95	3426.05	4032.91	5027.01	5816.83	6876.93
地方财政收入	亿元	100	63.20	66.81	68.95	75.14	80.50	91.38	114.09	149.11	170.70	243.37	311.86	364.28	483.48
农林牧渔业总产值	亿元	100	721.33	732.67	737.42	757.13	810.20	895.23	1069.42	1161.72	1258.87	1550.86	1796.50	1915.91	2150.81
其中：农业	亿元	100	433.84	434.49	426.65	425.43	446.48	473.01	566.25	594.32	637.74	749.28	894.11	960.76	1128.22
林业	亿元	100	38.10	39.83	41.51	43.88	48.56	61.82	66.32	68.88	76.57	97.97	98.24	125.69	121.62
畜牧业	亿元	100	234.46	242.44	253.00	270.70	296.36	339.52	413.30	463.48	495.54	639.65	725.55	743.27	797.39
渔业	亿元	100	14.92	15.91	16.26	17.12	18.80	20.88	23.56	35.04	31.05	36.52	42.01	46.20	50.71
农作物总播种面积	万公顷	100	647.28	648.80	643.67	618.44	619.84	604.49	628.42	637.99	656.10	700.92	1060.64	737.88	750.88
其中：粮食播种面积	万公顷	100	483.96	487.02	471.46	444.05	432.90	410.90	436.17	450.18	458.26	537.13	555.18	499.18	516.57
粮食总产量	万吨	100	1912.32	1846.86	1695.64	1666.61	1707.53	1659.28	1920.79	1932.81	1940.71	2061.73	2106.19	2132.27	2293.35
农村居民人均纯收入	元/(人·年)	100	1540.96	1609.60	1639.94	1702.93	1812.11	1933.59	2204.32	2470.91	2667.97	3165.41	3670.00	4095.00	4773.63
县贫困人口数	万人	100	831.13	803.34	774.83	782.25	713.05	640.33	596.69	536.05	519.02	508.63	570.20	–	–

注：从2009年开始，县贫困人口数字为低收入人口数。

附表 7-13　1998～2010 年退耕还林工程样本县生态治理与森林资源情况

指　标	单　位	有效样本(个)	1998	1999	2000	2001	2002	2003	2004	2005	2006	2007	2008	2009	2010
水土流失面积	平方千米	100	1730.99	1674.34	1626.87	1584.72	1532.17	1486.60	1449.15	1422.98	1391.51	1418.75	1817.61	1817.61	1220.50
其中：水土流失治理面积	万公顷	100	123.31	91.73	104.71	105.93	113.83	104.43	95.47	72.78	74.30	166.71	216.22	216.22	225.39
沙化土地面积	万公顷	100	260.93	252.61	252.45	252.09	250.26	241.86	232.07	231.48	196.36	190.29	204.29	204.29	203.33
沙化土地治理面积	万公顷	100	8.42	7.62	8.87	11.07	10.48	16.17	15.81	14.01	17.71	18.25	17.46	17.46	19.88
林业用地面积	万公顷	100	1506.04	1545.04	1560.55	1566.32	1606.53	1642.34	1674.77	1719.32	1742.99	1824.76	1781.09	1829.98	1840.72
有林地面积	万公顷	100	860.86	879.39	894.05	909.59	923.43	950.25	973.52	1000.36	1022.45	1025.13	1054.40	1078.65	1100.66
其中：当年成林面积	万公顷	100	6.38	4.85	5.51	8.10	10.73	15.15	21.92	32.13	35.77	33.85	29.14	–	–
其中：退耕地造林成林面积	万公顷	100	0.00	0.00	0.09	1.11	5.52	7.60	13.07	13.40	14.65	11.10	9.94	–	–
配套荒山荒地造林成林面积	万公顷	100	0.00	0.00	0.54	0.60	1.56	3.39	8.78	13.70	14.49	9.90	10.15	–	–
森林蓄积量	万立方米	100	47339.19	48489.14	49216.12	49561.32	51048.92	51570.57	53138.09	55462.90	58741.77	60994.80	60773.00	60773.00	5903.35
森林覆盖率	%	100	25.18	25.90	26.51	26.99	27.48	28.39	29.12	30.17	30.98	31.74	32.49	32.93	33.84

附表 7-14　1999～2010 年退耕还林工程样本县工程实施情况

指　标	单　位	有效样本(个)	1999	2000	2001	2002	2003	2004	2005	2006	2007	2008	2009	2010
退耕地还林面积	万公顷	100	6.21	11.03	9.70	22.77	33.55	11.16	9.68	2.68	0.24	0.00	0.00	–
配套荒山荒地造林面积	万公顷	100	1.98	14.42	14.73	30.05	33.21	25.38	12.62	6.21	8.05	5.85	3.64	3.19
封山育林面积	万公顷	100	–	–	–	–	–	2.00	9.86	1.48	0.49	2.42	2.42	2.45
退耕还草面积	万公顷	100	1.23	1.18	0.85	1.07	1.78	1.04	1.30	0.10	0.00	0.00	0.00	–
补植补造面积	万公顷	100	0.11	2.77	4.16	6.54	18.81	19.28	22.74	18.23	28.16	20.45	25.40	0.50
当年享受钱粮补助的退耕还林面积	万公顷	100	8.39	22.20	32.96	59.93	94.66	101.48	112.04	111.31	119.26	116.74	117.47	–
当年退耕还林投资额	亿元	100	2.54	7.65	10.75	20.22	31.34	31.92	35.11	39.00	25.81	27.41	26.75	20.39
本年度退耕地还林钱粮补助到期的面积	万公顷	100	0.00	0.08	0.20	0.75	0.76	3.72	3.98	4.77	4.92	–	–	–
工程实施以来累计已领取退耕地林权证的土地面积	万公顷	100	1.91	7.88	12.30	25.54	77.36	75.71	105.07	117.64	117.64	117.64	117.64	113.67
工程实施以来退耕工程累计生态移民数量	人	100	216.00	2933.00	4944.00	11636.00	26366.00	53296.00	67232.00	133855.00	143752.00	157511.00	142034.00	0.00

附表 7-15 京津风沙源治理工程样本县（旗）综合情况

指 标	单位	有效样本（个）	2000	2009	2010
土地总面积	公顷	21	12204599.00	12190409.00	12115109.00
年末总人口	万人	21	585.99	603.92	606.01
其中：乡村总人口	万人	21	503.72	479.25	487.09
年末乡村从业人员数	万人	21	239.05	263.37	260.09
年末实有耕地面积	公顷	21	1550878.00	1495613.00	1505176.39
牧草地面积	公顷	21	6133892.70	6334317.20	6300728.20
地区生产总值	万元	21	1830787.00	9824228.00	11501728.00
农林牧渔业总产值	万元	21	954015.40	3262546.10	3562866.90
农作物总播种面积	公顷	21	1411603.00	1292862.00	1316846.10
其中：粮食播种面积	公顷	21	1083444.00	1020222.70	1016136.10
粮食总产量	吨	21	1393855.00	2298552.50	2884859.18
年末大小牲畜存栏数	头	21	8912579	18031864	10806414
农村低收入人口数	人	21	1387411	683053	782984

附表 7-16 京津风沙源治理工程样本县（旗）森林资源和生态治理情况

指 标	单位	有效样本（个）	2000	2009	2010
林业用地	公顷	21	4064671.80	5332038.50	7906268.70
有林地	公顷	21	1614822.40	2124743.00	2360150.57
沙化土地治理	公顷	21	63356.10	110253.70	94843.80
水土流失治理	公顷	21	67310.00	53813.00	30856.30
小流域治理	公顷	21	38949.00	27170.30	44139.70
森林蓄积量	万立方米	21	5300.55	7978.97	8316.18
森林覆盖率	%	21	19.96	27.05	32.09

附表 7-17 京津风沙源治理工程样本县（旗）工程进展情况

指 标	单位	有效样本（个）	2000	2009	2010
退耕还林	公顷	21	24627.00	3800.90	4666.70
其中：退耕地造林	公顷	21	12667.00	0.00	0.00
配套荒山荒地（沙）造林	公顷	21	11960.00	3800.90	4666.70
封山(沙)育林	公顷	21	0.00	0.00	0.00
草地治理	公顷	21	99943.20	70383.80	87208.70
其中：人工种草	公顷	21	31220.30	10026.30	14068.30
围栏封育	公顷	21	33667.00	53134.90	65546.70
禁牧	公顷	21	21522.00	0.00	0.00
飞播牧草	公顷	21	3667.00	666.60	0.00
基本草场建设	公顷	21	9333.70	6262.30	6700.40
草种基地	公顷	21	533.20	293.70	893.30
水源工程	处	21	1936	2413	3282
节水灌溉	处	21	179	1989	6624
小流域综合治理	公顷	21	17800.00	31733.00	56489.70
生态移民	人	21	0.00	4924	0

附表 7-18 京津风沙源治理工程样本县（旗）工程投资情况

指 标	单位	有效样本（个）	2000	2009	2010
计划投资	万元	21	20088.56	60044.21	77311.60
实际完成投资	万元	21	16116.92	60258.01	77311.60
其中：营造林	万元	21	7318.98	20206.00	22613.30
退耕还林	万元	21	3790.82	22071.85	32899.92
草地治理	万元	21	3290.52	8197.30	9497.00
水利设施	万元	21	1716.60	9556.86	12301.38
生态移民	万元	21	0.00	226.00	0.00
群众投工投劳(折资)	万元	21	9897.82	11836.08	12066.73

注：由于存在样本县本身基本情况因行政区划调整而变化，以及数据核准公布时间不同步，使得各县的一些监测指标数据与县统计分布数据不一致。本次核实后的数据与以前的数据虽然存在一些差异，但并不影响以前历年的监测结论，仅仅是为了与各县公布的有关统计数据保持一致。在此特作说明。

附表 7-19　2001 ～ 2010 年野生动植物保护及自然保护区建设工程样本保护区投资情况

指标	单位	有效样本（个）	2001	2002	2003	2004	2005	2006	2007	2008	2009	2010
计划到位资金	万元	40	9873.48	11510.00	12157.50	2528.75	6809.00	14189.90	13143.74	19531.67	28940.63	21892.10
其中：中央投入	万元	40	7915.78	8235.40	7743.20	1894.70	5941.80	11033.60	9175.00	15422.33	27352.05	17772.10
地方配套	万元	40	1957.70	3274.60	4414.30	634.05	867.20	3156.30	3968.74	4109.34	1588.58	4120.00
其中：保护与恢复项目	万元	40	1441.80	3694.00	1931.50	1022.24	2124.60	5317.29	2929.88	8414.16	22335.91	7796.20
科研与宣教项目	万元	40	1500.58	1756.30	2642.30	559.90	1436.70	1469.00	2798.00	3346.44	2478.04	1681.90
基础设施建设项目	万元	40	5610.80	4808.80	6579.30	670.40	2895.80	4768.20	5242.96	4856.40	1955.43	11187.40
其他	万元	40	1320.30	1250.90	1004.40	276.21	351.90	1481.41	1045.90	2357.57	2171.25	1226.60
实际到位资金	万元	40	6579.78	9213.40	10552.40	3979.79	8670.55	9368.20	10513.10	14433.30	28038.00	20380.10
其中：中央投入	万元	40	6349.78	7615.00	8055.40	3531.90	6933.80	8213.20	8384.00	12706.83	27154.30	17833.10
地方配套	万元	40	230.00	1598.40	2497.00	447.89	1736.75	1155.00	2129.10	1726.47	883.70	2547.00
实际完成投资	万元	40	5608.83	6937.62	9076.15	3978.09	6031.26	11304.44	8819.88	10540.47	24629.91	17213.93
其中：中央投入	万元	40	5368.83	5531.22	6595.15	3114.80	4938.51	9031.21	6549.98	9208.40	23348.71	14425.23
地方配套	万元	40	240.00	1406.40	2481.00	863.29	1092.75	2273.23	2269.90	1332.07	1281.20	2788.70
其中：保护与恢复项目	万元	40	255.57	1758.34	1267.95	1039.30	2066.70	4219.52	2479.84	4955.14	19081.66	5112.22
科研与宣教项目	万元	40	767.10	699.93	2437.51	884.34	529.38	1433.42	842.20	704.90	1851.72	1467.79
基础设施建设项目	万元	40	3979.16	3872.58	4035.52	1498.94	3010.25	4674.19	4492.26	3323.87	1776.31	9996.35
其他	万元	40	607.00	606.77	1335.17	555.51	424.93	977.31	1005.58	1556.57	1920.22	637.57

注：①2006年、2007年、2008年计划到位资金中分别有1154万元、1127万元、685万元在项目批复文件未具体分类；

②2008年计划到位资金中有127.9万元是保护区自筹资金。

附表 7-20　2001～2010 年野生动植物保护及自然保护区建设工程样本保护区功能区划及土地权属情况

指标	单位	有效样本（个）	2001	2002	2003	2004	2005	2006	2007	2008	2009	2010
保护区总面积	万公顷	40	443.00	444.41	450.17	449.48	449.55	450.65	439.37	439.45	439.45	435.47
核心区面积	万公顷	40	148.08	146.40	145.84	146.37	144.45	146.08	149.03	149.03	151.02	150.31
其中：国有	万公顷	40	133.71	131.65	131.09	131.62	129.70	131.31	131.31	131.31	133.30	132.59
集体	万公顷	40	14.37	14.75	14.75	14.75	14.75	14.77	17.72	17.72	17.72	17.72
缓冲区面积	万公顷	40	71.31	72.03	72.92	72.43	79.69	79.69	81.44	81.44	83.17	83.18
其中：国有	万公顷	40	59.18	59.38	60.28	59.78	67.04	67.04	67.04	67.04	68.63	68.23
集体	万公顷	40	12.13	12.65	12.65	12.65	12.65	12.65	14.39	14.39	14.54	14.95
实验区面积	万公顷	40	222.89	225.27	226.32	225.59	220.32	219.80	203.82	203.90	205.26	201.98
其中：国有	万公顷	40	149.61	151.51	152.56	151.83	146.56	146.56	146.56	146.64	147.19	147.19
集体	万公顷	40	73.29	73.76	73.76	73.76	73.76	73.24	57.26	57.26	58.07	54.79
保护区管理机构获得土地使用权面积	万公顷	40	243.08	241.95	245.51	244.82	244.89	245.48	245.48	245.51	245.51	244.39

注：2001～2002年有7082.5公顷的土地，2003～2008年有50 887公顷的土地尚未功能区划；2009年有50 887公顷的土地进行了功能区划。

附表 7-21　2001～2010 年野生动植物保护及自然保护区建设工程样本保护区带动就业情况

指　标	单位	有效样本（个）	2001	2002	2003	2004	2005	2006	2007	2008	2009	2010
带动社会就业情况	人	40	14307	16856	25893	27782	33355	44603	47388	42824	44031	50561
其中：保护区工程实施提供的就业	人	40	1794	2656	4908	4297	6511	9037	9181	9108	10594	9899
保护区创收项目提供的就业	人	40	3355	4316	7680	9158	10956	15994	17041	13246	12200	12366
依托保护区社会上经济活动提供的就业	人	40	9158	9884	13305	143 27	15888	19572	21166	20470	21237	28296

附表 7-22　2001～2010 年野生动植物保护及自然保护区建设工程样本保护区带动社会就业人员收入情况

指　标	单位	有效样本（个）	2001	2002	2003	2004	2005	2006	2007	2008	2009	2010
带动的社会就业人员收入	万元	40	8043.53	14528.09	18704.11	21038.64	29060.65	34911.56	41840.40	38600.67	44800.27	59393.47
其中：依托工程建设获得的收入	万元	40	1088.57	1965.94	4023.46	4344.04	6260.62	6937.04	8564.78	8000.05	7690.85	9300.05
依托创收项目获得的收入	万元	40	1704.56	6061.05	4385.85	4958.50	7690.73	12199.94	15221.70	12006.80	12474.10	15611.00
依托保护区社会上经济活动获得的收入	万元	40	5250.40	6501.10	10294.80	11736.10	15109.30	15774.58	18053.92	18593.82	24635.32	34482.42

后　记

此项工作得到了国家发展和改革委员会、财政部、农业部、水利部、国务院西部开发办公室、国家统计局等单位的鼎力支持；得到了国务院发展研究中心、国家发展和改革委员会区域经济研究所、中国科学院国情研究所、中国科学院农业政策研究中心、中国社会科学院农村发展所、农业部政策研究中心、国家统计局农村社会经济调查司、中国人民大学、北京林业大学、国家林业局各工程办和各有关业务司局等单位的通力协助。27个省（自治区、直辖市）以及内蒙古、吉林、龙江和大兴安岭森工（林业）集团的省（自治区、直辖市）级监测联系人及监测县（森工局、保护区）统计调查人员付出了辛勤的劳动。

国家林业重点工程社会经济效益监测是一项开拓性的事业，许多工作尚待完善。我们将继续努力，不断开拓创新。敬请广大读者提供宝贵意见。

地　址：北京市东城区和平里东街18号，100714
国家林业局经济发展研究中心
国家林业局发展规划与资金管理司
电　话：010-84239024，84239187
E-mail：gjlyjcbb@sina.com

编著者

2011年11月